覺愛路／錄

謝錦桂毓——著

編按：本書全文遵循傳統中文，不分性別皆使用「他」，僅於兩人同在敘述中，避免混淆才使用「她」、「他」區隔，特此說明。

寫在前面

關係，是世界的本質，是宇宙人生的真相。人類自然的活在關係裡；每個人也必然、必須活在關係裡。

一顆靈魂如果可以發現、珍視、欣賞、享受自己的寶藏，那是很棒的；如果一顆靈魂與另一顆靈魂相遇，彼此有了呼喚、應答，那一樣是很棒的。

這個勝境不是天生的，是創造出來的，是人在生命旅程中經由學習、實踐並賦予生命意義的結果。我把這趟旅程稱為「覺愛路」，本書所寫就是這條路上的風景，所以也叫「覺愛錄」。「愛」，是藉穿透人與人之間孤獨與分離的創造力，達到深深的理解與接受，並無條件的積極關注、付出。

要穿透什麼？要穿透生命陷落時遮蔽圓滿自我的防護牆，從二元回歸一元；並有能力進入另一個生命世界。「愛」是關乎對方的（非物質性）需要；「情」是關乎自己的好惡跟標準。情是天生的，不學而能；愛是學來的，學了才會有。讓自己從無明中醒過來，學會愛，穿越情（感性）理（理性）所構築的二元小我世界，就讓靈魂之間有了呼喚、應答的可能。

「覺」，上「學」下「見」，意思是「學習看見的能力」。要看見什麼？要看見人的生命陷落在無明迷惘、糾葛困頓中受苦的二元處境，看見出離困境、解脫

（不是解決）痛苦之路，並為自己出征。

覺醒跟學愛是一件事；「覺愛」，就是做「生命覺醒」的功課，即從二元失愛的迷境中叫醒自己，走回自己本自圓滿的家園。

覺醒，是向內探索長出視野——看見、看懂、看透、看破的眼力和內在力量。覺醒之路，不僅止於解脫了生命史中自我囚禁的痛苦，更提供了生命創造力的滋養之路。這樣，就有了能量；而能量，就是愛的發電機。愛就是能量。

叫醒自己、做回自己，才能玩雙贏。做自己就是度自己，就是愛自己；玩雙贏就是度他人，就是愛他人。度己度人、愛己愛人才能回應「關係」，才成菩薩行。這是生命的功課。

這是一趟由無知到有知，由無明到清明的旅程，是人生的必修課，是往內走的自我革命之路，是讓生命有所不同之路，是必須走又少有人走的路。願者為之，勇者行之，行者得之。

《覺愛路／錄》，就是探索、記錄這一路發生的風景的簡要小結。

按上面的說明可知，本書的章節安排，從二元迷境開始，說人無明受苦最常見的一些狀況；次尋出離之路，說情路、理路的侷限，歸結到靈路——覺路才是出路；再說體驗，說覺察、覺悟的看見；最後說心路，舉例說旅途進程、姿勢、步伐、速度各不相同的風姿和風景。

至於本書的敘述型態，雖然形式上不是我之前各書大量使用的讀者在場的對話方式，但實質上讀者的主體依然是隱然在場的。我一開始就知道你不是我的觀眾，我不要自己一個人自顧自的對著空氣說話，因為你從來都在我心裡。

《覺愛路／錄》，是「接著」《做自己是最深刻的反叛》寫的，不是「照著」寫的。

《做自己是最深刻的反叛》，是我在大學課堂三十三年的實踐中所創設的系統，是我的世界觀、生命觀和方法論在教學領域的呈現；遺貌取神，其真義可及於個人、家庭、團體、企業、領導、理政各層面的運用，也的確有人用得很好。

《覺愛路／錄》，則是我基於同樣的世界觀、生命觀和方法論，在帶領讀書會三十八年後所做的小結，書中呈現的是一路風景的簡明紀錄。提供這些紀錄的人是這一路有緣相遇、相伴、相隨並攜手前行的朋友；這等於說，這本書是集體創作的結果。書中使用到的各種個人資訊都來自我帶的讀書會朋友，姓名都是筆名。

兩本書的本質是一致的，都關乎生命的課題，但形式內容都不同：對象不同、場域不同，媒介不同，面對生命的力度、深度不同，表達形式也不同。

這是一本分享的書，對話的對象是跟經歷各不相同，卻要面臨避不開的生命課題和人生處境的人，尤其是那些對自己有興趣、關注自己生命的人。

這是一本結緣的書，是跟對自己有興趣，願意跟自己說話，願意讓自己走上解脫之道，願意長出愛，願意重建關係的勇者對話的書。

目錄

序曲

這裡要說兩個本書最根本的核心觀念：「愛」與「生命」；另兩個次一層的核心概念「覺」與「體驗」，分別見第二章和第三章。

「人是符號的動物。」（卡西爾）每個字詞都是一個文化符號；每個符號都代表一個世界。人得靠語文建構自己的世界，人與人之間大半也得藉符號才能溝通連結。「語言邊界定義世界邊界。」（維根斯坦）使用什麼語言，就建構起自己什麼樣的世界。

本書的觀點必須先給愛和生命下定義，大家才好理解。

一、「愛」是什麼？

「愛」的意思可以分成三層來看；三層意思有邏輯關係，彼此不能分割。

第一是很常聽到的，**愛的中間層定義：「愛是深深的理解跟接受。」**

這是什麼意思？想想看，人是不是「需要」有人懂？當你抒發一種情緒，表達一個意見，分享一個體驗，對方如果都能收到、接住，甚至給你回饋，你有什麼感覺？是不是很棒？如果對方收不到、接不住，你有什麼感覺？是不是有挫折感或一股涼意？

被人理解的感覺很棒，被人理解的時候你就會有被愛的感覺。在這個層面上，愛就是理解，理解就回答了人的根本「需要」。

但光理解還不夠，那只是第一步，「接受」才更關鍵。我們也常碰到，我可以理解你，但不一定接受你。

舉個例子。有一回，有三個年輕朋友來我這裡相聚。其中A女和B男是情侶，A女和C男是很有話說的好朋友。言談間，我就清楚的看到B男話不多，但他對A女的一切不但能理解，還能全然接受，兩人相看一眼也能懂；所以A女選擇B男，是因為B男懂他，在B男面前可以自在做自己。而C男跟A女之間雖然話很多，看起來很有話說，很能激出火花，但大半都在言詞爭辯或意見交鋒與釐清。這種有距離、甚至對立的兩個世界，其實是很難走到一起的，勉強走到一起，也會陷入權利爭奪戰的泥坑裡。

所以，「理解」的時候，基本上兩個人還是兩個世界；「接受」的時候才是把對方接納到自己的世界裡，而且沒有違和感，這樣，這兩顆靈魂就有了真切交流，有了溫度。

現在的問題是，要「理解」得有一種本事，那就是我常提到的、也是我在《做自己是最深刻的反叛》裡講到的，**愛的第一層定義：「愛是穿透人與人之間孤獨與分離的創造力。」**

這句話裡，指明了每個人都是一個獨立的世界，雙方相隔，且有距離。那要如何進到對方的世界裡去呢？就是要有主動性的能力，創造性的學習一種敲開心門的本事；這種敲開心門的本事就是「穿透力」，就是進到對方世界的能力。而這種能力必須學習才會產生，所以才叫「創造力」；這也是覺醒功課的應有之義和必由之路。

有了穿透力，才能理解並接受另一顆靈魂，才能進到**愛的最高層定義：「愛是無條件的付出或說無條件的積極關注。」**

這裡最重要的有兩點：一是「無條件」。愛是無條件的積極關注，有條件就成為操控。操控都是有條件、有目的的，其本質是以自己的立場和需求出發，把對方當作滿足自己期望、欲望的工具。操控裡面沒有愛，只有利益、計算和傷害。這裡面有太多人間故事了。

二是「關注」，這是愛的意願最重要的體現形式，最常展現的具體方式是傾聽。需要明白的是，愛是實際行動，是「雙向車道」中相當複雜的行為，需要投入跟奉獻，並不是單純的給予，還包含適當的拒絕、及時的讚美、得體的批評、恰當的爭論、必要的鼓勵、溫柔的安慰和有效的督促。

歸納上面所說的，愛是無條件的付出或關注，其前提是理解和接受，接受的前提是理解，而理解又需要有進入內在世界的穿透力，需要接納對方進入自己世界的空間，而這些，又需要學到穿透力才會發生。

關係是世界的本質，即「二元」。人是活在關係裡的。學習如何從「二元」的矛盾、對立、衝突的痛苦中走到「一元」——和諧之境，是生命一定要面對的課題；意思是，「學愛」是跑不掉的課題；而學愛，離不開「覺醒」這個功課，二者是一件事。

釐清「愛」跟「情」的差異與關係

這裡需要釐清、說明的，首先，本書所說的「愛」是動詞，是行為，不是語言，不是情緒，無關乎好惡；而其核心要義是「**關乎對方的**（**非物質性**）**需要**」。這跟「**關乎自己的好惡跟標準**」的「**情**」說的不是同一件事。

我們最常混淆的是愛跟情的差別，誤把情當愛。就像平常說「我愛你」的時候，這個愛的意思其實是喜歡；「我愛你」其實是「我喜歡你」。喜歡是情緒，這樣就是把情當愛了。若把愛掛在嘴上，那就只是外交辭令而已。平常時候我們都搞不清這個分別，然後就誤入歧途，製造許多困擾。

其次，「**情**」是天生的，只要有需要、有欲求、有刺激就會有；「**愛**」卻是學來的，這從前面說愛的定義時已經清楚點明了。

在西方，愛的意識是隨著工業文明而生的自主意識提升所產生的；在中國，主流文化儒家倫理沒有談，談到的是非主流文化中的佛教教義。簡單說，儒家倫理說的愛，跟本書所說的愛是不同的；佛教教義所說的慈悲才是我們這裡所說的愛。所以我們說，「愛」就是「慈悲」；「慈悲」就是「愛」。

關於「慈悲」，一般的認識往往只被視為善待其他眾生的理想態度。其實慈悲是中性詞，當把對象指向自己時，它就是覺醒功課——了解自己、認識自己的慣性模式，不再戴上人格面具，不再自欺，不需要奮力掙脫痛苦，也不需要變成更好的人。

在這個意義上，對自己慈悲就是愛自己；對他人慈悲就是愛他人。用我帶的讀書會的語言來說，做自己就是愛自己，就是對自己慈悲；玩雙贏就是愛他人，就是對他人慈悲。只愛自己，就成了自了漢，愛己愛人才成菩薩行。

再次，既然情是天生的，愛是學來的，是創造性的產物，但兩者又糾結在一起，製造萬種迷霧困擾了人，這就是「愛情」兩字擺在一起給人出的課題跟難題。

無情不成人，情多累死人。被情所困，沒有出路；脫情不符生命的本然，是不現實的，即使做到了，也成寒岩枯木，槁木死灰。

該怎麼看、怎麼面對呢？釐清愛跟情的差異及其關係才有出路。這須明白由情到愛，情中生愛，才能為生命旅程指出一條明路。

當有人問我愛在何處時，我都說：**愛是在柴米油鹽醬醋茶的泥塘裡長出來的**。泥塘，是二元的生存環境充滿挑戰；柴米油鹽醬醋茶，是生存過程時時刻刻的點滴細節。只有這種生存的具體狀態能提供土壤，才有機會從關係的學習中長出愛來。

大家熟知「蓮出淤泥而不染」，這句中國文化中極為形象、極有解釋力的話，可以拿來類比一下：淤泥，就是生存的現實情境；不染的蓮花，就是愛。一邊是極壞的環境，一邊卻長出清純不染的花朵，是不是在二元中極具張力？

愛的實踐步驟

愛的定義是抽象的。從理念認識到實踐需要連接的梯子，這把梯子是怎樣的？這裡簡單說一下愛的實踐步驟。

1. 熱情

愛是自覺自主的選擇。「熱情」，是愛的前提。熱情是源自於生命的本源處，經過覺知之後所產生的源源不絕的動力。這是愛自己、愛別人的發電機；白話點說是跟自己、跟他人的關係有多想要，只有具備這樣的動力才會付諸行動。

我們一般不懂愛，因為沒有學習。也不會愛，因為自己身上少了發電機，無法發電；或電力太小，自己都處於供電不足的匱乏狀態，要的反而是他人供電（討愛、取暖），所以愛不起來，也就無法愛。

我們常說，只有能先愛自己，才能愛他人；能愛自己多少，才能愛他人多少。這說明了自己要先有電、能發電，才能供給他人。所以，愛是能量，缺少熱情是無法產能的。

2. 關心

有了熱情這部發電機當前提之後，「關心」是行動的關鍵第一步。

要先能分辨「關心」跟「擔心」的差別。關心是焦點放在對方狀況的互動。其中的關鍵是「焦點放在對方」，即主體在對方而非在自己身上。這時，自己是沒有期待的，不會因對方的狀況引發自己的情緒。這一步最挑戰，如果做不到，愛的「穿透力」就不會發生，若無法往前，那麼就無法去愛。

擔心則不同，擔心的關注點在自己身上，把對方的事當成自己的事，還會有意無意的期待或要求對方按照自己的意志行事，並因此產生許多情緒。

關心沒有期待、條件跟目的，也就是只有無條件的積極關注，唯有這樣，才能走向愛；擔心則越界把別人的事扛在自己身上，反過來去干涉他人，沒有生愛的可能性。如果把擔心當關心，那可是一場天大的誤會，也會因此造成人間種種的關係紛擾。

那麼，關心的行動竅門在哪裡？在互動中的「**說、聽、問**」三個字上。意思是「我」有意識的放下自己，站在「他」的位置或立場上「聽」他「說」，去理解「他」所理解的世界、感受「他」的感受。聽了之後還要適時的複述重點、核對、澄清、確認，千萬別以為自己聽到的沒問題。

再下來，要根據「他」所述、所感提「問」，此時若問自己心中產生的所思、所疑、所以為的問題，即表示主體轉回自己身上，就失焦了，結果是關心不到「他」。

人都是自戀的，都活在自己的世界中，都認為自己是對的。要能放下自己，走到對方的位置上去聽去問，做到真正的關心，是很挑戰的。我們通常都不知不覺的站在自己的立場上，即使知道、也已經讓自己站到對方的位置上，但在不知不覺間，又會跑回到自己的主體上。這是要特別學習，成為意識，並保持覺知的。

我一直說愛是學來的，不像情是天生的，光學會關心就要費許多力氣，並且要在實踐中且學且練且走，才能養出愛的能力來。

3. 責任

這裡的責任是指自願的行為（心理學的用法），是我對於所面對的狀況有主動回應的能力，而不是派發任務或承擔任務，跟自認應該或他者提醒、要求無關。

舉個例子，今天如果你有孩子，你去關心他需要他人提醒嗎？不需要！你今天有一個很要好的男朋友或女朋友，你要關心他需要別人提醒說，時間到了，你該打一通電話給他了，需要嗎？不需要！所以責任是一種自願的行為，不需要他人提醒，就自動地會去做這件事情。

需要特別釐清、分辨的是，1＋2＋3（熱情＋關心＋責任）構不構成愛呢？「通常」都不會成，而且還很容易走上歧途。關鍵因素是主體都隱藏在自己身上，不知不覺就走到「情」路上，這會造成很大的問題；就像前面說的，「愛」跟「情」是主體正好相反的兩個東西。

當「熱情＋一廂情願」時，會變成什麼？答案是等於控制！就是壓迫！

比方，你今天交了一個女朋友，就說：「我很喜歡你，我很關心你，這個你要這樣！那個你要那樣！」問題是你這樣「關心」女朋友，有沒有經過他同意？沒有啊！那會有什麼結果？女朋友是不是不舒服？為什麼呢？因為他收到的不是你的關心，而是幫他做決定的「操控」所帶來的不尊重。這裡面沒有愛，他收到的只有操控。

再舉個例子：有一天，小學低年級的孩子要上學時，媽媽開口了：「等等！天氣冷，多穿一件外套！」孩子回說：「我不冷！」如果我們是父母，面對這種狀況會如何回應呢？

有一種是威權式直接下指令：「娘叫你穿你就穿！」一種是披著溫柔面具的指令：「天氣會變，你還是帶著吧，以備萬一（潛台詞：娘是對的，你要聽話）。」一種是硬逼——威脅：「你不穿，感冒了我可不管你！」一種是悲情軟逼勒索：「媽愛你，你穿著吧。」或「你感冒了，媽會難過！」我碰上的最經典的例子是，媽媽說：「媽都覺得冷，你怎麼會不冷呢？」更絕的是，媽媽說：「你的感覺不準！」

以上這些回答，沒有一個以孩子為主體，父母都站在自己的立場聽不到孩子的聲音，其核心就是孩子的主體缺席或不重要，最嚴重的是讓孩子感到自己的感覺錯了，媽媽的才對。

父母用自己的擔心、自己的恐懼去控制、威脅孩子！孩子沒有被理解，只被要求要接受大人的意志。他的感覺，他的需要，沒有人要聽，這是他被忽略，把他當工具的狀態。

他的強烈感受是沒有被愛，反而是被壓迫、被恐嚇，孩子就是這樣長大的。過程中沒有收到愛，學不到愛，自然就不懂得愛和怎樣愛。這樣形塑出來的人，怎會有自我，能夠為自己負責任呢？

更糟的是，孩子內在的感覺與需求，在食衣住行都還得靠父母的時候，這必然會造成內在價值的混亂，究竟聽自己的呢，還是聽父母的？聽自己的，食衣住行沒了著落，那有多恐怖！聽父母的，又違逆自己的感覺。兩種聲音在心裡拉扯，無所適從，這就是痛苦。

但因為無力抵抗，最後大半都會屈服妥協，或陽奉陰違，因為孩子的脖子掐在父母手上，付不起反抗的代價。於是慢慢的自己有感覺也不重要了，自己有意見也不必了；慢慢變成麻木無感，失去了生命的動力，這是壓抑感性的狀態，呈現出來的性格特質是：一個不懂怎樣跟自己相處跟怎樣去愛別人的人。

我們文化中的「差序格局」——等級觀念，讓長者、大者的倫理權力過度膨脹，阻礙了我們走向愛。其實，幾千年下來，這種文化性格都黏在我們身上，都滲透進我們的血肉肌膚裡面。我們什麼時候檢視過它？生命的未來如果沒有經過自覺去看懂，我們是逃不掉的。

這就回到一個前提：我需不需要為自己的生命負責，讓自己有個不同的人生呢？走到這個選擇點，拜文明變遷之賜，在舊傳統的價值基礎上，有新的一套價值觀幫助我們往前走到實踐愛的第四步。

4. 尊重

第四步叫做「尊重」。尊重的意思，我的說法是：「以對方的需要或立場出發，讓他依自己的特質及所欲為自己出征。」這個「對方」如果指的是自己，那就是遵循內心直覺的喜悅，決心成為自己，「如己所是」；如果指的是他人，就是讓對方自由伸展，並「如他所是」。這話的核心要義是明確主體所在，這樣就可以避免熱情＋關心＋責任變成操控、壓迫。

舉個例子。當父母親的功能，是幫助孩子發現自己生命的特質，然後支持他為自己出征？還是告訴他：「娘告訴你喔，現在什麼最夯，將來是比較有保障的，我們找一個穩定的工作，去考一個公務員也好，去考一個什麼教師執照也好，這樣比較穩妥安心一點。」像後者，就是把父母的擔心、不安丟給孩子，要孩子來扛，這不是很殘忍嗎？而我們卻美其名曰愛。

全世界最大的謊言是什麼？「假愛之名，行操控之實！」意思就是：「隱藏在父母之愛或者包裝在父母之愛下面的操控欲。」這是最容易讓人迷惑的。

像前面舉的媽媽要孩子天冷穿外套的例子，那個小孩能不穿嗎？不能！他穿了外套就是揹著娘出門。這個時候他心裡面也覺得很難受，因為娘好重喔——有幾千年文化的重量！他為什麼都聽不到我的聲音？他為什麼都不理我？然後就要我這樣子做！可是我現在又沒有能力可以獨立，我全都靠你，我還能不穿嗎？

所以他起先的時候，壓抑衝突，搖搖晃晃；他最後為了逃避這個痛苦，就告訴自己裝作不存在好了，這樣就把人的感覺給壓下去了。感覺被壓下去了，所以一個一個都像個小老頭一樣，我們還美其名曰少年老成，這真是人性和民族的災難啊，還少年老成！蠻可怕的。

所以尊重這個東西是實踐愛的關鍵。為什麼？因為尊重的前提是平等，有了平等，對方才成為跟我們權力一樣的人，「他」的主體才出現並得到確認。偏偏傳統的中國主流文化設計是差序格局的，只講「對等」，沒有平等這個概念，只有在非主流文化的佛家、道家裡面有。可是主流文化對我們來說，就是日夜作息，日常三餐，佛、道的觀點，只是點心，對我們來講不能改變人的體質，沒有能發生真正的影響力，所以我們往往不會。

等到西方文明強烈地衝擊進來以後，我們被搞得七葷八素，促進了文明提升的需求與契機，也才開始要去面對。可是我們身上本來就沒有啊！所以學的時候起先都學不到。我們嘴巴會講平等，可實際上是做不出來的。我們不是都常不自覺的替別人下決定或由別人替自己下決定嗎？

尊重的前提是平等。有了平等以後人才會有自由；有了自由，代表自己有了權力；有了權力，才可以用這個權力為自己做選擇。做自己，才能為自己的選擇負責任；「自由」跟「責任」是一組關係。這又繞回叫醒自己、做回自己這件事了。

走到這一步夠不夠呢？還不夠！還需最後一步。

5. 理解

最後一步——「理解」。這裡的理解，意思是，對自己的所作所為明白是什麼，是為什麼，這個時候才會發生所謂的意義。

舉個例子。如果說，你對你的爹娘是很孝順的，那就問你：「你怎麼那麼孝順爸爸媽媽？」你說：「我哪知道啊？我從來都是如此的！」這個叫做不知道；意思就是說，你不是沒有孝順父母的行為，而是孝行對你這個人的生命沒有發生意義，因為你不知道孝順父母的行為對你有什麼意義。所以理解是要對自己的所作所為有了感受，能明白，甚至有了體驗。

可是如果你說：「這個男人，是我生命中的第一個男人；這個女人，是我生命中的第一個女人，我在乎我的生命裡頭跟他之間的緣分跟關係，所以我為了要建立健康的關係，我願意主動的對他們好。」這個時候就能明白，你是知道自己在做什麼的。這個就叫做理解，就是行為在自己身上發生了意義。

最後，如果自己明白也願意走學愛這條路，除了造就自己，還可以造就別人——愛己愛人。所以做了自己，就可以去玩雙贏的遊戲，這個次第是不能顛倒過來的。

二、「生命」是什麼？

生命是什麼？真是個大哉問。但我得先回答這個問題，本書才有論述的前提跟基礎。

生命是什麼？我的回答是：「**生命是一個獨立完整、獨一無二、無可替代，而且是有意義的世界。**」

這個定義跟「生命科學」的回答不一樣，需要多一點說明。

先說「**獨立完整**」。

定義中既然說生命是「一個世界」，那就有個範圍。

請在你的心中畫個三圈組成的實線立體圓。先看核心圓，這是真我所在，包裹在感性、理性、皮膚裡。這個圓沒有起點，也沒有終點，或者說，起點就是終點，終點就是起點，總之，就是沒有缺口的。

認識這個圓沒有缺口至關重要。這個圓的意思是，生命本來就圓滿具足，沒有缺口，沒有所謂好不好。而人一般很容易認為自己是有缺口的，是殘缺的，甚至是破掉的，總認為自己不好，常常感到自卑，感到價值低落，甚至沒有價值。這會造成許多心理的困擾，會讓人走入迷境，走上歧路，嚴重的話會沉淪，會阻礙自己好好活下去。

為什麼會這樣呢？第一個可能是在不知不覺間受到暗示，也就是在事件發生時給自己一個不自知的解釋，然後把這個解釋當真的，而且深信不疑，深植在細胞裡。

舉個例子吧。我認識一位將近六十歲的女性，他是漁家女，老說他長得不好看，任何事情也都比不上其他人。他平時也很認真學習，就是希望能受到肯定，但又十分封閉，無法打開心胸跟人誠實交流，所有的努力最終都失效。總之，他一生都在超級自卑裡掙扎，非常煎熬，非常痛苦。

當他找我訴說這些痛苦的時候，我發現他所學的知識、道理並不少，但就是起不了作用。後來我從他的經歷裡才明白，在他一歲左右的時候，父親出海捕魚碰到海難而去世了。到他稍微懂事以後知道了這件事，他說，當時只在意識上知道爸爸死了，感覺很悲傷，但不知道那個時候的當下，他因為失去爸爸的驚恐而有了強烈的被遺棄感；最讓我驚訝的是，他用「我破掉了」來形容自己。之後的幾十年人生，都在「自己破掉了」這個信念的魔咒裡度過，怎麼努力都無法出離。

這就是把事件所產生的感覺解釋成真的了；事件早已經過去了，情緒以及因此所構築的心理氛圍卻一直都記憶在細胞裡，歷久彌新，這樣，人就陷落到虛妄裡了。我們知道，感覺很真實，但不一定是事實；把感覺當事實，就是以妄為真，就成了虛妄，而虛妄的人生就是痛苦的人生。苦海是無邊的，陷落其中終將沉沒。

另外一種可能是因為認知出了問題，認為生命本來就是有缺口的，不知道不好或殘缺等念頭都是自己以為的；也不知道人只要活著，就是完整的狀態；也不知道覺得自己不夠好或是價值感低落，是給自己下毒。

市面上很多書裡尤其是心理學裡的精神分析學派，甚至一些勵志書籍，有意無意的都會暗示生命是陰暗的，不完整的，所以要補、要救，要等到治癒了創傷才能迎向光明。甚至還有人畫成漫畫，用圖像表示生命都有缺口，缺口的大小影響人生運作的狀況，目的當然是鼓勵讀者去補缺口，但他們的前提是認為人是有缺口的。

這就是我說的認知上出了問題，在出發點上就已經走上歧路了。

現在，我們可以先分辨一下「我錯了」跟「我做錯了」是一件事還是兩件事？下面我舉個例子。我的讀書會早期有一位四十多歲的朋友，有一回，他暑假帶讀小學的兒子到美國去上短期語言班，回來後跟我分享了一個讓他很感動的小故事。

有一天，上課時兒子不小心把書桌上的杯子推倒掉到地上打破了。兒子非常驚恐，抱著頭跟走到他前面的老師說：「老師，對不起！我錯了！」

老師卻摸了一下他的頭，和顏悅色的說：「你很好，你沒錯，你沒受傷吧？我們去拿掃帚把破碎的杯子掃乾淨就好了。」

從這個文本可以清楚的看到，這位小男孩把自己跟打破杯子這件事等同起來了。他打破的是杯子而不是他自己，可是他卻認同了杯子就是他自己，杯子破了就是他自己破了。把所做的事情等同於自己，這就變成「杯子破了」是「我錯了」。就結果來看，他這個人不是還好好的嗎？他沒破呀！

這個例子其實說出了人的普遍現象。我們必須先搞清楚「生命是獨立完整的」這個前提；要明白，不管怎麼說，生命不會因為任何外在因素，而損傷到它的完整性。

這個表示生命是獨立完整的立體圓要怎樣命名呢？對這個可以感知卻無法實指的東西就只能像《老子》說的「強為之名」，勉強給它按個名字吧，那就叫作「圓滿意識」。

但因為各民族的文化不同，給出的名字都不一樣。比方，在中國文化中叫作「道」，在佛教中叫作「空性」，在基督信仰中叫作「神性」，在印度教中叫作「至上意識」，在法老文明中叫作「永恆密碼」，在西方心理學中稱為「純粹意識」。

不管怎麼稱呼，其實都是指稱跟「二元」相對的「一」，「一」就是和諧圓滿的境界。這個和諧的「一」既是人的原始真身，又是生命來到世界時，陷落在二元的苦海、原罪中，要解脫、要回歸的家園，是人來到世界最終的歸宿。我說的生命覺醒，就是回到圓滿意識，靈魂要回歸的，就是圓滿意識這個「家」。

接下來說說「**獨一無二**」。

我們說，生命是「獨一無二」的，意思是在宇宙中，古往今來的每個人都不會重複，都是唯一的存在。我們怎麼會知道呢？

有研究指出，這個世界上沒有指紋相同的人，即使親如同卵雙胞胎的指紋也是不一樣的；植物學家的研究指出，一顆樹上不會有兩片葉紋相同的葉子。這就是宇宙的真相，每個存在都是唯一的。所以，這個世界上沒有兩個一模一樣的人，連經過精密儀器製造出來的東西也是，就算看起來再像，也不會是一模一樣的。

正因為每個人都是唯一的、獨特的存在，是完整的；我們只能是自己，也只可能是自己，所以，只要「如其所是」就好了，不需要跟別人一樣。

假如我們陷入無明的迷惘中，不認識自己，不喜歡自己，希望成為某人，那是不可能實現的；再說，成為他人，既不現實，同時也丟掉了自己，所謂的唯一的、獨特的存在，到哪裡去了呢？

我記得日本有個推銷之神的例子。這位主角非常矮，身高一百四十公分左右，站在人群中明顯的就像個小孩的高度。他實在太不能接受了，憂鬱到不想活了。在他感到絕望想死的時候，找了心理諮商師。

這位諮商師很高明，就問他：「你在人群裡是不是最顯眼的那一個？因為你太容易被注意到了。」男主角說：「這正是我不想活下去的理由。」諮商師就提醒他：「你的身高是你最大的資產，因為別人不能一眼就被看到，而你可以，這正是你的優勢，你是唯一的，何不發揮這個唯一的優勢呢？」男主角如大夢初醒，從此他回到自己身上，接受了自己的矮，開展出他獨特的推銷人生，成為了推銷之神。

我們說，生命是獨一無二的，通俗一點的說，就是「做自己」，「成為一個人」，「成為如其所是的自我」，而不是其他。相對來說，我們對待他人也一樣，要「如他所是」，而非「如我所願」。

再下來，我們說「**無可替代**」。

無可替代很好懂。你吃飯，我是不會飽的；吃在我嘴裡的飯，你的腸胃是無法吸收的。娘要嫁，誰也代替不了；閻羅王要我去報到，我不能請替身代替。

回到定義上來理解，「無可替代」要說的是，生命中所有的課題，都只能自己面對，我們會希望有人能夠理解、支持，但卻無法替代。簡單說，飯要自己吃，功課要自己做。每個人都得為自己的生命負責，也就是將自己的命運擔起來，同時，要把別人的命運還給他，任何他人都無法代勞。在這點上，「天道無親」，宇宙蒼天是很公平的。

這個認知很重要，可以幫助我們看清現實並好好處理「關係」。我們需要明白，人從娘胎出生後就是獨立存在的個體，彼此間雖然有很密切的關係，但並不屬於彼此。這就像一件作品寫出來後，就離開了作者成為獨立的生命，雖然跟作者有深厚的關係，但已經不屬於作者的了。

這就提醒了我們，在親子之間，孩子只能愛父母，幫助父母；父母只能愛孩子，幫助孩子，但卻沒辦法替代彼此，去承擔對方的命運。若親子的臍帶無法剪斷，父母與子女之間，無法放下彼此，甚至越位、錯位、干涉，那肯定會帶來不待見的結果，這種故事太多了。

最後說定義中的生命是一個「**有意義的世界**」。

這裡要說明的，首先，意義是屬於靈性的，而且是抽象的，只關乎「價值」，跟「價格」無關；其次，意義不在事物本身，而在關係之間；再次，意義是自己賦予的，是個人在行動的過程中，透過靈性的觀照而發現和發生的。這是內觀的結果，跟外在世界無關，想到自己之外的世界去尋找，是找不到的。這個認識非常重要，搞不清楚就找不到門路或走錯路。

有了上面的理解，就能批判性的認識到，生命沒有意義的侷限。

《列子．楊朱篇》說：「生則堯舜，死則腐骨；生則桀紂，死則腐骨。腐骨一矣，孰知其異？」不管生時賢愚貴賤的差別如何，死後有機體臭腐消滅是一樣的，什麼都沒有留下來。（詳細請參謝錦：《生存困境的反思——中國文學與文化心理》，麥田，頁一〇一～一〇三）

猶太作家哈拉瑞曾在《21世紀的21堂課＊意義》中說的意思一樣。他說，人生其實是沒有意義的，因為有機體從生到死就只是走個過程，死後不會留下任何東西。他還說，若真的要找到意義，唯一可說的，就是在生物遺傳基因推動下的繁衍。

楊朱和哈拉瑞的立基點是生命科學界定的生物性有機體，本書說的生命，則是建基在有機體上的精神體。

回頭來看，意義是怎樣發生、發現的呢？這就得說到「體驗」了。簡單說，體驗是靈性與世界形成的關係，是主體賦予生命對象意義的活動。這裡的主體，指的是自己；對象，指自己在感性、理性中所創造的生命資料。體驗，就是靈光照耀下看見束縛自己的慣性模式，並因此產生不再陷入舊習、走向新世界的力量。

靈性在生命中的什麼位置？人是身心靈三合一的整體存在。請對應到本節開端說的那個實線立體圓，圓的核心是人的真身——圓滿意識，第一外圈是感性，第二外圈是理性，理性的邊緣實線是皮膚；所以說「我們住在皮膚裡」。靈性就在圓滿意識的表層最上方，它的光是往外圈照的。當靈性照亮感性跟理性所建構的二元無明小我世界，就是發生意義的時刻，人就因此可以回到所謂的「一」（圓滿意識；和諧、喜悅、愛）這個生命「家園」。

關於體驗，這裡只舉「**洗碗也能洗出一個新世界——神複製親娘**」當個例子，詳細一點的說明和實例請見本書第三章。

我的讀書會朋友**蕾雯**說，某天在家裡洗碗時，突然冒出「『做』這些是為了防止自己內心的罪惡感」的聲音。他咦的一聲，問自己：怎麼會有這個聲音跑出來？於是他一邊洗碗，一邊回看自己的狀態。

他發現洗碗只是個媒介，他看到了自己的行為模式與動機。發現自己若「真」要廢在家都沒做事，或者家裡明明很忙，卻選擇不幫忙時，他的內心會出現一股很深的「罪惡感」：大家都在忙，自己怎麼好意思廢著啊？或者怎麼好意思做自己的事？

而他感受背後的感受是什麼？罪惡感是冰山水平面之下的第一層感受，往下深入看卻是怕「失去」

——自己若沒做就是媽媽做，媽媽做多了就會累垮，媽媽累垮了自己就會失去媽媽。因為不想失去媽媽，所以兩兩攪和在一起，自己和媽媽都一同累著，自己還外加不一定甘願。帶著無可奈何在做，背後有不情願的意涵在，這樣的精、氣、神相當消耗，狀態也不好。

然後他繼續往下看，這個聲音和感覺哪來的？他看見自己神複製了媽媽上身。媽媽也是一直做、一直做，真的是傳統婦女的無怨無悔。媽媽用身教、境教、潛移默化的告訴他：「不論家裡有多少事，撿起來做就是了。」、「不要吵架，要互相幫助。」

他回頭看到媽媽生在艱苦的年代，小時候早早就離家賺錢，賺的錢也都是寄回家裡給外公、外婆用，所以從孩童時期就做工到現在，媽媽身體的DNA早有一股停不下來的勞碌。

他自己呢，則是娘生、娘養的，無形中他也收到這份信息。看到自己也有停不下來的勞碌，覺得自己沒有做，讓媽媽更累，不應該。因此再累似乎也慣性的「承接」，沒有救贖，只是為了降低自己內心的罪惡感，做了就不用鞭打自己。

不過，他和媽媽不一樣的地方是，他生在物質不再那麼匱乏的時代，多了個機會清明的看見自己的行為模式和應對狀況，有機會做出選擇，是要再繼續如此，或乾脆跳出來？以及體悟到：事，做多了不是自己多厲害，而是剝奪了他人可以學習與相處的機會。

看到了這個迴圈、胡同，他當下嘆了口氣：原來這麼「阿信」的因子也是自己無明傳承家族業力而來的，於是多了一份拉開與它的距離的力量。好在活在現代，經過學習，帶著覺知看事情，或者多了份往內看、往下挖的本事，能在一堆霧中用探照燈，照出一條新路，至少畫好界線，讓自己喘口氣。

洗碗也能洗出一個新世界，這個新世界、新境界就是他為自己所創造的生命意義。

第一章　愛在荒煙蔓草間——迷境

愛，人人所欲，何以灑落在荒煙蔓草間，無跡可尋？「二元」，是宇宙人生的真相，是「關係」的本質，是生命陷落的所在，是生命迷惘困頓的發動點，是生命所有痛苦的根源。

序曲

人生往往是一場失愛記。人人都要愛，都在想愛、說愛、談愛、找愛，但在現實裡，何故總感黃葉鋪滿路，愛蹤卻難尋？

愛，是能量，是狀態，無形無聲，本就在人間，本就在自己身上，又何故被遮蔽、遺忘，甚或遺失？這是因為生命陷落在荒煙蔓草的迷境中，淹沒了路徑所致。

有路但看不清、看不遠，只好亂走一通，時時碰上路障或死胡同，這就是無明的狀態。

這條淹沒路徑造成迷境的路，究竟是什麼鋪成的？簡單說，根源其一出在「本質先於存在」的天命；其次，是在既存系統中由生存發動的情（感性）跟理（理性）所創造構築的人生實境；第三，對於現代人來說，又有在這個天命、實境之下的人為加持。

在我們來到這個世界之前，這個世界早已存在，而且建立了一個既龐大又深遠的運作系統，這個系統哲學上就稱為本質。人一到世間，就無知無明也無權選擇的自動進入這個運作系統，並在其間自動的形塑出特定的模樣，成為獨特的自我。

人為了生存必然基於內在的需要、欲望（情，感性）產生驅動力，然後借重認知、規範的能力（理，理性）來學習、指導，情理的活動產出，所創造的就是人生實境；而這個產出場域，就是充滿矛盾衝突的二元世界。

在充滿矛盾衝突的生命旅途裡，誰沒有所欲？誰沒有所欲不得的挫折？誰沒有痛苦過或正在痛苦中？

挫折、痛苦，沒有例外，都出自人的存在而來的「關係」；因為關係的實質就是「二元」（可用陰陽的概念理解），人必須為生存披荊斬棘、知難而進，這一路處處都是阻礙。

二元本身就是「對立」（中性詞，面對面站著）；對立中就自然的含著「矛盾」（我跟你不一樣）；矛盾被觸發就成為「衝突」；有衝突就有「麻煩」；有麻煩就有「煩惱」；煩惱就是「痛苦」。二元不可逃，衝突經常有，煩惱時時現，痛苦就隨身。

人的痛苦來自四大層面的關係：人跟自然、人跟社會、自己與他人、自己跟自己。相對而言，自己與自己、自己與他人之間的關係產生的痛苦，遠比人跟自然的關係更多、更密、更直接、切身且感受強烈。

不明白自己跟自己的關係，是問題的起始點；人際之間產生的痛苦則依親疏遠近而有很大的差別。原因出在關係是有系統、有結構、有規律的，而且像太極陰陽一樣是動態推移的，只是都沒有形狀，需要我們去認識、辨識。

除了無所遁逃的共同命運之外，人自身的追求也加重了迷惘的程度。

這是說，生活在後工業文明疊加信息文明的當代人，比起前代及更早代的人來說，迷惘更深，顯得更加徬徨。這是怎麼了？

從遠古以來，人類歷經工具文明、農業文明、工業文明等物質「求過於供」的漫長歲月。在這段期間，生存不易，生活在其間，求存緊迫，只許拚搏。即使無明，但路就這麼一條，方向明確，路徑清晰，也就認命的依著當時的價值體系和制度軌道往前走就是了。

但二十世紀七〇年代進入後工業文明之後，物質生產達到了「供過於求」的地步。人類解放了生產力，自由自主意識因此大幅提升。在物質豐盈的情境中，在個人自由中心主義加持的風潮下，一切價值都被解構或被重估了。從此，世界變成平面化、碎片化，眼前一片凌亂，既看不見遠景，更看不見路。

後工業文明之前，人類都有個明確的價值體系、運行軌道可以遵循，即使個人不願走，大概率也會被推著走；後工業文明之後則沒有之前的大路可走，個體自由了，只能靠自己在碎片般凌亂的世界中尋路了。

得到了自由，可以自己決定自己怎麼走，不是很好嗎？其實這是一體兩面的，自由自主固然是人之所欲，但得到之後，自由自主卻使不上力。因為生命天生就是無明的，既有的、可以依憑的體系被打破了，個人又無力看清世界長得怎樣，搞不懂自己是誰，不知道要什麼，又要往哪裡走，於是陷入更大的迷惘，這就是當代人的困境。

物質匱乏、沒有自由是困境，有了自由不知何往卻是另一種困境；後者的困境更複雜、更磨人，心理疾病因此更多、更嚴重；聯合國世衛組織統計當今世界疾病的排行榜，憂鬱症排第三。這是個悖論，也是人類發展到今天的命運吧。

一、苒然故事的典型意義

下面先看一則我的讀書會朋友苒然的故事，再來瞭解一下其中所牽涉到的生命課題，以及這些由無明而來的課題所呈現的迷惘與困境。

我出生在雙薪家庭，母親工作到我出生的前一刻，才匆忙趕到醫院，不知情的護士和忙碌的母親，讓我差一點被生在馬桶裡，幸虧醫生趕緊讓護士把母親送上產台，才避免了我的出生危機。

父母因為工作的關係，沒辦法親自帶我，所以我從出生開始就跟著奶奶寄住在山上的二伯父家，而當時奶奶已經七十多歲了。

奶奶家是個非常傳統的男尊女卑的家族。奶奶是童養媳，從未上過學，不識字。我眼中的奶奶是「無聲的」，怨嘆自己歹命沒路用（台語，即沒用），說早點死就不用這麼命苦，常低頭落淚。年紀小的我不知道能說什麼，只有乖乖地牽著他的手靠著他的身子，雖然不懂，但能感受到奶奶在難過。

在奶奶被伯父伯母還有堂哥堂姊責備的時候，奶奶會待在房間一整天，直到二伯父二伯母叫我去叫奶奶吃飯，他才會出房門。

記憶中奶奶最常躺在床上休息，也常常要我一起休息。我總是在他睡著後溜下床，一個人在家裡附近溜達，玩土、玩石子、玩花草；或者跟在二伯母身後，幫忙做家事、做農務、做手工。

父親母親這兩個詞對我來說很陌生，甚至好幾個月才短暫的見過一面，對父母完全是沒有太多的印象。只知道二伯父跟二伯母不是我的爸媽，不能跟堂哥堂姊們一樣跟伯父伯母互動。

與父親相差十五歲的二伯父是典型的傳統男性。爺爺早逝，大伯父玩心重愛賭博，所以二伯父是家族內負責大大小小指揮的男性，是電視八點檔鄉土劇會出現的那種古早男主人家。

二伯父性格火爆強勢、觀念古板保守負責任，脾氣不好，頑固堅持己見，平常說話大聲，不注意衛生習慣，衣著隨興、土氣，不做家務等。

二伯母從小就跟了二伯父，所以沒上學，是傳統女子無才便是德的女性，嫁雞隨雞，嫁狗隨狗。我長大後才發現二伯母是奶奶的翻版。

二伯父與二伯母影響了我在親密關係上的認知，讓我不自覺的認為：這樣的男人才有安全感，女性就是要依附男性而活，女性就是要為家庭犧牲付出奉獻。

在寄宿的幾年裡，堂哥堂姊們會排擠我。常背著大人笑我沒有爸媽；在面前吃零食給我看，不分給我吃；玩具不分給我玩；看電視也只能在最角落，擋到就是一腳踢過來，或者抓著我頭髮扯。這導致我習慣性地會避開，躲在角落裡默默的，最好別發現我。

在這樣的環境下成長，家庭教導我的就是「聽話」，年紀小就是要屁股輕，小的得聽大的話、小孩得聽大人的話；加上只要聽話就能得到大家的注意力，能得到誇獎與讚賞，還不用挨罵。

這導致只要誰開口需要幫忙，我立馬衝第一，甚至隨時等候差遣，做得好還可能會有獎賞。因此那些別人不想做的事、懶得做的事，我一馬當先包辦起來，換得大家的讚美：「妹妹最乖。」心裡得意無比。

舉例來說，從小我會放棄看最喜歡的卡通，去陪著大人上菜市場買菜提重物；家人開口說想吃東西，會跳出來去煮去買。習慣凡事以大家的需要為出發，自己的需要擺在最後頭甚至忘記。我不知道這是我渴望被需要，而我是最容易被忽略的對象，因此依靠這樣的模式感受到自己的存在。

原生家庭（族）有十分強大而傳統的倫理道德框架，不僅男尊女卑、長幼有序、甚至認為女子無才便是德。

因此在我的成長過程中，扣除忙著工作幾個月才碰一次面的母親，初始的兩位女性形象，就是奶奶與二伯母；一位是早期的童養媳，一位是近代版的童養媳。

在我眼裡，他們兩位都是完美的，為了家庭犧牲奉獻，終其一生都在服侍整個家族、先生、小孩；印象中沒有他們的聲音，爭吵的畫面也是沒回嘴，紅著眼眶，他們日復一日的照顧著家庭。

成長的過程中，二伯父總愛對著我說我不是父母的孩子，說我是沒人要的孩子，是奶奶從溪邊抱回來的，不然你看為什麼你哥哥就可以跟他們住，而你一直在我們家，你爸媽也沒有要來接你看你。

這造成我長期下來總是沒有安全感，時常有被拋棄的感覺，覺得自己會沒人要。小時候的我還聽不懂那些，但記得奶奶總會在晚上回到房間抱著我，偷偷的說沒關係，要我乖乖的，他會疼我。長大才知道寄住在伯父家的奶奶，為什麼總是盡可能的把我帶在身邊保護怕被欺負，同時也深怕被人說嘴說他偏心。

因為這些經歷讓我對父親母親始終抱有害怕跟恐懼，也對大家口中敘述的親子關係很陌生，完全跟我認識的親子關係不一樣，一直抱著存疑。

在我上小學二年級奶奶重病過世後，才回到真正的家，開始了跟父母親與哥哥一起生活；從來沒相處過的家人，對我來說是十分恐懼的。

在都市的母親看見我的生活習慣和飲食方式，都像老人家，很令他受不了。而十分繁忙的他，最快最有效率的方式就是打的教育；因此母親對我來說就像是可怕的巨獸。

我只想逃離他的視線，能躲就躲，躲不掉時就安靜的聽從他的指示，隨時都要把皮繃緊點。不了解母親的自己，不知道何時棍子就要落下、不知何時巴掌就可能過來。就這樣一路聽話，不聽就挨打到大，「聽話」、「安靜」成了我最佳的生存技能。

我是個常常被父母遺忘的孩子，因為不吵不鬧，也不敢表達意見；甚至表達意見的時候，都沒好結果。被誤會了不能吭聲，等著父母看見並記起我。

在小學的時候，下課後多數的時間是寄在親朋好友家。中學搭公車到總站，父母甚至會忘記接我回家，傻傻地站在路邊兩個小時，直到聯繫到他們。也因此國二的時候，我就開始跟外傭學騎機車，自己下山上課再回家；這造就了我的獨立，同時也建起了自己的城牆堡壘。

我的名字，從國小的時候，我就不喜歡！不想讓人家知道我是誰的孩子、誰的妹妹，最好都不要知道我是誰；一直到現在，除了證件上跟必須實名的時候，才願意告訴大家我的名字。

我後來知道自己內在是非常分裂的狀態。我在很小的時候，我就學會拒絕「那個小孩子」，還跟著大家討厭並排擠「他」，導致自己會一直感到孤伶伶的，甚至認為自己是個被遺忘的存在。

我成了一個沒有主體的生命，一旦自己沒辦法在第一時刻完成對方所希望的，內在就會出現一個很強大的雜音：覺得自己不好，是錯的，甚至懷疑起自己生存的價值與意義，因為無法滿足每個人的要求而感到痛苦自責。

這個成長的歷程也影響到我的戀愛對象選擇。只要對方對我太好，開始積極的關注與體貼，會令我感到害怕想逃，無論當初對方有多吸引我，我還是會疏離對方；反之那些大男人主義，以自我為中心的霸道者，卻讓我感到安全與穩定，即便帶來了痛苦卻不願離開。

在一次失戀下，父母的朋友介紹了前夫給我，即便我不願意認識他，和他出門約會，他也是天天到我家報到，在我家吃飯聊天。因為是父母友人的孩子，基於禮貌也不好意思趕人。

我在家裡屬於弱勢族群，加上嫁進家裡的嫂子，總是看不慣自己，所以我糊里糊塗的就把自己嫁了。我只想逃離這一切，以為進入婚姻就是重新來過，繼續乖乖聽話，當媳婦、當老婆、當母親就好，傻傻的不了解一切就把自己交付出去。

前夫沒有工作，我也抱持著先成家再立業的心態，支持著對方，但兩方都是強勢家庭，總是會開始計較。以自我為中心的前夫，根本不理會長輩們的關切。我理所當然成了長輩們的目標，任何的要求與情緒都往我身上丟，小孩的任何問題都是媽媽的錯。印象很深刻的是，曾經忘記帶奶嘴跟備用衣服，當下在親友面前前夫指責我這個媽媽沒路用，讓我十分羞愧。

家庭的開支，前夫從來不曾主動關心夠不夠，反正他把薪水給我，其餘我自己想辦法。下班回家就是等著要吃飯要休息；洗澡需要幫他準備衣服，幫他添飯加菜。曾經讓他自己來，他回答我，「這樣我娶老婆要幹嘛。」

面對另一半和所有人的指責，我就像是獨自一個大人照顧一個大孩子和養育三個小孩子。疲憊不堪的我，終於承認自己不夠好，做不到人人要的完美，最終選擇放棄，走向離婚，結束這段十年的「昏戀」。

前夫跟母親個別跟我提出了要求，在衡量現實下，我做了生命中最重的決定，交出孩子的監護權。離婚前，養育孩子的主要的人是我，前夫是偶爾陪玩的玩伴，把監護權簽出去後，我跟孩子都歷經了一段難以適應的時期。除了分別時的哭啼與不捨，更多是想碰面時的阻礙，畢竟前夫是不甘而散。

初離婚時，我開始變得總是答應孩子們所有的要求，只求換得他們開心。在沒有規範下，孩子們開始會隱瞞，直到老師找上門後，才醒了過來。看見自己過度的縱容，不斷地討好，想彌補那份愧疚感與不安，其實是沒有主體，只想讓充滿自責的自己好過，無疑是反向的複製著父親與母親之路。

婚變前後，為了養活孩子，進入父親的工程公司工作。在偏向工務勞力多的行業裡，女性有許多侷限和安全問題；加上公司內都是和父親奮鬥二十餘年的老員工，我年輕、空降、非本科系，無法融入，受到孤立，業務難以推動，凡事也都回到父親手上，我備受責難，倍感無助。

父親在艱困的家庭成長，內心有很大的不安全感，每件事情都需要自己插一手才放心，不但發揮在工作上，在家庭內也是如此。這對我和哥哥的成長有很大的負面影響。

父親無意識的阻擋著我們往外去發展，少了碰撞跌倒的機會，造成我們面對狀況的處理能力不足。只懂得善的一面，忽略了惡的存在；我沒有主體性，只知道依附在父親身上。

但隨著時間推移，父親年紀漸長，開始感到負荷不了，失控走偏的哥哥，卻連為自己負責的能力都沒有，更別說分擔了。反過來還理直氣壯指控父親造成這個結果。

當初，我以為婚姻是一個出口，以為結婚後生命就重來過了，但問題始終還在。沒有感情建基的婚姻，投射出來的是彼此以為和的假象，造就了很多的痛苦在裡頭，生命是無法逃避的。

我選擇離婚，無疑是在傳統觀念的家裡投下一顆震撼彈。面對家人們的指責與眼光，痛到不得不放手，才漸漸的醒過來。看見自己的痛苦何來？無明的踏入婚姻，跟經營婚姻與家庭，那些過去我認為的理所當然，都是假象，我滿足不了所有人。

在我痛到喊不出疼的時候，國小姊妹出現了，推了我一把。我鼓起勇氣在最痛的時候做了一個最清醒的決定：進入「謝錦文學與生命覺醒讀書會」，從此人生進入了下半場。

苒然的故事是有典型意義的。他用血淚般的前半生昭示了人的原生態無明；他的各種際遇是有普遍性的，在不同的人身上都有出現不同項目、程度不一的可能。

如隔代教養（等同於被父母遺棄；父母早亡類此）、男尊女卑、重男輕女（父母養子不養女，在家也差別對待）、女性受制於父權（苒然在家完全沒有發言權，只能聽話、服侍家人；奶奶受兒孫擠壓）、親人間只有「用」沒有愛（如奴工般役使女兒）、不知愛為何物、不知婚姻為何物，不知親密關係為何物、不知教養是怎麼回事等等。總之，主體性不見了（內外分裂，拒絕自己，孤伶伶被遺忘的存在），一切都無明。

這些「症狀」說明了活在以倫理為中心的「關係」裡的各項迷困之狀。也讓我們認識到，處於無明的狀態，沒有產生自我意識，長不出個人主體，嚴重到連發生什麼事都不知道，甚至到了無感的程度。這樣的存在，自己和世界都是破碎且無法凝聚的。

這些倫理文化中的關係核心是自己，由內往外則包括祖父母、父母、夫妻、兄弟姊妹、親子等，外延則擴及職場及其與親情之間的糾葛之類。其核心除了自己跟自己的關係外，重點不外乎親子關係和親密關係。

親子關係中包括往上的與祖父母、父母的關係，往下的跟孩子的關係；其中上下左右又結成了網狀，糾纏在一起，互相牽扯，互相影響。這中間任何一個環節或任何一個點都有可能激化矛盾、觸發衝突，造成麻煩，成為痛苦。

苒然故事中的關係網就是生命迷困之境的真實寫照。這一切其實都可以歸結到「人來到這個世界本質上就是一場悲劇」這個概念之下來理解與把握（悲劇是人在生存的挑戰與應戰中陷入困境，並且造成不幸。詳細可參謝錦《生存困境的反思——中國文學與文化心理》第一部）。

但是我們因為無明，常常不知道自己在哪裡，不知道這些關係網跟自己的關係及其意義。其實我們更不知道的是「我是誰」？為什麼存在？不知道「我要什麼」？不知道「我要去哪裡」？沒有方向感，只是不斷的依附在各種關係中載浮載沉。

二、無明，是生命迷困的根源

人，天生是無明的。無明，就是無知，無知無明就是生命迷困之根源。「明」這個字，由日月組成，日月都有光。無明就是沒有光，沒有光就看不見，看不見就一無所知。無知無明，生命就沒有了方向；生命沒有了方向，就只好亂走亂撞一通。

接著而來的問題還在於，已經是無明了，卻連自己是在黑暗之中都不自知，但又覺得自己知道。這種叫「元無明」的可把人迷昏困死了。

生命的旅途中，元無明狀態的時間以年齡比例來看，一般都相當的長；有人是一輩子，有人是半輩子。依我所見，三十五歲是個比較明顯的轉折點；心理學家榮格說是四十歲。這是生命的困境期，其中充滿了迷惑與困頓。若要醒過來，需要契機和決心，需要觸媒和觸點。

醒過來之前，最困難的就是看不到自己是什麼，自己在哪裡；因為不知道自己在哪裡，就看不清自己正在走的路會通往何方，自己是怎麼走的、什麼樣的速度、什麼樣的姿態，所有一切的一切都在一種未睜開眼睛，眼前一片漆黑的狀態。

人身處二元實境卻沒有開眼，就陷入在對／錯，是／非，好／不好，優秀／不優秀，成功／失敗，應該／不應該……等等二元的價值觀中不斷的評判、定位或以此來認識自己、應對世界。

比方，我的讀書會朋友**囡囡**，他的二元認知結構是，婚是早晚要結的。因為母親是職業婦女，自己從未感受到被好好照顧，因此從小就告訴自己不要像母親。所以決定婚後不要工作，要成為一個家庭主婦，成為一個「賢妻良母」；有了孩子，要養出自己認為優秀的孩子。

而所有這些，都不是來自有意識的選擇，而是在二元衝突內不自覺的選擇；當下感到被迫，是因為沒有其他的選項，只有二選一中，不是這個就是那個。

結果事與願違，產生自責、抱怨、愧歉、罪惡、疲憊、失望……等等負面情緒與負能量的循環，並一直卡在自己身上，連身體都出了問題。

他甚至到了四十多歲，往返大陸念書的第二年，走進死胡同。那時不求救，不吃，不喝，不言不語，想殘害自己的身體，讓自己在這個世界上無聲無息的消失。

這時他完全無意識，腦中一片空白。似乎處在一個滿是白色的牆壁中，垂頭而坐，困在讓自己窒息的情境中。猶如植物人般，只需要空氣，連喝水都不會想到，呆坐一日又一日，淚水莫名的不斷湧上。

在元無明的狀態下，慣性思維與大環境的社會價值觀，讓我們迷失在人生旅途中。「為什麼總是要不到自己要的？」、「為什麼關係中自己總是挫折連連？」、「千錯萬錯都是別人的問題與錯誤，與我無關。」於是讓自己困在負面能量循環中，讓自己怨聲連連，讓自己成為可憐人，讓自己離真相與事實愈來愈遠。

在元無明的狀態下，通常都不知道如何聽自己內在的聲音，不知如何接收外面的訊息，更別說該如何把外面接收到的訊息與自身的系統進行統整。

我的讀書會朋友**晴空**，對於元無明有很生動的描述：

> 在我大約二十七到三十歲前後，憂鬱纏身。那是我自研究所畢業後，開始工作不久的時候。離開學業，面向新生活，乍看自由，但我什麼都不滿意。不滿意自己苟且但無力變得更好的學歷；

不知道自己該發展什麼專業的慌張；不想跟交往快十年的前男友結婚；還有，雖然知道自己的日子鬆散無意義，但也不知道怎樣能讓自己更好。

生活中充滿了「不願意」和「我不想」，但搔破腦袋、焦慮失眠、亂找資料、渾噩度日之下，我也仍不知道自己將來該做什麼。我什麼都不想做，但年齡漸大，逃避不了的成人階段，似乎在叩問我何時才能人生有成，而且愈快愈好。

像是無頭蒼蠅亂竄的人生，轉眼間三十歲了。那年，我自覺已經不能逃了，只好「認命」的與前男友開始協商結婚的事（但天哪，我並不愛他，也完全不想結婚）。但我忍著憂鬱、憤怒和委屈，去完成「身為一個正常人應該做的事」。直到啥繁瑣的手續都做了，到了他家的那一晚，我才發現自己不能呼吸，於是我頭也不回的逃離了。

逃離之後，雖然免死，但原本無明亂轉的生活照過。我一樣討厭自己，就算化了妝、穿上體面的衣服去上班，也只是希望別人不要發現我不好。

我不斷詰問自己活著到底要幹嘛？要完成些什麼？為什麼我還是什麼都做不到？都三十歲了還一事無成，誰誰都已經結婚生子月入百萬了，我還在找工作！不要說是無顏面對江東父老，我連自己都過不了。無論從哪一個社會標準來看，我都很失敗，我應該如何如何的那些「應該」，一個也沒有實現。這般如漩渦的絕望與無力，就是我人生最大的困境。

人在無明痛苦中還是有可能會動用腦袋討答案的，於是以為知道，實際卻不明所以的往外攀附，追求那些無法證明自己的東西。

最常見的是尋求「真理」的支持。從不同的智者得到種種的教導，如「要愛自己」、「有志者，事竟成」、「識時務者為俊傑」……之類。但許許多多的所謂真理，只識得字面，卻不知其意，且在不同的情境下這些真理似乎都可以成立，自己卻不知道該如何「選擇」，怕套錯公式，得到錯誤的結果，反而更加困惑，掙扎也無濟於事。

三、深層迷困：不知道「我是誰」

「我是誰」是生命最本質或說最終極的叩問。

知道「我是誰」時，自己的神明安住在家，安步當車的走在自己確定的生命方向上。

不知道「我是誰」時，在一片無明中緊接而來且跑不掉的困惑就是：「我此生的目的是什麼？」、「我到底是來幹嘛的？」徬徨在「我究竟要什麼？」、「我究竟要去哪裡？」、「我要往哪走？」、「我要怎麼做？」之間；漂泊在各種各樣的迷惑之間。這樣的生命所展現的風貌，大致是這樣的：

1. 漂浮在洪流之中，看著外在世界各式各樣的人與事，既不解世間、人際間毛線團般的複雜，也無力與人親密，卻引動了種種的情緒糾結。自己似在裡頭，又不在裡頭；以為自己是局中人，其實是個局外人。終日匆匆，忙裡忙外。東張西望，不知所歸。
2. 打從小時起自我意識就被蒙蔽，不知為何而活，只知道順著外在環境，像家族、家庭與學校、社會的期望和大潮，走向自以為適合自己的道路，養出溫馴乖巧可人的樣子，努力從外在學業、事業表現上期待他人肯定自己的存在與價值。即使每天畫上不同的面皮去見人，外皮沒有走樣，算得上是好寶寶了，事實上還是很空虛、縹緲，不扎實的存在著。
3. 不清楚自己要的，活在文化框架、家人的期待中，例如：結婚、生子、負向情緒等；加上太多的不敢說真話，活在假象裡，不能面對，愈來愈迷茫，也愈來愈恐懼、害怕。小至朋友遲到，自己心裡不開心卻不願意說；大至對家人不滿，卻因華人文化應孝順、尊重長輩，導致自己內外矛盾；因害怕破壞關係、不想有衝突，所以隱藏自己，表面上依照他人想法做，實際上是累積或壓抑更多負向情緒。

4. 一直要向外找認同、肯定；跟隨著外界的節奏，著迷成癮於配合他人腳步、滿足別人的眼光感受。輕易地把自己交出去給他人，而迷失了自己的方向。身陷在迷霧困境之中，帶來許多壓力，產生許多情緒，也影響了身體。

5. 自我價值感低。常態性的認為自己無足輕重、一點也不重要。很難接受自己的好。無法肯定自我，覺得要得到他人的肯定、認可及正面回饋，做得夠好，才能證明自己夠好，自己才有價值，才值得存在。

6. 永遠在別人的眼光裡尋找自我，也始終看不見自我。不斷的努力滿足他人的期待，努力做讓他人肯定的事，寧可委屈自己而害怕拒絕他人；而往往對他人承諾太多，超出自己的負荷，而後又因無法達成承諾而打擊到自己，覺得更加痛苦。

7. 為了符合他人口中的標準，不斷外求財富、聲望、美貌，等等。一味的把自己的評價交給他人的同時，也讓自己開始以此為標準評價他人。不斷往自己跟他人身上加東西，認為都是他人的錯。形成了心與心的疏離與空虛，填滿不了，於是更加的外求。華燈過後獨自一人時，只好找戰犯讓自己好過，並寄託在一件又一件的人事物上，日復一日，愈陷愈深，沒有了局。

8. 缺乏能量，常常感嘆外部世界為難自己，處處「事與願違」。把關注的焦點都放在自怨自艾的感嘆上，放在對現實世界的軟弱和無力周旋、對抗上，以致於就委曲求全，甚而自我放棄。

9. 在關係中陷溺於角色，執著於外界的看法，因此沒有自己，不知道自己真正要的是什麼，一味地向外抓取，用付出來換取他人的肯定，當不符期待時就認為自己是受害者。

10. 總是分不清「我不好」跟「我做不好」的區別，導致自己總是處於自責，自我價值感低；或過度防衛，偏離事件本身，無法將事與情分開，陷溺在人際漩渦中。

11. 若遭逢生命中的重大失落，如失戀、婚變、中年喪偶等，便會失控，彷彿原有的世界遽然崩塌，無法再用自己的方式計畫一切。也因著這極大的痛苦，當一個人抵抗生命的力量愈強大，攻擊自己的力量也將伴隨發生。若不幸走向極端時，會厭惡自己到想要取消（殺死）自己的地步。

12. 沒有意識到要遵循內心直覺的喜悅，而被現實需要帶走。不知道自己選擇走的路是否正確；不知道現在是否做出最好的決定，擔心自己選擇的方向，對於往後長期造成深遠的影響，擔心將來有一天會後悔，並面對家人評論、同儕比較壓力，讓生命變得了無意趣，隨波逐流。

13. 缺乏靠自己真正獨立策略性的思考，沒有目標，沒有動力，隨便找一份糊口的工作，安適的待一年，再換一個安適的工作待幾年，完全不知道自己該做什麼？每件事情都顯得難以想像，那麼艱鉅，那麼遙不可及。困惑且不安中，單單聽「選擇你的未來，尋找你的理想生涯，知道你人生中到底想要什麼」，就足以嚇壞人。何況若家人不認可，無法給予支持，離夢想愈來愈遠，最後陷入僵局，陷入「我的未來從來不是我自己的選擇」的困局。

14. 常常跟自己拉扯：我喜歡這樣嗎？這樣做是別人期待我的樣子？還是我自己期待的樣貌？我想成為什麼樣的自己呢？什麼樣的自己，可以讓自己每天身心安在，怡然的面對每天的生活、工作、人際關係？

在不知「我是誰」的生命中，即使有看似強者、也在世間征戰的，困惑依然很強烈而具體：每日辛勤的工作為的是什麼？不眠不休、日夜兼程的追求為的是什麼？賺很多錢為的是什麼？贏過別人為的是什麼？得到他人的肯定、讚美為的是什麼？工作之餘勤跑的交際應酬又是為了什麼？為了孩子、家庭才辛勤工作，是真相嗎？還是為了逃避什麼才合理化出來的藉口？無邊無際的應酬是為了增廣自己的社會歷練，還是隱藏著交換恩惠的社會化動機？

從以上這些問題，再衍生出了自己和原生家庭、夫妻、親子、友朋、經濟、工作等等諸多如亂絲般的矛盾與衝突，以及伴隨而生的焦慮與壓力。惑於「為什麼人有這麼多的煩惱」？困於生存何以如此磨人的壓力中，搞得身心疲累，情緒不安定，但就是不明所以。

前面苒然的故事就是對自己無明的簡單寫照。苒然說：「從小到大，家庭教會我的就是聽話，只要聽話大家就會誇獎我，說我很棒。那些別人不想做的事、別人不想幫忙的事，我一手包辦，只為換得長輩們的讚美：『很乖。』這讓我感受到存在、被看見。」其實苒然早已經不見了，成為關係中縹緲的存在。

苒然並不知道，聽話順從就是取消了自我意識，藉聽話順從獲得肯定就是出賣自己；可矛盾的是，自己內在卻隱隱然還有個渴望，就是與人連結的安全感與被愛、被需要的感覺。但因為自己迷失了，自己不見了，自己成為工具、成為奴隸而不自知。這樣在人間漂泊游移，魂無歸處，生活亂成一團，搞得身心俱疲，只差沒有絕望一死，然後就這樣滑過前半生。

我的讀書會朋友**莉薇**，用自己的經歷把「我是誰」的前半生困惑處境，描述得很具體：

在學生時代，觸及的是選擇科系；出社會，則是選擇職業。國高中時期完全是人生空白的六年，只是懵懂的接收社會、老師的指令。

整個環境到處散發的氛圍就是在告訴我們，讀就是了，考高分就對了，這是唯一的一條路。在學生面前展示的永遠是那些前端頂尖學校，分分秒秒都在傳達進去那裡才會被稱讚、才有面子、才叫厲害。從來沒有人在乎過我們的特質是什麼、喜好是什麼、好奇什麼、擅長什麼。

我看似像乖寶寶的翻著書，但讀得莫名所以，讀得痛苦難耐，不知為何而讀，不懂為什麼要關在一個地方拚命地讀書考試，好像這樣才能獲得社會認定的美好未來。

升高中的大考，跌落谷底。為了下次的翻身被推著去念私立，自此，我失落、我難過、我自卑，覺得自己什麼都不是，什麼都不好了！

我沒法接受為何要用所讀的學校來定義我，怎麼可以用分數來決定我的人生。讀私立就是矮別人一截般，頭抬不起來。人生要前往的方向，則任由分數帶著自己去社會制定出來的排行範圍裡，依舊摸不清楚自己是誰，處在這裡要幹嘛，感受不到對學習、對生命的熱情。

困境更在出社會後，長年的載浮載沉，按著分數去學出來的能力，即使想辦法繼續使用並活下去，但是死命的工作卻感覺不到自己，於是不停地轉換。一下子窩在貿易圈，一下子當教授助理，一下子外派到印尼做台幹，一下子衝巴拉圭做志工。轉換到懷疑自我，怎麼做都待不住，感覺不對勁。

這樣的困境不是單一事件的突然衝擊，反倒是經年累月一點一滴的自我否定，看不到自己的容身之處，更讓人沉痛哀傷不已。

莉薇描述的不是個人的遭遇，而是整個社會的共同記憶，其核心就出在個人和集體的無明掩蓋或說淹沒了個體生命，讓人成為物質性和工具性的存在。

我的讀書會朋友**晴空**對此發出了深深的叩問：我們是從幾歲開始，覺得自己「不夠好」、「不能享受當下」，一路把自己丟掉的？他說：

在社會系統中，沒有人不受「升學」系統這個核心價值觀的塑造、制約，自從有了考試之後，開始有了排名，這不但是好學生跟不好的學生的分野，還跟一個人的基本評價，例如乖不乖、努不努力、優不優秀、老師喜不喜歡、有沒有未來性……等等，有所關聯。

升學，是在還沒有生產力時，唯一能證明自己世俗價值的途徑。在升學考試成為生死戰的命運裡，無暇，或說無心，好好活在當下，享受人生。稍微玩一點就會感到罪惡。我們早已經淪陷而不自知了。所以，「升學」是什麼？我們在跟誰比？我們有因為這個概念，讓自己和孩子活得更好了嗎？這個概念籠罩的年輕歲月，感受不到真實的快樂與任何自我覺察，即使是在最滿意自己的時候，永遠覺得自己哪邊還不好、還應該更好。這些慘綠年少的成長歷程，真是一段昏蒙史。那段不知道自己是誰的日子，當社會期待的信徒，還總嫌自己做的不夠好。

重新審視「升學」背後的意涵與期待，整個社會、整個國家、甚是是整個東方儒家文化圈，那沉重的迷信與壓迫，是多麼壓縮年輕生命的存活空間。甚至，在入職場之後，仍然有成千上萬的人沒有意識到它的餘孽：升官加薪、五子登科，繼續壓迫著人的後半生。於是，整個社會都為了「退休後的日子」在做準備。

這一切，都是無明的寫照，投射出生命痛苦的風景。

無明讓自我迷失了，不知道自己是誰，就會出現下面的對話方式。我的讀書會朋友**采知**說了他的一段遭遇很典型：

他家因為裝潢，和多年前相識並有好感的設計師重逢而有許多交流。通話時，只要他提到「我朋友說他覺得我是……」，設計師就會打斷：「不好意思，我對你朋友說什麼沒興趣，我在意的是你怎麼想。」

第一次設計師這樣提，他沒有想太多，日後還是按照自己的模式說話。到了第三次被打斷時，他覺得有些生氣，覺得設計師這樣真的很不禮貌。於是語帶不爽的告訴設計師：「我說話就是習慣有起承轉合，會把前因後果講清楚。」設計師則加重語氣回說：「有起承轉合、前因後果沒問題啊，只是對於你朋友怎麼說怎麼想，我、一、點、興、趣、都、沒、有！」

這讓他有些沮喪，疑惑到底為什麼跟設計師講話這麼難？甚至還產生少通話以免又不愉快的念頭。可是每次看到設計師問「今天過得如何」時，他又開始話癆上身。他說：

當第四次被打斷時，我突然發現……媽呀！終於聽懂他的意思。的確跟起承轉合、前因後果根本無關，而是我在說一件事情時，習慣把別人認為的也加在裡面。

掛掉電話後，一個場景跑出來：那是國小低年級時，有天，班上的死黨之一突然說：「采知，你每天開口閉口就是『我媽媽說』，煩不煩啊？我們聽了都煩死了。」、「可是我媽媽說，小孩子就是要聽父母的話啊……」我回。死黨給了我一個諷刺的大白眼，讓我感覺很不舒服。

這次之後，我再也沒有把「我媽媽說」掛在嘴上，卻在不知不覺中，將重心換成「別人說」。所謂的別人，是跟我比較熟悉的人，比如同學、好友、老師，或者工作上比較密集往來的夥伴。我會很在意這些人對我的評價。

看到這個「點」後，突然驚嚇到：「那我自己呢？我是誰？我自己到底是怎麼想？怎麼說？」、「如果我這麼在意別人對我的評價，眼前大家看到的這個『我』究竟是什麼？」一大堆疑惑的雲霧罩上心頭。

其實很多人都在問「我是誰」？很多人都在思索自己的價值和定位所在，卻又向著所謂的普世價值，不斷汲汲營營追求外在的事物。得到的答案諸如：「我想當有錢人」、「鑽研學問之後成為教授」、「把媽媽的角色扮演好就好」、「歸順於佛祖或上帝」……不一而足。但沒有人說出自己是誰，也不知道自己真正要的是什麼。

至於如何知道我是誰？坊間開設了好多好多的心靈成長課程、工作坊、靈修、引導課程；但是理性上似乎都能夠理解，短期也似乎提升一些能量，實際上則做不到或無法持續；何況許多課程往往以貌似往內探索的安排，走的卻是向外尋方覓法找認同之路，還滲透著濃濃的資本逐利的色彩。總之，在接受了這麼多的知識以後，大家的問題仍然存在，仍舊在同樣的迴圈裡打轉。

我帶的讀書會裡就有一位已過知命之年的朋友**阿郎**，他在進讀書會之前，用了十幾年的時間，花了幾十萬近百萬的金錢，上了無數上面提到的課程，但我在他身上都看不到任何作用。我非常疑惑他發生了什麼事，請教他何以如此，他只有苦笑。幸運的是，他在心死前給自己一個最後的機會——進讀書會，結果在讀書會雖然進展遲緩，磨了三年以後，終於也有了啟動的消息，而且最近在提速。

四、婚戀的迷困

《易經．序卦傳》：「有天地然後有萬物，有萬物然後有男女，有男女然後有夫婦，有夫婦然後有父子。」說親子之迷困前，先說男女——婚戀的迷困。

上一節說迷困於「不知道自己是誰」，也迷困於「不知道要什麼」，既然一切都看不清楚，那就只能在無明中，順著生物自然的驅力和社會規範的制約走。這使得愛情婚姻這條情路充滿了浪漫想像的失落與傷害。

在走過坎坷情路已經傷痕累累之餘，假如有機會醒過來重建，那是一種幸運；假如沒有醒過來，那就只好帶著痛苦跟遺憾埋骨郊野了。

什麼是愛情？什麼是婚姻？兩者是什麼關係？我們迷困在哪裡？先來看一些具體的案例，再回頭檢視一下究係迷困於什麼？

我的讀書會朋友**辰曦**說了自己對婚姻的迷困與悔恨：

我人生中最大的困境，是在婚姻中遺忘了自己。當時選擇進入婚姻是因循世俗觀念，被傳統綁架，堅持十年愛情長跑一定要有王子和公主的快樂童話結局，以為用婚戒圈住了對方，滿足了自己的依附歸屬感，其實是用框架套住了自己。

在過去的婚姻中，以退讓噤聲來消弭出現的衝突，所有配合與付出皆自願承受：應對方要求自職場退出，回歸家庭做犧牲者角色；壓抑封閉自身的需要，把自己放在最後；又同意夫妻長期分隔兩地，代價是造成感情的疏離，而重心轉向將心力及愛全部專注於兒子身上，忽略對方心靈的匱乏無法滿足。

驕傲的我過於樂觀自信，自認為能量強大，對於前夫出軌行為，以為能夠釋懷原諒放下，戴上高EQ的光環妄想超渡對方。細微覺察一向習慣粉飾太平的自己，其實內心早就開除了對方，那份愛漸漸侵蝕消失了。

脾氣暴烈的前夫始終如一，我自以為是用隱忍當修煉學習，扮演溫婉的賢內助。追求完美是自己的選擇及接受，過分入戲於幸福的假象中，逐漸失去了自我，是自己將自我遺忘，又遺棄了自己。

這是女人因迷而困的悲劇故事。

辰曦的故事是有典型意義的。問題出在哪兒?他自己已經說了:「在婚姻中遺忘了自己、遺棄了自己。」是什麼遮住了女人的眼睛?讓女人誤把情當愛,誤把愛情當婚姻?是什麼讓女人看不見自己、迷失自己、遺忘自己、遺棄自己,也看不懂對方,看不懂世界?

這一切都來自「自以為」。自以為結婚是女人的天職;自以為愛情必須是王子公主有美好結局;自以為婚姻中的女人必須溫婉賢淑、夫唱婦隨;自以為女人是男人的附庸,要成為男人的賢內助,一切都要成全男人;自以為全然付出就能得到男人的心;自以為自己完美就配得到好的命運。

「以為」是幻念,是與事實不符的自我想像。當把幻念當事實的時候,就陷入虛妄,事實就會重重的來打臉,讓人清醒過來;若打了還不醒,那就讓人無言了。

我有個朋友陷入到「角色」的想像——幻念裡:「以為」盡力做一個好太太、好媽媽、好媳婦、好女兒的角色,就可以擁有幸福的人生。他為家庭一味付出,將家中所有事一肩挑起,承受所有來自娘家、婆家的壓力;當他期待受到關愛或贊許卻沒得到期待中的回應時,就自怨自艾,覺得自己是受害者。

這樣的生命演出的劇碼就是無明導致的迷思並且被淹沒了。這是特例嗎?不是!

上述悲劇故事中的男人呢?男人是個什麼東西?我的讀書會朋友**花籽**這樣說:

先生在三十九歲的時候沒有對象,不如說一路往前,帶回家的伴侶沒有夫家人滿意的格式:要溫柔一點,要馬上生小孩,要三代同堂,能賺很多錢更好!

種種跡象顯示,取決於這個對象並非應運愛情故事而生,而是達成任務的履歷表就要這麼漂亮。

想想看,得具有此多方才能的女人,是戰鬥民族還是白雪公主?我不管,就是這個條件!

這些長輩一生沒照過鏡子，只有拿著批評量表，戴好老花眼鏡，衡量別人的人生。先生在事業上的全力以赴，是為了離家遠一點，回家晚一點，藉由這樣的生活避免年年催婚的煩躁。

終於有一天，一個不長眼的女人走進門，以身為挑戰一族，為完成女人歸宿。不是這女子成績亮眼，是男人的年齡警鐘響起。一切眾生皆苦，但孤獨終了，未完成傳宗接代，是其不被接受的瑕疵。於是，匆匆忙忙地完成父母大願，再背起行囊離家奮鬥。兩全其美的辦法，就是待在四馬地，全心投入在外奔馳，「家」就留給平凡女人打理。

得子有後，父母健在，做好一個男人該做的事情，養家活口，看似平凡無奇，那個奇，在於人是寂寞的化身，身邊要是有個小女子給予撫慰。

一切又是這麼剛剛好，天高皇帝遠，扮演了賢子、良夫、好爸爸、大方的老闆種種角色，這一切又是如此順水推舟。

道理都明白，但是，男人守不住，做不到，誰教人是情欲的動物，不負眾望地安在當下，這一切種種是情勢所迫，不覺錯，是一句「對於一切，我很無奈。」做為了結！

迫於疫情擴散，回到婚姻原點。這樣遠距婚姻近二十五個年頭，再次家人重聚。父母已離世，孩子高飛遠走，身著慢性疾病，無言妻子投以異樣眼光。折足老馬的疑惑是：「沒人了解我，我這麼辛苦，難道不值得同情嗎？」關於男人感情方面的溢出怎麼會那麼嚴重？這點小事，根本不用在意啊？那個台商不是這樣呢？錯就錯了，還能怎樣？我不是都拿錢回家嗎？我已經夠有情有義了！一語帶過。

面對自己老去的身影，充滿不安與恐懼，擔心搖搖欲墜的婚姻，當外在一切有如夢幻泡影，內在連結悵然若失時，這一切又真實了起來。那些當初的「以為小事一樁」，種種藉口，變成一片天空降下的刀，刻出凌厲刀痕，侵蝕了關係世界，成為一片泛黃的燈光，陰鬱瓦解！

面對自己的困境，不是前進和退後的問題，是到底前路在哪？我又要往哪裡去？終年漂泊的靈魂仍漂泊，日日惶惶不安，其具體外在表現是遇事挑剔，易怒暴躁，不知所措。

這樣的世間男人是有普遍性和象徵意義的。

這樣的男人呈現的是迷困於生存的層面，遺忘了靈性。人來到世界的首要任務不就是活下去，還活得好，還要上事父母，下育子孫，完成繁衍傳承的任務嗎？這樣的男人做錯了什麼嗎？他有什麼問題嗎？他沒錯，沒有失職，也沒有問題，生命本來就沒有是非對錯啊；何況男人為了生存、養家活口本也是當然之義。

但問題就出在這樣的男人就自動成為生產機器，既生產生活資源——錢所代表的物質，可以養家活口；也生產人——孩子，可以傳宗接代。但這只是回應了人的生物性存在的活動，跟人有感情、有思想、有意識、有靈魂不相干。自己成為工具的同時，身邊的女人也自動的成為了工具。

愛——理解跟接受，不是人的根本需要嗎？當兩個遺忘自己的無明者相聚，能看見彼此嗎？當屋頂下的兩人靈魂沒有或無法呼喚、應答時，豈不成為了兩個人的孤獨（核實的說是孤單）？

跟這樣的男人結一世緣的女人呢？花籽繼續這樣說自己那最慘的樣子：

女人是龐大的文化系統中的一個點。逢年齡而侷限，因懷孕生子優越的賞味期而迫切需要進入的婚姻期限。從未知到有知，從教到悔，是一個極其漫長的過程！

值二八的青春投入的婚姻關係，如同中國文學文本的「閨怨」（唐王昌齡），怯生生地走出原生家門，進入夫家的修煉，完成的是歷史悠久的文化傳統——凡是女人，總得有個歸宿。先生在婚後第二年為自己出征，成為台商，離家奮鬥，自此分隔兩地生活。這個女人完整的以青春餵養家族志業，身分是妻、媳、母、女、上班族五種角色。

人生如同整根蠟燭都在燒的關頭，放棄了自己的事業發展，由原本朝九晚五的型態變成7－11，二十四小時營業，且全年無休。說是歸宿，如魚得水，不如說這是迷惑的源頭。

所有的事情在一開始就已經決定了，「離開了水，魚是活不了的。」

困境是一個女人帶著兩小，歷經孩子站穩，長時間沒有經濟能力，無法完全獨立的冰冷現實，期盼著，依靠的是不知何時歸的丈夫。奉上公婆對子輩要求的標準，持續壓縮自己，以交換讓自己和孩子活下來的機會。

這些和職場中看著別人的臉色過日子並無不同，但夫家的回應是：「我們一直把你當作女兒看待，有什麼虧待嗎？」這個小女人的核心價值處於沒有自己的價值，低自尊是交換的條件之一，連抱怨都是溢出倫理規範，女人無處可逃。

然後公婆離世，男人心裡有他人，孩子成長高飛，最終完成了自己孤獨的本質。自己的生命文本不是書店排行榜上面出現的東西，這是一個長久的、同意如何訴說現實，重新建構信任自己、愛上自己的過程！

花籽曾經說過，有一天，已過知天命之年的他赫然發現：他的男人從來沒有走進自己的世界裡；所謂的愛，都是自己給的，而不是來自對方。而這個文本述說的，正是天下男女普遍的遭遇。

我知道生命總有一片荒蕪之地，但我必須經過它。

在一個風涼的日子，從北投普濟寺回家的夜裡，未成眠，心有些許陰鬱，察覺無來由的情緒。回想隔壁這位沉沉睡去的先生，起初，以為那是我靈魂的伴侶。當感情的波濤沖刷過自己，我認為這個人接受我的一切，甚至偉大的包涵我自己也不喜歡自己的那一部分；我感覺被愛著，熱愛著。直到五年前崩潰、震驚、心碎的背叛，那是一個嚴重的危機意識，現在想起來，我傷心的其實不僅僅是我失去的那部分，還有我從來沒有得到的東西！

我的心單純得無法置信，愈是分析愈是不解，為了瞭解自己的感受，我捫心自問：「**花籽**，如果他從來沒有給你任何感情，那你感覺到的愛是從哪裡來的？」突然間，我的心清楚了，一個驚人的啟發揭示於我：「我感覺到的愛，感受到的喜悅，來自我自己。」突然間，我從床上坐起來。

我感到的愛是誰的？我自己的！

原來我當時感受到的，從來不是他的愛，所以衝突中他曾經和孩子說爸爸媽媽因為認識太淺，沒有感情基礎，所以什麼都不合！

當時我詫異不斷的害怕起來，原來他並沒有以我認定的方式存在過，他也沒有用我以為的那種方式愛過我，這些都是出於我自己的愛，我的心把愛加諸在這個人身上，彷彿他就是付出愛的人！

然而他不是愛的源頭。事實上他幾乎沒有參與整件事的過程！我才是愛的源頭。一個人的婚姻，我親帶自己的孩子，我的孩子桀驁不遜得像我，現在準備離手，而我直到現在才明白。

看見這個相見不相識的情緣時，花籽有一種像在秋風吹面中，佇立於莽莽草原的巨大蒼涼感襲上心頭，全身透涼。但對花籽來說這是天音，他明白了自己的圓滿，不再活在幻念中。行到水窮處，坐看雲起時。自從開眼看見之後，生命進入新境，從此水流花開，不再空山無人。

婚戀中更讓人困惑的是，明明看似兩情相好，相處融洽，可是男人仍外遇。

我的讀書會朋友**小美**，結婚二十九年，年入耳順。賢伉儷在家人朋友的眼中，是一對恩愛的夫妻，令許多人羨慕。夫妻平日相處，常態性的出雙入對，也沒有太大的衝突不快，算是相處融洽的。但他的先生外遇了。

因為他心中深植「婚姻需要忠誠」的價值觀，外遇是他對婚姻關係的底線。他說，只要發生先生外遇的事，他一定會結束婚姻！所以當得知先生外遇時，他驚恐至極，被情緒捲入痛苦的深淵，終日淚流不止，他的世界幾乎是崩塌了。

信念看起來很好，很高尚，但凡是信念都只是個念頭，而且也都是有界定的。既然有界定，那就進入二元之境，只等待事實發生時，才發現信念跟現實根本不是一件事。這也就是因迷而困的狀態。

上面的婚戀故事，底層都有兩個基石在支撐：一是生物性的——生物遺傳基因的驅動力；一是社會性的——傳統倫理的制約。兩者交錯在一起，我們因為無知無識，自然不知不覺就走上了迷途。

先釐清一下什麼是愛情？什麼是婚姻？兩者是什麼關係？才能明白我們迷困在哪裡？

我給婚姻下的定義是：「兩性為了生存而架設的分配權力和財產的遊戲規則。」婚姻，是生物遺傳基因驅動下創設的制度，是以情——生存的需要、欲望——為基礎的驅動力行為。這裡面講的是情義，是責任和義務，不是本書所說的愛（詳見「序曲」說明）。

婚姻是關係；愛是一種狀態，不是關係。婚姻中若要生愛，得有靈氣，並經過風雨患難的波折和學習後才會長出來（回參本書「序曲」說明），而幸福往往會讓靈魂沉睡。

情是關乎自己的好惡跟標準，但通俗用法都把它稱為愛。一般人嘴裡說的我愛你，其實說的是我喜歡你。所以一般在使用愛情這個詞的時候，其實是偏義詞，指的是情，不是本書中所說的愛。因為這個誤認，大家很自然的就把情當愛，把愛情當婚姻，談戀愛的意涵成為找對象完成生物性需要的活動。

把情當愛，就會誤把由生物遺傳基因驅動的墜入情網當作愛，而不知那只是生物為了完成繁衍的任務，用一種個體完全無法知曉和抗拒的方式，讓個體拆除自我的界線，以達到雙方結合目的的一種把戲。人是獨立的個體，個體都有界線。繁衍目的達成之後，兩個可以相融的個體又逐漸恢復原先各自的自我藩籬，進入激情之後的生活靜流。這樣就發生了無數讓人迷惑不解的故事：眼前的這個人，怎麼跟之前的不一樣了？而不知道這是進入二元摩擦、磨合的「修行」之境，又不得脫身，而深以為苦。

像我的讀書會朋友**欣逸**，他「恢復原狀」後的衝突是比較簡單的。他說他先生當初吸引他的，和現在討厭先生的，居然是一樣的地方。

結婚前覺得先生開朗風趣，在團體中愛開玩笑，總是能炒熱氣氛；結婚有了孩子後，很多玩笑在大人面前開沒關係，大人一聽就知道是在開玩笑不會當真，但是小孩不懂，會當真，觀念會混淆。嘀咕都幾歲了怎麼還不懂，當爸爸也沒個爸爸的樣子……覺得先生怎麼都長不大，心生嫌棄；想改變先生又辦不到，深為困擾。

其實欣逸的婚姻起於情而不是愛，他說的吸引、討厭，是情的用詞、情的作用。之所以好惡都出在同一個點上，是因為受從小以來自己原生家庭的影響，在婚戀上投射了自己的需要，而他因為身在迷境，所以不知道。結果當然會在關係的不同階段卡住自己，造成痛苦。

情因為只問需要、欲望，追求的是快樂滿足，但並沒有長眼睛；沒長眼睛，自然是沒有意識，是無明的，所以情路肯定是不平順的。不管婚前與婚後，都因無明而充滿了跌撞、坎坷。

我的讀書會朋友**珞霖**，在幾段情路上跌跌撞撞裡迷失了自己與人生方向。他說：

在情路坎坷中，最黑暗的時期，是無意識的走進一段地下情的關係。那段時期的我，不管是內在與外在、白天與黑夜、人前與人後，都處在二元對立的兩端，內在與外在是分裂的。彷彿白天在人前，我遵從並扮演好傳統文化中期待的各種角色。如：盡心盡責的員工、聽話乖巧的女兒等。但每當到了黑夜，在人後的我，卻得經歷一種有失於傳統道德的煎熬。如：小三的情人、不見光的感情、黑暗的誘惑與拉扯等。

在這段人生迷航的我，其實並不快樂，我感受不到我的感覺，似乎我的感覺如何並不重要，只要身邊的他人滿意就行了。然而，盡心盡力投入工作的我，也逐漸遺忘身邊的家人與某些重要朋友，似乎工作與地下情占據我整個人，或許只有把自己埋首在工作裡，才能暫時忘卻內心不斷的拉扯與苦痛。於是我過得愈來愈無感，似乎只有腦子在運作，內心的感受愈來愈封閉。而我也愈來愈不喜歡這樣的自己，但又沒有勇氣出走。

珞霖的自我沉沒於地下六年，等到在地下暗房中「受夠了」，才意識到要爬出暗房；等到最終找回自己、重見天日，也已經是爬出暗房十年之後了。

生物遺傳基因的驅動力之外，社會文化——傳統倫理的制約也毫無例外的都隱含在前者的活動之中。我們時常迷困於從未經思索的傳統文化價值，如：要聽話、要孝順、要努力、以和為貴、以大局為重、不能忘恩負義、不能自私自利、不能隨心所欲等。這些價值沒有問題，我們不知道的是，宇宙人生是二元的，生命的得與失、迷與困都在同一個事態中。

我的讀書會朋友**禾心**曾經這樣描述他人生中最大的迷惑與困境來自於親密關係：

我出生在非常傳統的家庭環境，受媽媽影響很大，他教我要聽話、要孝順、要跟別人好好相處。所以我從小就是個超級乖的小孩；是鄰居長輩眼中的超級好小孩；是朋友或同事間的超級好人；我也以此為傲。

但是遇到我太太之後，總是讓我覺得很迷惑。因為我的「好」，到了他那裡，常常不被接受或欣賞，也會變成痛苦彈回來。所以我最大的迷惑是「我對太太的好，哪裡不對了？為何總會得到更大的痛苦回應？為何常常被他指責與檢討？」

例如，我們曾經一起在餐廳吃飯，我怕他手會卡到，所以幫他把右手邊的杯子拿到左手邊，他就生氣了，說我不尊重他。當時的我覺得很迷惑，很受挫，我只不過是替他多想了一步，為何得到這樣的結果？

像這樣的事件，在生活裡面常常出現，所以我的迷惑也是我的困境。我完全不知道是怎麼一回事，想解決但無能為力，所以只能往內告訴自己「算了，就少講話好了」。

也因為恐懼，害怕說錯了話，會引來太太更多的指責，造成我更大的不舒服，所以就盡量把自己的心門關起來，但是這樣只會讓挫折一直都在，而且更加深困境的難度。

後來有了小孩，在面對小孩的教養問題，兩人之間的鴻溝更是隨著時間愈積愈深，也愈廣，最後就到了我隨時要撞牆的狀態，覺得找不到出路。這個迷惑與困境，讓我覺得好痛苦、好難過。

我的讀書會朋友**飛兒**說了他跟先生互動的模式：

我的先生一直以來的做事風格都會有一套標準：當身邊的人沒有按照他預期，他就會指責對方，要對方按照他的方式。而那是他要的生活方式，他要什麼很清楚而且會說出來。

但我的狀態是，自己要什麼不清楚，甚至也不會主動說出我的需求，最後還被他指責沒有按照他要的生活方式。他生氣的當下會引發我自責、委屈、生氣、難過與痛苦的情緒。

這樣，兩人一搭一唱，先生有標準，習慣指責別人，我又是一個會自責的人，自己的原則與標準又不清楚，於是就在這個無明的世界一直打轉，引發許多痛苦。

回到**苒然**的故事來釐清主角入迷受困的狀態。

苒然的婚姻是因為自己的無知無明，把自己交付出去，由父母做主辦出來的。

他不知道出生以後將近十年的時間，寄養在二伯父家等同於棄養；他不知道這深深的傷害到他，影響他的人生觀、價值觀。他沒有被愛，不知道愛是什麼；他需要被愛，卻學到放棄自己、討好他人；他不敢接受對他好的優秀男人，卻選了前夫這個自己「熟悉」的，以二伯父為樣版的傳統威權性格又不負責的男人，鑄就了十年無愛最終走向破碎的婚姻。

我們疑惑於為什麼親密關係有那麼多的迷困與傷害；也要問問，為什麼不知道親密關係是人生最深的修行？

親密關係（主要形式是婚姻）中，天然的包括了「性」這件事。請問，生命中連自己的身體都心甘情願的或必須分享出去的，那是誰？做了這件事，自己的感覺是什麼？所造成的結果是什麼？有沒有影響到彼此的關係？若因此而有了「結晶」，影響又是怎樣的？其中的糾葛是不是深深的困住我們？

你聽過親密關係是拿來修練，而不是拿來追求幸福這件事嗎？你的男人／女人呈現的是你的陰面，可是這段姻緣真正的目的是把你帶到陽面，讓你在苦海裡獨自游泳上岸，圓滿自己。「他」就是你的心中上帝為你準備的面對生命覺醒的禮物，也就是你選擇他做你的男人／女人的真實目的。

這個禮物很醜，假如沒有意識到要拆開來，那一輩子都沒有機會修得正果；假如意識到要拆開，也要知道拆開的過程很辛苦，甚至很受傷。若你懂得這個禮物的功能，那就表示你是聰慧有靈氣的，沒有白受苦；如果不會，那就無明到底，終生陷落到受害者的泥淖裡。這是一種選擇，要學、要做才會有。

我常說，生命中所有的問題，在開始的那個地方就決定了；我也常說，若把精力、注意力放在解決問題上，那就失去未來。可惜人天生是無明的，通常都從已經創造的問題中學習，本節所說的故事幾乎都無法溢出這個命運，即可見一斑。

生命是有可能性的。如果意識到在關係開始前或需要重新開始前能學到一些指引，或許對婚戀會有一些幫助。這個指引指的是幾個步驟：1.瞭解自己的特質（不受外在條件制約）；2.瞭解對方的特質；3.雙方特質擺在一起的感覺如何（生命沒有是非對錯，特質只是特質，沒有好壞對錯，但問相處自在與否，這須對自己誠實）；4.共同的願景（這牽涉到世界觀、生命觀、價值觀）；5.是否有內觀、覺察的能力（這是關係走長走遠的關鍵條件）。

五、親子之迷困A——父母對子女

除了自己的、親密關係的無明迷困外，在關係中造成迷困的最關鍵角色是父母。父母比孩子先來到這個世界，影響力是巨大且深刻的。「有夫婦然後有父子」，本節來說說親子之迷困。

誰無父母？我們跟父母的關係是怎樣的？我們長成這個樣子，不論外表長相還是內在系統（如思維慣性、情緒模式等），跟父母有什麼關係？

你愛父母嗎？跟父母親密嗎？恨父母嗎？愛恨交織嗎？愛父母卻無法真正靠近嗎？親近卻不親密嗎？你和他們是有血緣、認識最久、最熟悉卻最陌生的人嗎？

跟父母的愛恨情仇是生命故事的重點，是困住自己的核心項目。

你有沒有認識到：世上沒有人不受原生家庭的種種影響，而且這種影響還是根本性的，人生的、人際的、所有關係的模型都出自這裡，只是每個家庭製造出來的劇情故事，形式上各不相同而已。

你相不相信：父母是人一生最大的命運，人生百分之八十以上的痛苦都來自父母？

父母是生命中必然繞不過去的課題，是一輩子都要面對的，想逃都不行。下面，就舉一些例子來說明人陷入其中糾葛的「迷」苦。

首先，要知道人是活在關係裡的，核心是活在倫理關係裡的。既然叫倫理，就是有結構框架和秩序的。落實下來就成了父子、夫婦、兄弟、姊妹之類的關係；外延的就是親戚、朋友。

在中國文化的人際結構中，縱向的是長幼尊卑，橫向的是核心圈——家人關係，第一外圈——熟人關係（認識又有情誼，如好友），第二外圈——生人關係（認識但沒有情誼，如同事）；第三外圈——陌生人。每一圈都有關係裡的原則（詳細可參謝錦《生存困境的反思——中國文學與文化心理》第二部）；本節講的是核心圈關係的中心——父母。

人是習慣的動物。地理環境決定了生產方式；生產方式決定了生活方式；生活方式決定了人的意識，而意識就是性格。可見活在怎樣的情境，就會成為怎樣的人，就會形塑成怎樣的性格；說穿了，性格也就是從生活的具體情境中耳濡目染形成的慣性系統。這個系統的建設基地就在原生家庭裡。簡單說，原生家庭就是影印機，父母就是原稿，孩子就是影印品。

心理學有「精神器官」之說，意指人的內在心理狀態，可以像人體裡的心臟肺胃腸等身體器官一樣，每個人在成長過程中，受主要照顧者（父母或其他重要他人）、家庭環境、學校師長、同儕互動、社會環境文化的影響，長出一個個人對應的生存模式，這個內在心理運作模式是個人專屬的獨特結構（器官）。精神器官的構造上，有來自父母的照顧呵護方式、教養的規條、禁令等，孩子會受父母的信念與情緒表達方式影響，從中發展自己應對的生存姿態，由於孩子的理性認知能力發展尚未成熟，孩子往往不自覺，卻因為日積月累的習慣，就形塑了這個精神器官的樣貌。

除非成年後刻意練習返觀自身的命運，覺察自己固有的認知，開放新的視野認知進入。否則，僵固的視野（例如：應該、不應該是一種權威的觀點）有多深、多狹隘，讓自己痛苦迷惘的命運，就有多龐大。

比方，我的朋友**小葵**說，他的性格養成來自父母錯誤的養育方式：

> 一味地要我「順從」、「忍讓」、「吃苦當吃補」、「逆來順受」，這些都是我再熟悉不過的教訓內容。加上他們威權、高壓、傳統封建、宿命論的管教方式，連反對、回嘴的機會都沒有；就連被責備時，表情都要注意控制，不然就是在挑戰他們！我本身個性就偏溫和了，再搭配上前面種種「教條」，成就了最極品的狀態：全世界最軟的柿子。
>
> 凡事都要我「先檢討自己」，而非先辨明狀況。以致我「非常習慣」凡事都檢討自己，這讓許多人利用這點占我便宜，甚至因此被某些壞心的人欺凌。我也不會多做反抗，因為我「只會」繼續深入檢討「自己還有哪些地方可改進」，而非質疑對方不合理的行為。

這是父母用消極、壓抑、退縮、內捲的心態，塑造孩子成為「極品——全世界最軟的柿子」的方式，是讓小葵的人生遺忘自己、吃盡苦頭的源頭。

從這裡再回到**苒然**的故事。

苒然故事中的父母清楚的展示了「不成熟的父母」的形象。所謂不成熟的父母，其普遍特性是以自我為中心、低同理心、自己需要成為最重要的人、不尊重個體差異、難以應對情感上的親密。他們不怎麼關心孩子的感受，也很少表現出同理心，孩子只能與他們建立單向的關係，關係的重心始終在他們身上。

對不成熟的父母或任何不成熟的人來說，他們的生活方式與關係風格都是把自己放在最重要的位置，這會讓其他人覺得自己受到了忽視。

對苒然來說，他的父母沒有把孩子放在身邊養育，這等同於遺棄；加上他在二伯父家沒有受到善待，讓他有失根的感覺，這對苒然的影響是根本性的，造成了來自幼時就存在的自卑、低價值感、焦慮不安等精神上的問題。

小學二年級回到父母身邊後，父母是他心中的可怕「巨獸」，在恐懼、逃避中一路挨打到大；只要苒然動作趕不上父母尤其母親的預期，沒來由的就是一頓拳腳，時不時的臉上會帶著五條紅手印到學校去。

他在父母的陰影下，不但沒受到善待，反而受到女奴般的對待。想像一下這樣的場景：吃飯要坐在飯桌尾端靠近飯鍋的位置，隨時機靈的替其他人盛飯，家人吃完一碗就理所當然的遞過碗來。長大了，平時父母有事，不管白天深夜，一通電話、一個通知，就馬上要放下手上的事或放棄睡眠，即刻應召限時報到、處理。

這種親子的關係讓人驚訝、難過、悲傷甚至憤怒，但苒然雖感到痛苦，卻不明所以，也從沒出現質疑的念頭。他不知道什麼是愛，不知道什麼是溫暖，不知道什麼是尊嚴。生命對他來說，一直都籠罩在父母的陰影下，本來就沒有光明，而是一場黑暗。

苒然的遭遇並非特例。我的讀書會朋友**飛兒**，他成長的家庭是這樣的：

我小時候家裡的男性長輩，爺爺、爸爸、二叔，都是用極度兇的方式來管教小孩。那種生氣與憤怒，是小小的我無法承受，也很害怕的。

小時候的我常做這樣的噩夢：夢中的我需要作選擇，一黑與一白；如果選對，我就沒事，選錯，爸爸就會出來大罵我。

這是我的夢魘，有時候都會驚醒過來。這是我原生家庭帶給我的焦慮與害怕，面對很兇的人，我的身體警報器就會響起，大多數的我都會以逃跑應對，讓我的人生只要面對到容易生氣的人，我的原則與立場就不見了，那是潛意識認為這樣自己就安全了。

在這個模式裡，緊張、焦慮、不安與害怕並沒有消失，而是記憶在細胞裡，隨時都會被觸發。飛兒在跟先生相處時發生過這樣一件生活小事，卻炸了：

週末時，他踩過先生剛拖好的地。先生說地板因他踩過去變得更髒了，質疑他怎麼會這樣做而不能理解？他認為不會那麼髒，先生則堅持地板因他踩過去變得更髒；而且一口咬定是他在找藉口，不承認自己的錯，一直逼他，要他承認就好。

飛兒收到先生得理不饒人般的咄咄逼人，覺得很煩躁，也覺得生氣，但不想硬碰硬，於是轉身去刷牙洗澡，準備睡覺。睡前先生又來糾纏，重複說他是在找藉口，只是為了關係和諧才接受了他的做法。

為了這件事他們爭執了兩個小時，到睡前都還在繼續。**飛兒**很生氣、很煩躁，當先生繼續糾纏時，他突然間悲傷的情緒湧上心頭，開始大哭，並控訴先生的暴行：

我說我不想跟你溝通，是因為我每次跟你討論時，你都咄咄逼人，又很容易生氣。甚至有時候你一回家，我都可以感受到我胸口有莫名的焦慮與不安，你的生氣已經傷害到我了，所以我不想跟你溝通。

當下的飛兒，憤怒、悲傷、焦慮、不安，就是小時候受父輩影響的傷痛，在當下共時性的反應。而他會選擇一位很挑剔很會生氣的先生在身邊，跟苒然的選擇如出一轍，是家族業力的作用，而非理性的選擇。

比起飛兒的遭遇，還有來自父母更長期、更高強度的監管帶來的影響與傷害，我的讀書會朋友**多多**就是個好例。

有一回，女兒國中好友從國外回來，特邀我和女兒去他家一起過感恩節。女兒和我約在捷運站會合，開車載我一同前往赴約。在會合時，我和女兒同時發現媽媽在我們身後用一雙凌厲的眼神看著我倆，當下我被震得心慌意亂，女兒說：「不要管阿嬤，我們走！」

約莫八到九點，我的手機就不斷響起；我看是媽媽打來的，沒有接。他像連珠砲似的狂打，我索性關機。等快結束時，女兒看他自己手機，也是一堆未接的電話，並回電給我媽媽。女兒告訴我：「阿嬤要我和他馬上回家，他要我們立刻回去見他……」聚會結束，女兒回我媽媽住處（當時女兒和我媽媽同住）。我告訴女兒，和阿嬤說：「我人不舒服，先回家了。」

多多和女兒見面同赴約會被媽媽看見，卻被震懾住，這是怎麼啦？原來數十年來，這位媽媽用威權把他掌控得牢牢的，他完全沒自己空間，連自己和女兒約會沒經過同意都是不允許的，因此惹媽媽震怒。之後媽媽以一連串的奪命連環電話戰術要他屈服，他則像個充滿恐懼無所適從的小孩，只知一味的逃，但無法消解內心的恐懼、不安。

多多已到眼望耳順之年都還在這個漩渦裡打轉，苦不堪言，傷心又傷身，可見父母對子女的影響有多大多深。

這肇因於他的無明，所以無力。他並不知道人是獨立完整的，並不知道他是媽媽的女兒，可也不是媽媽的所有物，並不歸媽媽管控。

媽媽的管控讓他長不出自我意識來，心理上一直趨附在媽媽身上，一直要做一個討媽媽喜歡的小孩困住了他。所以當他跟女兒見面共赴約會時，心理有個聲音不斷在鞭打自己、責備自己：「怎麼可以不聽媽媽的話，媽媽已經在生氣了。他沒有同意我和女兒在一起，沒經他同意我倆在一起惹他生氣就是錯了。」

看起來是不是很荒謬！多多爲什麼失去自己去符合媽媽的荒謬呢？而且，即使媽媽再無理荒謬，他為什麼總是回來責備自己不夠好？這是不是對自己太殘忍了？

多多小時候，媽媽不高興，他就不能快樂；他若笑，媽媽會生氣瞪他。所以他知道媽媽不高興就不能笑，更不能快樂，自己快樂還會有莫名的罪惡感。他被這種日積月累的感受扭曲綑綁，被「天下無不是的父母」的信念困住，他對自己是不是太殘忍了？

如果飛兒、多多陷入受害者的無明痛苦，而不能認識到爹娘是老天爺派來鍛鍊他，學習畫界線與穿越孩時制約的恐懼，讓他圓滿自己，那他也就沒有指望出離苦海了。

無明讓人扮演荒謬人生的演員，只有醒過來，穿透無明，過自己說了算的人生，才是正道。我們得把自己的命運扛起來，把他人的命運還給對方！不過我們也要看到，這場鍛鍊是費時費力的折磨，不是那麼好受的，中間要做許多功課，需要真心、勇敢、堅毅面對，才走得下去。

父母無意中的話語、動作也會阻滯孩子的生命之流。生活中的事件，在不經意的小細節中都隱藏著來自父母的影響。

我的讀書會朋友**塵路**說，他不選擇在家裡往生，原因是會造成家人的麻煩。他自問：為何會這樣想、會這樣的掛心？家人不就要同甘共苦嗎？

嬰兒時期，我就是造成母親麻煩的孩子，我不喝牛奶，不喝母奶，我只要喝粥汁。而當時的母親除了照顧孩子們之外還要顧店，還要為我煮粥，再過濾米粒，再用紗布擠出粥汁；他說，他常常為了擠出粥汁而把雙手燙得紅通通的。

不到兩歲的我被挪移到大阿姨家，由阿姨及姨丈扶養長大。三不五時被揶揄一下，說是別人不要才會來這裡。

「別人不要才會來這裡」，這句大人的戲言對塵路來說是語言暴力，小小心靈受到不值得他人為自己付出的暗示並銘印在心，成為「創傷」。從此一直活在他人為自己定義的價值裡而不自知。這個無明一直持續到過了知命之年才得以照見，人生卻已經要面向黃昏了。

我的讀書會朋友**書柔**，他分享在小學時，有一天想要去擁抱媽媽，被媽媽拒絕了。從此有一段「很長的時間」不愛與人有肌膚上的接觸，包括碰到手都覺得不舒服。

這樣的「小」且偶然的經驗有什麼玄機嗎？對書柔有什麼影響？

有一回，早上臨近上課前幾分鐘，謝錦問我：你騎車來？

我：不，先生載我來。

謝錦：那麼好！你有做什麼嗎？

當下我便講述早上在家剛好發生的小插曲：我眼看上課時間有點緊迫又下雨，便告訴先生說你留下來處理家中漏水的事，我先自行搭車去。先生快速直接回答：不用，我載你去。當下我心中感到暖暖的，但沒向先生表達什麼。我愣了一下，便說噢！那我先去準備。

謝錦再問：當下可以做什麼？

我：可以親他一下，或說謝謝吧！

謝：怎麼沒做？

我：有別人在啊！

謝：找理由！在乎別人，主體就不見了！生命就在當下，不是現在，就太遲了！回去後可以補做。

書柔言行不一，心裡「知道」要親一下或說謝謝，但卻沒有做，被什麼擋住了？就是上面說的，小時候抱媽媽被拒絕所產生的後座力；而且這童年時的撒嬌未得到滿足的後座力，讓自己不自覺的拚命壓抑想要任性的念頭，無法像個三歲小孩率直表達自己，如此綿延幾十年。你說，父母是不是如影隨形，法力無邊，影響著孩子的一生！

擋住了有什麼問題嗎？沒有問題，結果就是所要的親密關係難以推進。書柔經過學習變成是有意識的。他用行動去伸展了：下午回家後，特意找個時機向先生表白，感謝先生早上對他的體貼及呵護，附上真誠的深深一吻。先生沒有特別的表情，只說應該的，接著就很理性的嘰哩呱啦說了一堆早上家裡漏水的事，活現害羞而不知所措，顧左右而言他的樣子。

塵路、書柔的例子有具體的事件當觸媒，還有沒有具體事件但真實不過的隱性影響，平時不易發現的？我的讀書會朋友**蕾雯**說：

爸爸小時很疼我，我也很常圍繞在他身邊；當時接收到自己就是爸爸的小公主，備受呵護。但從父親離世後，我情感面無所寄託；而當時年紀正進入青春期，我毫無知覺的默默在尋找像爸爸那樣無條件待我的人。等到前男友出現，我就像無尾熊般扒著。結果前男友經受不起而離席了，我又瞬間漂浮了起來。

作爸爸的疼愛小孩有什麼問題嗎？沒有！這不是孩子很需要，且感到窩心的嗎？是的！可是爸爸的禮物卻讓蕾雯在親密關係中不自覺的追尋被呵護的感覺，要滿足的是自己內在的欠缺與匱乏；他對於被呵護的渴望抵抗力是非常薄弱的。他不是在找男朋友，而是在找爸爸，他也揹著爸爸在看、尋找對象。

爸爸是他生命中的第一個男人，前男友是他生命中的第二個男人；雖然同樣是男人，但爸爸跟前男友終究是兩個不同的人，要用父女關係複製親密關係，肯定是行不通的。

這兩個男人擾亂了蕾雯，但他怎會明白這就是童年時父女關係隱性影響的力量？他不自覺的帶著「不符合（父親形象）便不合格」的信念，親密關係自然不會出現預期的結果。

蕾雯的故事說明了，人的命運建基於家庭，女人的親密關係如果沒有先釐清父女關係，那就進入複製父女關係的輪迴（相對的，男人如果沒有釐清母子關係，一樣要面對親密關係走進輪迴的課題）。如果沒有機會醒過來，那麼，在無明中這種老戲碼就會不停的輪番出現。

事物都有陰陽面，受父母傷害跟受父母呵護都只得其一面，結果也是各得一面；唯有從所受與所得一面看見另一面，才能走出迷困，才能圓滿。

六、親子之迷困B——子女對父母

在上一節關於父母跟孩子的關係中，看到本質先於存在——倫理框架系統早已先個體而存在，父母處在系統中屬先來的、大的位置，孩子屬後來的、小的需要被照顧的位置。這導致現實中天然的倫理帶上了權力色彩，父母的倫理權力也就人為的遠遠大過孩子的權力。

雖說現代人知道每個人都有權力，但人是天生無明的，現實中父母的倫理權力既然遠遠大過孩子的權力，在使用倫理權力時，父母不管有意還是無意，是有知還是無知，是正向還是負向，在家庭生活的耳濡目染中，都會自然造成對孩子的重大影響。而且這種影響通常都會走入輪迴，連親密關係也不例外。

簡單說，就是親子之間一直都在複製同樣的系統。因此父母當初受到怎樣的對待，自己也就自然而然的怎樣對待孩子；孩子也定然會有相應的、或正或反的回應。

先看看孩子還沒有自覺和能力時的反應。我的讀書會朋友樂樂說：

我父親和母親的互動模式，先是我父親有意見要表達，我母親回覆幾句他的看法，我父親不想聽、沒耐性，聲音就愈講愈大聲，我母親就轉變為不回應、不表示意見。但事後一定找我們敘說從頭，並數落父親的態度：霸道、不講理、難以溝通。

我母親最常抱怨的：「他就是自私！不會想……」他覺得我父親「理所當然」要站在「制高點」，

並且能做到「面面俱到」的境界。埋怨父親自己做不到，卻又不聽他人勸。

自小耳濡目染，不可能不受到薰陶。仔細向內心探索一下，我內化了這裡面的生存機制：愈講愈大聲、不回應、內捲、私下抱怨、各自為政（你說你的、我做我的）。同時我也內化了：聽懂別人、被他人了解，是多麼可遇不可求！

樂樂掉入「角色認同」的框架中數十年，覺得痛苦卻難以回應。這是他對父母的忠誠，是人生中曾經的嚴重迷失。

我的讀書會朋友**語情**也不自覺的走入了家族業力的輪迴。他說：

我的媽媽與夫家格格不入，與婆婆不和；先生軟弱。

自小看到媽媽性格焦慮、憂鬱，氣到抓狂會打自己；常和爸爸為錢吵架。但非常堅毅，帶我們離開不好的大家庭，開早餐店，扛起養家的責任。對於沒錢會相當自卑，很怕人看不起。

我的父親沉默寡言，毫無責任感，賭博喝酒。我從小到三十八歲前，幾乎沒跟我說過話；住在一起對我來說卻是空白的人。

我誓死不想跟媽媽一樣嫁像爸爸這樣的人，但還是碰上和媽媽一樣的狀況：一樣嫁了沒有擔當的男人；一樣跟公婆住一起，跟婆婆不合；一樣想搬離婆家，自立更生。

語情在重複媽媽的路。婚前迷困，遇上跟爹一樣的男人，感覺熟悉就覺得是對的人；當初尋愛，其實只是無明的在找爸爸的身影，然後重複媽媽的人生模式。語情只有下決心硬氣起來，為自己出征，斬斷輪迴，才能真正走出迷困。

這種例證太多了。那麼，做為子女這一方，對來自父母方面的影響會怎樣回應呢？大體上不外乎消極負向的「反應」，和經過學習後積極正向的「回應」。

先看消極負向反應的例子。我的讀書會朋友**婉蘋**說：

國慶連假帶孩子回台中娘家，兒子國一第一次段考就在連假過後舉行，因此我要兒子回台中溫書。回台中後，兒子溫書的狀況不理想，一直不認真，讓我覺得很生氣，罵了他；兒子竟然上演要離家。當下我真的傻眼（其實是呆住，不知道如何處理）。回台北後和兒子的數學家教老師說這件事，請他幫忙和孩子溝通。

兒子向老師抱怨的說：「學校考卷很多，而且學校老師只勾了幾題要我寫，然後媽媽一直要我寫全部，要我全部練習完！」、「而且在台中的時候，媽媽明明就說寫完數學可以先休息一下。結果寫完數學，媽媽就說那社會也寫一下；寫完社會，媽媽又說自然也念一下……」

家教老師問：「結果？」

兒子：「結果我就躺在床上不想動！媽媽就說不念書，那乾脆打包回台北好了。然後我就開始收書包，把狗放在籠子裡，然後開門離開，接著就在大樓裡面躲來躲去給他們追。」

家教老師：「所以你就是在賭氣，是吧！」

兒子：「對！」

婉蘋習慣性的用擔心顧慮來教養孩子，他對自己的作為是不自覺的，也就是無明的。其實他內在有自卑、匱乏的深層恐懼，加上從小自己一個人，凡事自己來，不知道要如何關心他人。在「愛子心切」的意念催促下，只知時刻念著、期望兒子可以有好的未來，所以性格變得操控又急切；以擔心出發，以強勢指導取代關心，成了俗稱的直升機父母。他以為這就是愛孩子，其實結果正好相反。

孩子氣悶、自我放逐，把精神力氣都拿來抵抗母親，忘記自己的本務，朝著母親所要的相反方向狂奔。正是這種抗拒的反應，孩子不知不覺中將同步把母親的模樣複製到自己身上，一旦成為父親，對待孩子就會重複婉蘋對待孩子時的樣子。

每個人都有自己的命運。可是父母的命運卻成為子女怨恨的來源。我的讀書會朋友**辰松**說：

> 我父親在二十八歲（我三歲）那年，因工作受了重傷，在鬼門關逛了一回。命是保了下來，卻留下了重大的傷痕，整張臉和脖子有非常明顯的疤痕，左手從手腕以下完全無法彎曲與伸展；也就是左手是半殘。
>
> 又因學歷不高，所以在工作上看人臉色，受盡冷言冷語，或為了委曲求全，幾乎沒有與人爭吵過；就是有爭執也是很快的退讓下來，逆來順受的沉默下來。
>
> 我跟父親的關係是疏離的，甚至我是看不起他的。我很生氣，認為他懦弱，沒有擔當；認為一個男人怎麼可以這麼不負責任，連家庭都照顧不好。

辰松對父親的怨恨讓他朝反方向造就了自己成為一個自律、不放棄、主觀、不逃避、直接面對、冷靜、冷漠、吃軟不吃硬等特質的人。他不知道的是，這是他父親用自己的生命苦難當禮物所給予他的最大恩典。還好辰松有機會醒過來，到了幾十年之後，將近耳順之年才在一個機緣下明白了這件事，才跟父親和解；可是父子早已天人永隔，徒留人間遺憾了。

我母親在二十二歲時差點失去了先生，也同時扛起了整個家的重擔。父親收入不穩定又不高，又染上賭博的習慣，家裡常處在沒米下鍋的狀態下，家中最常出現的情景是母親氣急敗壞的大聲罵著父親，甚至哭泣著；而父親卻悶不吭聲的倒頭睡覺。母親因此離家N次，都因捨不得四個孩子而回來，也因此拚死拚活的工作。

我對母親的形容是「暴君」，因為母親很嚴厲，很少看到他笑。我跟母親的關係也是疏離的，很怕他也怨他。因為在我幼年還需要人照顧時，他卻常離家出走，丟下我們，還讓我小小年紀就需要負起照顧弟妹的責任。

辰松對母親的怨恨跟對父親的怨恨是同質同路的。還好他活得夠久，幾經折騰、忐忑、催促、欲進又退，終於在進「初老」之年與母親和解。

回到**苒然**的故事。比起辰松對父母的怨恨，苒然可說是無明得更徹底，到了無感的地步了。父母的無明讓孩子承受了苦難，孩子的無明結果折損了生命，這是孩子反抗的方式。我的讀書會朋友**莉薇**說他工作時碰上一個案例：

有位家長一味堅持自己的觀點，儘管孩子皆已成年了，照樣控制幾點收手機，幾點要吃早餐；洗澡時間和順序也必須照該家長的意思，只要不是按該家長的規則走，就會認為家人影響到他的生活作息了，會讓他睡不好、心情不好。該家長一直認定自己是出於愛心、善意，是在幫忙孩子，是孩子不領情，讓他很受傷。

這位家長的孩子如何回應這種超級控制到沒有呼吸空間的行為呢？廢給媽媽看：陷入憂鬱、自傷、自我封閉，都變成萎縮的花朵。

這是孩子不自覺的報復心對超級自戀媽媽的隱形攻擊形式：消極的把自己變成媽媽所要的反面樣子，以此激怒母親。該家長思思念念要幫助孩子，持續抱怨著孩子的行為，不滿孩子不積極為自己做點什麼，結果卻是事與願違。

上述這位家長是超級無明的。用心理學的術語說，就是「自戀」爆表。自戀指的是我是唯一主體；我是世界的中心；我是對的。泛泛的說，人是獨一無二的個體，自戀是自然又當然的；但通常人都會意識到自己之外還有世界，是活在關係裡的，所以會留有空間，便於跟世界流動。

因此，多數家長通常當能理解到孩子的心理狀態時，都能停下來檢視自己平常對待孩子的方式，雖然不會馬上做出什麼改變，但往往能因為明白了孩子難以言說的感受，而軟化了原本自己過於強硬的態度。

但莉薇所說的案主家長，是超級膨脹的自戀，整個世界只有他自己，整個家只容許一個「他才是對的」原則存在，十足展演了什麼叫做「我是唯一的主體」的模樣，絲毫沒有留給其他家人發聲的空間；只要家人的想法和做事方式跟自己相左就是違逆聖旨。大家可知道，違逆聖旨是殺無赦的？孩子沒有了喘息空間，青春的生命花朵個個都因缺乏愛的滋養而枯萎了。

再看經過學習後積極正向回應的例子。

即使父母沒有惡意，也沒有那麼強勢，但無明的作為也會造成孩子的反抗，讓關係緊張。我的讀書會朋友**典蔚**就說過一個自己跟母親衝突的事件：

「為什麼你都不先說？所以家人是排最後嗎？」適逢端午節，因為我沒有把時間預留給家人，所以媽媽震怒。

他理所當然覺得我應該要留一天給家裡。但我沒有，而且我也不想回去老家。

「我要澄清，家人放最後跟這個端午節我不想回去，是兩件事。我就是單純這個節日沒有特別覺得要聚在一起。」

「你如果不喜歡阿嬤，我們也可以挑一天回去就好啊！」

「重點不是阿嬤，重點是我就沒有想回去。如果你們要回去，自己回去就好，不用帶上我。過去是因為小時候我都跟著家裡，但我現在不想，我想留更多自己的時間。」

「好，我知道了！」附帶怒氣摔門。

夠平常了吧！媽媽也不過在端午節要帶孩子一起回去看自己的娘，這本來就是過節時親人團聚的「理所當然」，孩子卻不依，還抗拒、頂嘴，這在媽媽看來，不是不可思議、不可接受的嗎！問題出在哪裡？

父母生、養、育孩子，在孩子還沒有自覺跟能力時，孩子不知不覺就已經進入了倫理軌道中，而且讓渡了自己的權力。在我們的倫理中，長幼尊卑是天經地義的，孩子聽話順從也是天經地義的。父母如果不知道文明發展到現在，人已經意識到每個個體包括孩子都是平等的，那麼，天經地義就成為無明的框架與制約，這會造成親子關係的衝突、緊張，最嚴重的甚至會破裂。

典蔚的媽媽生氣、感嘆於孩子不像以前那麼聽話了。他的無明就在於他認為孩子是屬於我的，聽話順從安排是對的，是天經地義的；只要孩子一有自己的意見，他就會因失控而有激烈的情緒反應。

典蔚雖然回應了，但他還看不懂母女都受倫理文化薰陶的制約，是兩代人價值觀的差異，所以只能用衝突的方式去爭取，這種關係自然是好不了的。

比起典蔚來。**飛兒**用沒那麼激烈的方式呈現了拒絕母親「關心」（其實是擔心）、斷開家族傳承的樣態：

> 媽媽上週新冠確診，等他快篩陰性好了後，我回去看他。在餐桌上媽媽說，自從我搬出去，他每天都想打電話問我吃什麼？煮什麼吃？還是買來吃？我說我有空我才會煮，我不會天天煮。我媽就說外面的東西多不乾淨，自己煮的最健康又乾淨。
>
> 我突然很用力地講出，「我不會天天煮；如果我天天煮心情不好，跟我住一起的家人也會不好。」當下的我發現有一股很大的氣，而且那幾句話我講得很用力，很重。我強烈的感受，我不想成為我媽媽一樣的家庭主婦：任勞任怨，把自己的需求放到最後，到最後都忘了自己的興趣與自己喜愛的事，結了婚後終身都在為家庭奉獻。
>
> 我對於媽媽這樣的處境抱著不公與憤怒，也很心疼，但媽媽就在那個無明的狀態裡。我曾經建議他可以找自己有興趣的課去上，或去參加活動，他都沒有行動。儘管退休有更多的時間，他反而開始做更細緻的家事，包粽子、包水餃、做饅頭。這部分我無法改變他。但我可以從我這裡斷掉這個家族傳承。
>
> 從四月搬家後，家裡的家事，我會讓自己處於一個動態平衡，我會讓家庭成員都可以進來一起做家事。如果我煮菜，先生與孩子們會負責洗碗。有時煮菜也會讓孩子們一起進來協作，讓家事變成生活的一部分，而不是只集中在某個人身上。這樣不僅我有更多自己的時間，也可以讓其他家人學

習為自己負責任。

人的習慣是養成的，意思是人是可以塑造的。**飛兒**的娘生在、長在傳統倫理文化的框架中，不知不覺間已經內化了文化系統中的價值跟行為模式。他的生命重心並不在自己，而在家人，自然就會有孩子長大、結婚、離家之後仍整個心思還掛在上面的問題。如果他是強勢一點的，母女關係就不是那麼溫和，而是緊張甚至疏離的了。

再來看更有能量的回應。我的讀書會朋友**鈴子**描述他母親無明的擔心、干涉他以及他如何面對的狀況：

從小到大，媽媽一直都是充滿恐懼、焦慮、緊張和不安地活著，也不斷將這些情緒投放到我們身上，基本上來自媽媽所有的叮嚀、出發點，都是從這些負面情緒出發，鮮少有單純的陪伴、鼓勵和祝福。特別是當事情不如媽媽所期待時、出乎意料時，媽媽的焦慮和擔心會立刻反射。而得知我意外懷孕後，媽媽的這些情緒又開始無限放大。

雖然我已工作一段時間，但由於每份工作之間的轉換期，都會休息一段時間，因此總是花著自己的老本，身上並沒有多少存款。原先預計明年結婚，過一陣子再準備懷孕，還有一段經濟準備的時間，現在突然來了孩子，媽媽反倒因計畫不如預期，而比我還要焦慮。

從得知懷孕開始，就一直碎念、同樣的事情重複叮嚀／詢問超過五次以上，讓我這幾年在跟他相處上所建立的新神經連結，愈來愈薄弱。

這週回家，又經歷同樣的重複話題、同樣的詢問、同樣的叮嚀，讓我忍不住暴怒，而媽媽的無明，總是將子女的暴怒視為不孝、大逆不道、跟他使脾氣。

我回到房間稍微冷靜一下後，情緒仍然翻滾著，那情緒是以往被干涉、被監管、監督的巨大不舒服。

這是劇本的上半場，一般人、一般狀況到此就卡住了，母女都會陷入無解的困境，然後繼續演出電視八點檔的鄉土劇情。現在鈴子的媽碰上學習過、醒過來的女兒，於是劇本繼續演出不一樣的下半場：

我心想這樣下去不行，因為他的行為將不會只存在在我懷孕這段期間，而會無止盡的持續到孩子生下來：孩子的照顧、教養、我與男友的買房等等，都將會是他干涉我、越界的管道，對他這些行為的預期，不僅僅來自懷孕期間他的行為反應，還有從他對待哥哥嫂嫂的方式中可以得知。

我決定要跟媽媽說清楚，劃界線。我再次去到他房間，平靜但鄭重地告訴他：

1. 我知道他有很多關心和擔心，也知道他愛我所以如此。但是從小到大他丟給我們的負面情緒已經夠多了，我也是這幾年花了許多力氣，才擺脫他和爸爸給我的陰影。請他不要再丟這些情緒給我，請試著給我正面的能量和祝福。
2. 他有權利關心我，也絕對可以表達他的建議或想法；但是請說一、二次就好，也請不要認為我會照他說的做，也不要來問我是否有按照他所說的執行。我沒有做就是我不想做，或是我還沒有要做，不見得代表我不認同他，也不代表他所建議的就是錯的。沒有人理應滿足他的期待，我不會，也請他不要干涉我。他的擔心是他的事情，我沒有義務解決他的擔心。
3. 對於我們兩人的關係，我花了很多力氣、下了很多工夫，才漸漸能夠跟他分享一些事情，跟他平靜的說話。我不管他是否感受得到我的努力，我也不在乎他是否知道我努力了什麼，但我需要他知道我是因為在乎他，而有所努力，請他自己自律，不要破壞這樣的狀態。如果他希望我跟他的關係能更好，就請也做出點改變，如果是一直干涉我，那我很可能之後不會再分享我的事情。過程中媽媽是安靜的聽著，我相信他能感受到我的認真，但其實我不知道媽媽能真正明白多少，又能做到多少，但我需要讓他知道他如果再這樣下去，會有什麼結果。

我也知道以媽媽的無明，要明白某些觀念是有困難的；但，他的難處對我來說已不再是我會收買的理由或藉口。因這幾年來，有時我會分享認識自己的影片或文章給媽媽，但是媽媽仍無動於衷。從許多現象來看，我知道他愛我和在乎我，可是事實上他不願意花力氣認清關係的本質、也不願花力氣在自己身上做點改變。平常我願意包容也接受這樣的他，但當他又開始極力想干涉我，且讓我感到很不舒服、很受干擾時，我就不能再忍受了。

鈴子的回應就是主體現身，拿回自己的主導權，反抗母親所代表的倫理權力，是有意識的斬斷無明造成的輪迴，做回自己，脫困離苦，並重建關係的實例。

七、意亂情迷A：情之迷

這裡的「意」跟「情」，指的是人性三大塊中的理性跟感性，也即一般說的思想和感情，簡單說就是情思。這裡先說情所帶來的迷困。

金朝元好問有句盛傳的詞：「恨人間，情是何物，直教生死相許。」（我們常見的是把「恨人間」改成「問世間」，二者意韻跟強度不同。「恨人間」的語氣十分堅定，對「情」有深刻的怨懟之意、憤慨之情、遺憾之感；「問世間」的詞意則對「情」顯得很是無奈與迷惘。）

不管是「恨人間」還是「問世間」，都指向情傷。雖然元好問這首〈摸魚兒〉，是有感於雁子殉情自殺而寫，並不妨礙我們理解人在生存時被情所困的方方面面。

人是有情生物，所謂的情，正如《荀子．正名》說的：「性者，天之就也；情者，性之質也；欲者，情之應也。」也即性是人天生具備的自然材質，情則是性的外在表現，欲則是情的外在表現。

換句話說，情是指人性三大要素中的感性，說的是人是具有七情六欲的自然存在物，在生存中跟世界進行的是物質交換；我把這種學術性的話語簡單的歸納成：情是人的需要、欲望。

人的需要、欲望要得到伸展、滿足，但在生存的事實和現實中，常不得所欲。一些生活中常見、常遇的現象就可以看到被情所困的樣子。

我的讀書會朋友**婉蘋**說了個生活小故事：

上週六因帶孩子回台中娘家，所以週六兒子的數學補習就改到這週二上午補課，下午二點接續上物理課。當天早上我就用LINE留言，請補習班老師幫忙為兒子訂一個便當，老師也回覆我ＯＫ。

近中午時，老師傳訊息給我說補課完畢，孩子已離班。我心想不對，下午還有課，怎麼回家了呢？而且補習班離家，一來一回的也要一個半小時至兩個小時，如果兒子回家吃飯再來，時間會很急迫。

於是我打電話給兒子，跟他說我有幫他訂便當，請他回去補習班吃。他告訴我他已經在捷運上了，而且他要離開時有跟櫃台老師問是否有幫他訂便當，老師說沒有，他才回去的；並且他也請阿公幫他準備午餐了。

聽到這我又心慌了，我要他立刻下車調頭回去補習班，我百分之五百確定我有訂便當，請他不要一來一回浪費時間；我擔心他一回去後，下午來補習時又遲到。但他也很堅決說要回家，下午再過去，不然這段時間待在補習班，他不知道要做什麼。（我心中OS，你不會複習上午補課教的事？回家只是看電視、睡覺、浪費時間。）

因為狀況非我預想的情況，心情變得焦躁。因為是上班時間，我是透過LINE傳文字和兒子及補習班連絡。焦躁情緒上升，我敲鍵盤打字的力道加大許多，情緒發洩在鍵盤上。

兒子堅持不回補習班用餐，我轉向跟補習班質問，為何我明明訂了餐，櫃台老師和兒子說沒有？補習班老師傳訊息道歉，說是他們內部訊息傳遞上有落差造成的問題，午餐費他們會自行吸收。

因為這件事情引起我像脫韁野馬到處亂竄的情緒，讓我接下來和業務部門在開會時，頭腦不是很清醒，回覆問題講的也沒有啥邏輯，心中懊悔不已。心底還突然冒出和錢有關的憂慮——兒子回家吃，所訂的便當不就浪費、多花錢了。

這種生活瑣事還少見嗎？在生存之欲（情）的驅動下，擔心失去的恐懼有多深，操控就有多強；而操控不成的刺激所產生的情緒是高張的亂流，足以讓人失去理性，亂了陣腳。

被情所困就會貪、會執。人只要活著，都會貪與執；貪是既要還要更多，執是有了不肯放。一貪一執，就入「迷」了，生命就陷入困境之中。

被情所困，展現在生活的方方面面中。

我的讀書會朋友**斯人**說親子之間因心軟（情，放不下，捨不得）誤事的小故事。

斯人在一枝花年齡先生病故之後，一人身兼父職帶三個小孩。每天早晨的生活節奏都很緊湊，要在六點半前載大兒子到達公車站搭車去學校；隨即要回家載女兒去趕搭姐姐上班的車去學校；最後在七點左右，送二兒子抵達國中校門口。之後才能稍稍鬆口氣，吃早餐、跑步或補眠一下，然後九點開工上班，開始一天的行程。

有一天，我依舊叫大兒子起床，然後等他準備好。今天他特別的慢，臨走前還問我怎麼打領帶，我都忘了，也幫不了他的忙，就請他自己解決。看時間有點緊，就催促他也上車，但還是錯過了公車。我叫他去坐計程車好了，但這個時間計程車也很難招到。看他在街頭走來走去，心頭一時不忍，就叫他上車，我載他去好了！

他這一個「不忍」，就影響到全部的人。只好轉請姐姐到家裡接小女兒，然後回家載二兒子到校。結果是，大兒子是逃過了遲到，但二兒子卻破了自上國中以來準時的紀錄。

他知道二兒子個性溫和，沒有脾氣，但這次看到他臉上的「難色」，知道真是委屈他了。雖然跟他鄭重道歉，但其實也改變不了事實。心裡很懊悔，也很自責。

「界限模糊，做事糊塗。」他那一念的「不忍」，顯示他是一個感情用事的人，很容易被情牽著走。因為情遮蔽了視線，導致邊界意識太糊模，行事就跟著糊塗，以致撈過界去幫大兒子承擔，反過來傷害了乖順的二兒子。

親密關係之間也會因無明的情執毒化關係。我的讀書會朋友**鳳姐**說了他跟先生之間互動的一個小插曲：

我腳受傷時，先生騎摩托車載我上下班。這週上班途中，沒來由的向他抱怨資深同事以前的不好，我是如何成為受害者……

這樣的念頭一直存在著，只要當天與同事有不愉快的事，我就會故態復萌抱怨著。但是這週並未與同事發生不愉快的事，我的念頭又跑出我是受害者，一直向先生抱怨以前的事……

鳳姐因為無明，心中懷藏怨恨的念頭，一直活在過去，用情緒、感覺生活。抱怨是他的日常需要；抱怨是他的精神糧食，餵養著他。他天天把「垃圾」帶回家，倒給身邊親愛的人，若你是那位身邊親愛的人，跟他的關係會怎樣？

鳳姐不知道的是，抱怨的核心心理是懶，是不願意負起自己的責任；因為把問題歸咎他人，都是別人的問題，自己不用負責任，這樣不是比較輕鬆嗎！同時，他不知道的是，抱怨要付自我迷失，傷害關係的代價；老是把垃圾倒給身邊的人，感覺會好嗎？關係會好嗎？歸根結柢，就是愛太沉重，他既不愛自己，也不愛他人。

任何生之欲的需要與欲望受到挫折，都會造成所謂的情傷。眾多情傷中最常聽到的是走不過戀情之傷。

我的讀書會朋友**曉蕊**說，他跟前男友分手已經好一段時間了，卻發現自己其實還沒走出感情的挫折。最近他跟家人出遊吃飯、日常生活的某些情境，看到特定景物、食物，腦中不禁浮現念頭：如果前男友在，他會喜歡或討厭、他會怎麼評論等等。而近日不時浮出腦海的，關於感情的回憶，較頻繁出現的，並非一起創造的精采時光，反而是令人後悔、生氣的片段。

浮現出的一段段曾經，都是他提出請求，而自己不知不覺的配合他；其實是委屈自己，以為會讓他開心，然而終究感受不到他對自己有愛。

我看見，自己想責備他，對他生氣、不服氣，他怎麼可以這樣予取予求？害我浪費寶貴青春、花費時間心力、犧牲自己，他接收了卻不感恩，甚至無止盡地索求更多？

我看見，自己想責備自己，覺得沮喪、委屈，自己怎麼可以這樣好被操控，無明地陷入自動行為模式，努力迎合他人的期待，仰賴他人的肯定來建立自我價值、不夠勇敢不懂得拒絕？

我看見，我看似已經歷情緒、梳理思緒、和平分手、更加釋然也回歸自由，但其實過程中，有些挫折情緒還沒浮出就被壓抑，還沒被好好處理，還被壓抑著。

相處時壓抑的委屈、悲傷、憤怒，在當時就已經通過神經連結記憶在細胞裡，它是活的，在生活的當下就會觸景生情，瞬間共時性的存在於眼前，人就因此陷落了。

墜入情網跟墮入地獄的力道是一樣的。要走出情傷，需要有意識的靜下來，不再抗拒情緒，讓自己好好跟情緒在一起，穿越它，並釋放負面念頭，再檢視自己從這段感情中學到什麼？明確自己要什麼？並對自己承諾：要做自己的主人，看見自己的立場，拿回建立自我價值的主導權，不再無明的走進監獄坐牢。

凡走過必留下痕跡，痕跡上有沒有留溫就看本事了。若有不捨，是因為不甘失去；若放不下，是因為愛上自己的付出，而不是愛對方。有意識才能面對，才能穿越它；若然，則經歷挫折洗禮過的生命，就是紅於二月花的「霜紅」。

我的讀書會朋友**小偉**有一段深埋二十五年的情傷，影響到人生的方方面面；對他來說，這深深的傷痛卻在過了知命之年的一場夢中，震動他的靈魂而穿越了。這是真誠動人的生命體驗故事，請參本書第三章「體驗實例」第十五篇。

因情而迷，因迷而執，因執而困，因困而傷，已經夠磨人了。在生存場域連情也會因迷執而被騙，造成危險或嚴重的傷害，那就是藉情圖色，藉色謀財，騙者人財兩得，被騙者人財兩失，甚至死無葬身之地，還終生不悟。

我的讀書會朋友**青梔**，在進讀書會前就差點陷入險境。他已過知命之年，長得很好，很好學，有專業，有事業，算得上是人生勝利組。但外在的成就並沒有使他感到活得踏實，反而常感內在空虛，這使得他在不知不覺間有了他者乘虛而入的空間。於是在一個偶然的機緣下遇到一位氣質優雅、風度翩翩的男子，跌入了一段戀情。

該男子學問好，人體貼，不但是雙博士還是運動員，號稱人長時間住在萬里之外的法國，只是每月回祖國探視爹娘。相戀過程中，他們一起唱歌，一起談論茶文化共同的愛好，他更是沉浸並崇拜在該男子豐富學識、浩瀚獨立思維中。

其中因自感不如，又因害怕遠距相戀之苦而屢次退縮拒絕交往……但該男子總以不斷的鼓勵、承諾來讓他決定為自己勇敢追逐愛情。該男子更時時以濃情蜜語和人的生命應該跨越突破提議他結束台灣的事業，將財產帶到國外，一起投入該男子所勾畫的生活及成立茶文化博物館之類的夢想和婚姻的藍圖中。

他深為所動（情），也不疑有他（迷），於是思思念念如何配合以達成夢想（執）。這像不像王子公主等著美好生活的祝福到來的模樣？如果沒有意外，這件事就會如該男子所設計的走下去，他的結局就令人擔心。

結果意外出現了，就在他飛奔國外跟該男子相聚一小段甜蜜的日子結束要回台的前一天，在一個偶然的空隙，看到了該男子手機中有好多位互通往來的女性，彼此互動中說的話、公開生活點滴竟都與他相同，連程序都相同。

當該男子知道他發現時，先解說那是他過去習慣，只是分享，很鎮定的在他跟前刪去了那些女性的聯繫資訊，並向他表忠心。他回台之後，繼續與該男子聯繫，結果一週內該男子就人間蒸發了。江湖，真是諱莫如深啊！故事雖然結束了，他卻因情而迷而執，看不懂這是一樁以情騙色、藉色騙財，甚至是謀財害命的高手精心設計的局，所以心理上總是過不去。

何以知是騙局？用讀文學的方法——形象解讀來看一下。首先，他發現該男子手機裡跟不同對象說的做的都一樣，這個「形象」就是用一法多線經營的證據，他並不是該男子唯一的詐騙對象。其次，一旦他發現，該男子就當面緊急刪除，這是危機管控；接著失聯，這是安全防護。假如該男子對他確實是以情意出發的，會是這種反應嗎？

這個騙局是不是設得非常高明？也夠狠，細思極恐。該男子藉他的內在需要，讓他掉進情坑，由他自願把自己一生的財物連根拔起，自願的連人帶錢然後送到自己失根無所著力（叫天天不應，叫地地不靈，死無葬身之處）的地方。如果成真，他整個人就毀了，更別說未來。

就這件事來說，要恭喜他逃過一個「大劫」。看來單純有情的人，冥冥中還是有天意眷顧的，要不然，怎會偶然看到該男子的手機訊息呢；這個偶然看見，不就是「天啟」嗎？

這件事給他自己出了生命功課，關鍵在醒過來，愛回自己，並學會看懂、破迷、破執、不累於情，而非意惹情牽，隨幻念遷流沉淪。

被情所困無處不在，它就藏在生活的細節裡。我的讀書會朋友**阿黛**年已耳順，要從大學教職退休了。他說要捨離的，不只是有形的物品，更是感情上的虛妄：

他清理研究室的進度終於接近尾聲，在學校三十五年，總共遷移了八次，但這一回跟前幾回不同，是離開而非繼續，許多東西都是「不再使用」。例如自己做的上課筆記、講義或參考書籍資料、課本，都在這次一併告別，打包時在心裡默默致意後，讓清潔人員協助回收。留下的大概十分之一，甚至更少。

我決定盡量輕裝簡行，回首數十年的負重前行，記得的，都在心裡；練就的，在骨髓裡。清理的過程，我感受到自己的果決明快，不再猶豫眷戀，看著堆積的各式書籍物品，不過因為「可能還會用得上」，因為「多年累積的」情感或思考結晶，因為「我喜歡」而積累，但事實是，十之八九都成為「默默陪侍在側的靜物」，不過滿足了心裡需要的某種安全感罷了。

大量清理與捨離之後，感受著空間裡更大面積的餘裕時，我突然更清楚體會到「為情所困」是怎麼一回事，甚至感受到，情感的作用力是如此真實的虛妄，「我以為我需要」，是一種感覺，事實是我根本用不到，那麼這就是一種內在匱乏感了。

入情出情，看似一線之隔，卻有天涯阻隔難以跨越之感；情之迷人困人甚矣哉。

八、意亂情迷B：意之困

標題中的「意」指的是念頭、想法，一般叫心、思想，它是理性或說頭腦的產物。被意所困，就是被念頭、思想所困。

人活著必然會有念頭，而且念頭快速——一念三千，又十分複雜——萬馬奔騰，需要攀緣，糾纏在一起，變化多端，無法駕馭，亂人心性。《西遊記》裡的孫悟空意象指的是人的心，他一個筋斗就十萬八千里，讀者大抵都能體會孫悟空被稱為「心猿」之故。

你有沒有發現，腦袋裡的念頭一直到處亂竄，跑個不停、說個不停？日有所思不稀奇，連睡夢中都不停呢。

人在孩童時代因為很單純，這個狀態沒有那麼嚴重。等到腦袋發達了，經歷的事情多了，要面對的課題多了，腦中的我開始有了「我」的對話，局面就不一樣了。

隨著年齡的成長，腦袋「我」的活動愈來愈頻繁，或者想著學業、感情的事情，或者想著工作的事情，或者想著家人的事情，或者想著新聞報導的大小事情，或者想著自己幻想的事情，或者想著……我們的腦袋每天時刻投射著所有的喜怒哀樂，不停的產生很多的畫面，我們將自己放在所有的畫面當中，就這樣一天過一天。

我讀書會的朋友**蕾雯**說：

> 我有好幾年的時間念頭很多、很多，時常在一件事發生時，就會冒出「這樣好嗎」、「他一定是針對我」、「他會不會覺得我很討厭」、「這麼做是不是錯了」；我被冠上是一個「想很多的人」也欣然接受。因為焦點總是在外，顧慮東，顧慮西，念頭一個一個接踵而來不會停，然後糾結成一團，念念相續啊～

我讀書會的朋友**晴安**這樣描述如海浪般的念頭：

> 每次工作近了我就開始焦慮。這星期我很認真的看自己的念頭，發現腦袋只要閒下來，就會有念

頭自動生成。我看到自己的念頭很像海浪一樣一波一波的回來。它回來的時候，我看到自己在想像工作上的場景，包括可能遇到什麼人、發生什麼事、跟公司人員說了什麼話，都是預想出來的，以及我好像沒時間了等等。

晴安還描述念頭「上癮」的狀況：

前幾天閒來無事，發現自己的腦袋會突然出現念頭：「咦？真的沒事嗎？」然後腦袋會以電光石火的速度向未來尋找，瞬間找到一個很久以後才會發生，根本還不需要緊張的工作，然後整個黏上去，讓自己陷入緊張的情緒拔不開。

自從發現自己的腦袋會去找「緊張」的癮頭，我樂觀的以為人生有了希望，但沒想到常常還是在意識到自己有「緊張」的毛病時，「緊張」立刻就黏上來，不論我想跟它和平共處，還是想甩掉它，它都在那。跟別人在一起的時候，這癮頭就會去睡覺，一旦獨處，它又自動醒來。

頭腦肯定是閒不下來的，它不允許自己閒閒沒事沒壓力，非得找件事黏上去才行。它會不斷地尋找目標，讓人惶惶終日，讓人不斷的漂泊，讓人不斷的虛度。

我的讀書會朋友**映楠**這樣描述他某個週末的模樣：

這星期六，先生參與荒野的活動離家兩天，我一人帶小孩。

一早醒來，突然想：「我要帶小孩去哪裡？」於是一陣焦慮感襲來，沒想法，怎麼辦？查了手機，看台北市有什麼活動，沒有想去的。

看了LINE，傳給一個媽媽朋友：「今天要不要帶小孩來家玩？」沒回。再找，問一個媽媽朋友：「最近在忙什麼？」沒回。帶老三去樓下公園，他早已被一路上的花花草草吸引，自顧自地玩耍，我還在焦慮：「要不要問桃園的姊姊，去他家住一晚？」或是「去看工作上的提案工地位置，順道帶小孩去附近玩一玩」。

雖然身在家裡，腦海中卻一直想著下一步，讓我一直想「逃」，「該做些什麼不一樣的吧！」好累！

即使知道要做什麼，要去哪裡，但考慮再三，不能果敢的行動，停留在腦海中一遍又一遍的模擬再模擬各種不同的情境。這種頭腦體操，結果都是製造無謂的煩惱。

再看一個例子。這是我的讀書會朋友**婉蘋**的狀況。

他因為膽子小，念頭多，凡事沒有規畫就不敢行動。連旅行中都把精神放在如何把行動管控在規畫之中，失控他就很不安、難受。可以想見，他只能活在如何準確走完行程上，對於行程中的風情景物無法入心，身邊的人也被他管控、催促得很不愉快。因為他的這個課題，我給他出了一個功課，讓他找一天去做不規畫的一天旅行，下面是他的初步反應：

謝錦建議我來個自己一個人沒計畫的小旅行，我也覺得這是突破自己很好的的機會。所以下課後腦子就開始在想，那應該要去哪裡？一有這個念頭跑出來，我就叫自己停；但很快腦子又想，那明天應該要用怎樣的方式隨機選擇出發的地點？是站在買票機前隨便按一個地點嗎？頭腦中就有很多種方式跑出來，擔心自己這樣思考又陷入過度計畫，所以讓自己快點上床睡覺。

隔天早上我跟先生說我要自己一個人去輕旅行，晚上吃飯前回家。接著腦袋又開始想，自己告訴自己，先確認目的地，然後不要規畫到那邊做什麼，到了目的地後再見招拆招。這個想法有說服我自己，所以我就又開始想我要去哪？太近好像少了點冒險，太遠當天回不來，最後在基隆、金瓜石二個地點間搖擺，決定到時靠感覺再說。

頭腦好不好用？忙不忙？婉蘋的頭腦體操功夫很不錯，但是，累不累呀？傷不傷啊？我的讀書會朋友**木玫**這樣描述念頭對自己的摧殘：

> 在工作和生活中，總會遇上自己原地打轉的事。
>
> 開月會時討論陪同諮詢說好是線下面對面，然而老闆娘臨時改為線上。開會時老闆不滿老闆娘這樣的做法，卻又想節約往返的時間和成本，最後做了線上的決定。當我說明這個情況時，老闆突然說他不想聽這些內容。說到一半的我，往下要說的事也被打斷，就直接進入會議報告。
>
> 會議結束後，我還是很不開心，腦海一直出現老闆「我不要聽這些內容」以及他的表情的畫面。每出現一次就是心與腦的拉扯，惡魔與天使的交戰。下班了，依舊帶著會議上發生的事回家；老闆也早已離開公司，我也把老闆帶回家了！外來的事件都只有在那一刻發生一次，而自己像播放電影一般，十回、百回甚至千回。有生以來我都是如此。

這就是頭腦帶人離開生命現場的狀態。不在當下的生命其實是很累的。我的讀書會朋友**書柔**說：

在日常生活中，人是沒辦法不去想某個念頭，例如藍色大象的實驗，明明叫你不要去想，可是卻忍不住會去想。有時自己的思考很容易受別人左右，雖然知道是沒有理由擔心，卻還是擔心。對某件事感到焦慮、害怕時會心生警戒，但不一定會去質疑這份焦慮害怕是否合理，甚至為了清楚理解狀況，會在腦中設想各種事件的發展。

例如我以前出門會擔心要是忘記把瓦斯爐關掉，會發生什麼事？我會試圖在腦中喚醒回憶，然後就又出現更多的「要是……會怎麼樣？」的問題浮現，但是我真的有把瓦斯爐關掉啊，不是嗎？有一次，真的打電話回去確認是否關了。

這個過程，大腦閃電般不斷的來回跑，除了腦疲勞還很耗能，還能想到各種不存在的事物，以及哪些應該存在，但是尚未存在或永遠不會存在的事物，都快成精神病了。

以上說的看起來都是生活中的小事，其實事無大小，從身邊的、社會的到國際的、歷史的，關心則亂；然後就念頭紛飛，日夜不停，搞得人不知南北。

怎麼回事呢？這得搞明白，這就是人性中理性所給的課題。既然念頭天生就在，而且一念三千，萬馬奔騰，而這些念頭是服務於人的深層心理（情）的；情理相依，成為製造無明迷困的機制，人就陷落了，也阻礙了通往覺醒之路。

覺醒解脫之路離不開情與理所製造的生命資料。欲知感性、理性之性、之用、之限，這裡先跳過，請參本書第二章第三節「我們的路在哪裡」，及第三章「體驗」實例。

生命是有限的，有起點有終點。在這個相同的條件下，過程中所遭遇的事物、所展現的風景又是獨特的。雖然有如本章所列要共同面對的課題，但實際狀況跟對應姿態也都是個別且互不重疊的。何況生命是未知的、野的、不安的，會發生什麼事，無從得知；會怎樣反應，也千差萬別。這是個無法言說和掌控的狀態，因此，本章談生命的迷境困境只能到這裡止步。

第二章 眾裡尋愛千百度——覺路

情路是困頓之路；理路是漂泊之路；靈路是解脫、回家之路。
愛灑落在荒煙蔓草間，覺醒才能讓確實存在卻渺無蹤跡的愛化氣為形現身。

序曲

沿著第一章所描述的迷與困，本章接著說覺醒的靈路。

第一章說，生命的迷苦之境，是生存任務下由感性跟理性所創造的「小我」世界構成的。

本章要說的是，出離二元迷苦之境要走靈路，即由靈性生發出體驗而回到家園的覺醒之路，而非無明導致沉溺困頓的情路，和邏輯帶領下往外尋尋覓覓卻終無所歸的理路。情路與理路何故無法出離痛苦之境？待本章結語時再申論。

路線雖然不同，我們也要知道，身心靈是三合一的整體存在，感性、理性是靈性的對象。更須知迷與覺（悟）看似兩端，其實是一體的，並非兩樣東西。也即**迷與覺（悟）同體**，就像一個人是睡著了還是醒過來的差別而已，覺（悟）並不是在迷之外另有一樣東西。悟道者還是人，只是這時候人已經不止於生物性的存在而已。

這層意思在「佛」字上表示得很清晰精準。佛，是形聲字，意思是既是人又不是人。就是人來說，佛跟眾生一樣；就不是人來說，佛是能覺醒並解脫痛苦的人。

這個意思、這層理解很重要，會決定走成什麼路，會得到什麼結果，以及怎樣做功課。

一、關於「覺醒」

1. 覺醒的「可能性」

「覺醒」，是自我革命，即打破自己的神話，摧毀自己的舊世界，出離自動導航的慣性信念系統，重建一個新世界。

這是可能的嗎？可能的，但要走對路才到得了。

人來到這個世界，首先是具有七情六欲的生物性自然存在物，用通俗的話說，就是「人是動物」。但在生物性的自然存在之上，則又因人有意識、有思想、有自由意志，而成為「尚未確定的動物」。

從「人是動物」到「人是尚未確定的動物」，中間有巨大的空間；這個空間除了創造與動物界迥然不同的生存實境樣貌，還提供了出離苦海的選擇和創造新世界的可能性，讓人的存在有了意義。

說「人是動物」，因為我們的存在形式是有機體，這個有機體必須按照自然律的規律運作；人的作息就是按照日夜、四時、寒暑、陰晴等規律進行的。

生命的特質是有限、短暫、無常且荒謬的。但不管過程怎樣，都必受制於萬物成、住、壞、空的規律而有了生、老、病、死的過程。

從這個必然的結果來說，生命有沒有意義呢？一個功業輝煌的偉人和一個遊民或乞兒有什麼不同嗎？帥哥美女跟醜男惡女有什麼不同嗎？打穿後壁說，在自然律的制約下，其實是沒有差別、沒有意義的，因為歸宿都一樣。

這就像本書「序曲」中提到，徹底悲觀論者楊朱所說的，人反正都要死，死後的爛骨頭根本無法分清是誰的；當代猶太學者哈拉瑞叩問的，人來世間一趟，究竟是「留下靈魂？或留下詩歌、留下基因？或留下愛？」結果是不管有形無形的東西，一切都終將回歸塵土，什麼都留不下來。

就人做為生物性的存在來說，毫無例外的要遵循自然規律生活，這跟動物是一樣的。在自然律的規則制約、淘洗下，人的存在也誠如楊朱、哈拉瑞等人說的，很遺憾，就連「留下一些什麼」這種卑微的願望，也甚少能夠實現。

但即使人的天命如此，卻因為人有意識、有思想、有自由意志，想要更動（不是取消）「人是動物」的命題，成為「人是尚未確定的動物」。

這首先是在無可逃的自然律制約框架之下，爭取一些空間由自己來安排人生，創造出萬花筒般豐富多采的模樣，成就獨特的人生風景；像現在生活中的諸多事物，小到書桌、廚房中的物件，大到汽車、飛機、大樓、互聯網等等，都是人掙脫自然律的制約獲得更大自由的物質創造物。

其次，人還在生存面的有形世界之外，追尋存在面的意義，即創造出獨一無二的精神空間來定義生命來到這個世界的目的和意義。一花一世界，每個生命的內在世界都是多采的，也是個人創造出來的。

這些創造的結果即使是虛構的故事，也是不能留下來的故事，卻也正好是人不滿足於受自然律制約，自己賦予生命意義的舉動。少了這個創造的舉動，光照不進來，意義沒有發生，生命就停在動物性層次而萬古如長夜了。

人在成為「尚未確定的動物」——爭取自由的同時，因為身處二元世界中，自然也要時時面臨得償所欲而來的執著（要更多，不肯放手），面臨所欲不滿、所欲不得而生的挫折，這就是阻礙生命之河流動的所謂痛苦。

因此，得償所欲帶來的執著是苦；所欲不滿、所欲不得的挫折也是苦。至於是否會意識到那就是苦則不一定，是否意識到要出離苦海，則不確定。因為對靈性的認識是不相信？是懷疑？還是篤信？各有不同，卻也決定了各自的回應和結果。這中間，只要意識到苦並且要出離，那就表示有醒過來的意念和可能性了。

這樣說，其實等於肯定了一個大前提：「人人都有佛性」（佛家說法）、「人人皆可以為堯舜」（儒家說法），表明了人是可以學習的，要覺醒是有可能性的。

光有前提是不夠的，可能性也只是可能性而已；光有意念也不會成真，必須要有「**意願**」（意願的意思就是把念頭轉變為行動的欲望），更要有「**渴望**」（非要不可）。若確實有了行動，那就表示走上了「覺醒」之路。

覺醒——尋愛、長愛，「醒」是結果，它需要「覺」為前提；愛是能量，是狀態，無形無聲，它需要聚氣方能成形。

2.「覺」是什麼意思？

什麼是「覺」呢？先說文解字一下。

因為中文是象形表意的文字，我們看「覺」這個字的結構就是「上學下見」，意思是「學習看見的能力」；通俗的說，就叫作「求知」。但要知道，「求知」和「求知識」是不一樣的。這個稍後再說。

這裡的「看見」是指「審視」的意思，即佛家及修行者通常說的「觀」，像「止觀」的觀，《心經》第一句「觀自在菩薩」的觀就是。

「要看什麼呢？」從「覺悟」一詞即可見。「悟」，右「吾」左「心」，即我的心。心是什麼？心就是自己的內在世界；要看的是自己的內在世界，「覺」就是要學習看見自己內在世界的能力。

「覺悟」是從「看什麼」往前一步，到「看見了什麼」；意思是看見自己的內在世界。

說內在世界還是太抽象了，其實它指的就是自己建構的「神話」。神話是一個民族文化精神的源頭。自己的神話就是從出世以來所建構的內在系統；這個系統說穿了就是人的慣性系統。慣性系統用文學語言說，叫「性格」；用心理學的語言說，指人對客觀現實的穩定態度和行為方式中經常表現出來的穩定傾向；用科技語言說，就是「自動導航系統」。我們說，人是習慣的動物，就是從這個出發點說的。

從這裡也清楚的指出了，所謂「覺醒」這門功課，是要往內面對自己的慣性系統，而不是往外追求的。這是一條新的路，是一條陌生的路，也是必須走又少有人走的自我革命之路；但方向明確，路況則不明，是需要「發願」（關注自己靈魂的堅定心意）才能持續走下去的。明白這點至關重要，因為一旦走錯了路，愈是努力，反而離要去的地方就愈遠。

另外，要明白「看見」是結果，能看見是一種「能力」，要有看見的能力必須有知識指引的門徑跟方法來照亮前路，這是借助理性的功能；更重要的是，要有由情出發的願力推動，確實操練才可能有結果，這就需要經過「學習」。

3.「學習」是什麼意思？

學習的「**學**」，通俗的說就是把不知道變知道，「**習**」是依據所知道的去操練，讓知道的道理成為自己的真理。學跟習是一件事情的前後段落。《論語》開篇就說「學而時習之」，句中有個連接詞「而」說明了這點。

需要補充說明的是，所謂「學」，用更專門一點的說法叫「理解」而不是「瞭解」。

簡單的說，「**理解**」是「雙方水準不齊之下的溝通」；通俗的說，就是把不知道的變知道。「**瞭解**」則是「雙方水準相當之下的溝通」。也就是「理解」會讓學的人因此增加資訊的量並推升層次，讓自己的世界變高變大。「瞭解」則因為不用費心費力就明白了，只是平面的增加資料，沒有提升作用。

另外，「理解」是中性不帶主觀價值判斷的，這點至關緊要。「理解」需要經過思考的動作；「思考」是不帶立場的辨析、釐清的動作。有了理解再提「意見」，跟帶著立場評斷直接反射的「意見」不在一個層次中。一般常直接跳過「理解」而提「意見」，這往往是個人未經思考的個人觀點或好惡的反射。認識這點對求知的覺醒功課十分重要。

4.「求知」是什麼意思？跟「覺醒」的關係是什麼？

在本書「序曲」中說了，生命是一個有意義的世界。我們要先明白：「意義不在事物本身，是在主體（我）和事物的關係上面。」

學習要面對的除了生存面，還有存在面，就是「生命覺醒」這個方面。如果學習著重在生存面，我們的學習就是動用理性在「求知識」，得到的也是助力生存面發展的各門類知識或技能。

這個知識是「我」之外的存在，只是腦袋「知道」的概念而已，它和「我」這個人沒有關係，所以我們通常不會用在自己身上，也不知道要拿來用；也就是知識學習並不能看見自己的內在世界。這就像拿探照燈往外照，照不到自己；往自己身上照，照不到皮膚裡面。

假如勉強用這些腦袋裡的知識要求自己，難保不會發生理性跟感性的對立衝突——身心對立，也就是意識跟能量的分裂，壓迫到自己。這樣，長久之後是會生病的。

比方，我「知道」早睡早起身體好，但我的生活習慣卻是順習性晚睡晚起，我們和天地運行的規律對抗，結果身體就會承受壓力，慢慢變差。這就是「知識沒有進入生命，不會有力量」；因為知識和我沒有產生關係，沒有在我身上發生意義、產生力量。

如果這個時候用腦袋的知道勉強自己做，自己的內在就會反抗，輕則事情因內在抗拒而做不好、做不成，重則產生內在的衝突、壓力，形成內傷。

真正的「知」是一種看見、看懂的能力；「求知」是「學習看見、看懂的能力」，這其實就是明白「體驗」的意思。

如果因為經過學習，而看見知識跟自己的關係，藉知識的指引看懂關係的整體性，這就是有了「體驗」。有了體驗，生命才會有能量；有了能量，生命才有可能性。

因此，體驗是生命功課的真正重心，要護持體驗並持續行動，才能賦予意義，也就是我說的，在自己身上產生力量。

關於體驗，會在本書第三章專章說明，這裡先不涉入。

回到上面的例子。當我無法體驗到早睡早起身體好的時候，我不懂照顧身體；只是知道而不做，就是知識跟我沒有關係，不會有作用。我常說「知道是沒有用的」，就是這個意思。

如果我真的「知」了，就會產生行動的力量；這個力量就是生命的發電機，會產生源源不絕的動能，也就是熱情，朝自己所要的持續前進。

所以說「求知」和「求知識」是同在但又屬於不同層次，知識不僅僅只是文字或聲音，必須成為生命的視野跟力量。我們要讀書，更要「會讀書」，懂得體驗就叫「會讀書」，這其中就牽涉到門徑、方法的學習了。

門徑、方法是進入自己和外在世界的管道。有句成語叫「得魚忘筌」。「筌」是捕魚用的竹器。雖然我們意在得「魚」，但得魚之前必先有「筌」，得魚才能忘筌。另外有句成語叫「得意忘言」，我們的目的在得「意」，但得意之前必先有溝通媒介，也就是「言」。所以門徑、方法是個媒介，是必要的工具。

總之，人來到這個世界，除了活著，還有活著的意義，而意義是要自己賦予的。當我們有了看見的能力，懂得了體驗，能看見自己的內在世界，當下轉身，或穿越過去，離開二元，讓所謂念頭、情緒、創傷不再繼續糾纏，這就是從無明中「醒」過來的意思，所以「覺」跟「醒」擺在一起成為一個詞就是因為這樣。

二、關於「路線」

從上面的說明，已經透露出感性跟理性只是創造生命的資料，並不能帶領人走出困境。因為情是由生命的需要、欲望所產生的驅動力顯現的情感反應，它本身不長眼睛，無法視物，就像困在霧中一樣；而理性的特性是把所有的事物包括人自己，都看成對象，所以一切向外追尋，無法內視；它對人的功能是一體兩面或說一刀兩刃的——既可以藉認知、規範的能力保證了人的生存，又因此形成了內觀的障礙，也就是理性這條路無法回到自己的家園。

這裡先總體說一下覺路怎麼走，再說路線有「漸」與「頓」的差異。

1. 生命覺醒的路怎麼走？——竺道生的教導

生命是有限的，是一趟單程票旅程，在這趟旅程中，就像第一章說的，我們來到這個世界時都是無知無明的，必須經過學習才能走向清明，走出二元，回到「圓滿意識」這個家園。

那麼，這趟學習的過程或說覺醒的過程有什麼指引牌嗎？概括的說，主要的是從「知道」到「相信」再到「體驗」，最後「解脫」。

在這裡，我要藉東晉、劉宋之間的竺道生（公元三五五年—四三四年）的論述來說明。

竺道生是中國佛教史上有非常重要貢獻的人物。一般人不一定認得他，但若知道「生公說法，頑石點頭」這句成語，就不陌生了；句中的「生公」指的就是竺道生。我們先不說這句成語的典故，先瞭解一下他提出的論點。

竺道生提出的兩個論點有重大的意義，對中國佛教的發展，尤其是最具有中國特色的佛教——禪宗，有重大的影響。

這兩個論點，一是他提出「頓悟」說；二是他提出「佛性人人本有」，也就是我們慣常說的「人人都有佛性」。

竺道生說：「**聞解名信，見解名悟；信解非真，悟發信謝**。」

這裡面有三個「解」，也就是「聞解」、「信解」、「見解」。

三個「解」首先指出佛教講的解脫有「信」跟「悟」兩條不同的路。「信」指信奉外面教導的道理而得到解脫，而「悟」則是發乎內心的知見而得到啟發、解脫。前者是從外而入，帶有濃厚的理路色彩；後者是從內在自生的，不假外求，明顯是靈路。這導致路線的差異，後面說到神秀跟惠能的差異指的就是這個。

竺道生認為，從外面來的教導不可能讓人覺悟而解脫，因為外面的理性之光照不進自己的內在；所以竺道生說「**信解非真**」。只有真正發自內在的靈光才能照亮內在世界的真相而化解，這就是竺道生所說的「見解」，也就是「悟」。

其次，三個「解」同時也暗含了解脫之路的次第，也就是要從「聞解」到「信解」再到「見解」。

第一步「**聞解**」。聞指的是聽到、看到；聞解就是通過眼睛耳朵閱讀、聽聞而知道的道理。這些道理都是身外的訊息，並不是自己身上的東西。雖然如此，這些訊息卻是「信」跟「悟」兩路的前提，就像竺道生說的「苟若不知，焉能有信」，我們需要先透過學習，明白解脫之路的道理和途徑、方法，才能走下一步。

第二步，「聞解」之後，如果相信這些知道的道理，竺道生就把它稱為「**信**」或「**信解**」。

竺道生說的「信」，在我來看還是有層次的。在聞解的層次，我知道，但我可以不相信它，它就跟我沒關係；但我相信這個道理，那也只是相信，不會有作用。例如早睡早起身體好，我知道嗎？知道！我相信嗎？相信！假如我只是明白並認同這個好處，我做不做得到呢？做不到，因為不會去做。為什麼？因為它只是個概念而已，這種東西只能叫做相信。相信跟自己的關係還沒建立，不會真正有力量，因為沒有發動機。

相信的下一步，叫做「**信仰**」。仰，抬頭，代表那個東西的價值比我所處的位置高，而且我要去那裡，我願意付諸行動，讓它在我身上發生作用，讓我去到那個地方，這樣，就會在自己身上產生行動力。

例如，當我「知道」佛家說的人人都有佛性，可以透過實踐脫離痛苦，如果我相信這句話，但是我根本不會有什麼行動呀；可是當這個變成我的信仰時，就開始有行動了，因為我相信人有解脫痛苦的可能性。

例如，當我「知道」基督教說的「神愛世人」，如果我相信這句話，但是我根本不會有什麼行動的；可是當這個變成我的信仰時，就開始有行動了。我會踐行耶穌的教義，逐步接近神性（圓滿意識）。

就像我們一直講門徑和方法，說靈魂回家，要回到圓滿意識，你如果相信這個東西，還要這個東西，你就會採取行動實際去操練。開始操練，一路走一路摸，叫做「探索」，慢慢的才會從這個裡面看到一些自己內在世界的東西，這個內在世界的東西有大有小有深有淺，其核心就是生命的本體——真如，看到了我們就稱做「體驗」。

第三步「**見解**」。竺道生在這裡說的「見解」不是我們現在說的思想上的見解，而是我們常說的「體驗」，也就是用內在靈光照出來所看見的內在世界。竺道生的說法是「**見解名悟**」。

古人或現在一般都會把體驗這個東西叫做「悟」，也就是「領悟」。前面說了，「悟」字是「吾心」，是我的心，心指的是內在世界。「覺悟」，「覺」是學習看見的能力，所以「覺悟」就是「學習看見自己內在世界的能力」，也就是體驗的能力。

照前面所說，停在「信解」的位置，沒有探索的行動，那些知道的道理都只是從聞解得來的身外概念，跟自己沒關係，不會有力量。只有從實踐中透過佛性（佛性就是悟性、靈性），觀照到內在世界，才有見真如的可能性。

如果看見了內在世界，也就是竺道生說的「**悟發**」——我們說的覺悟或體驗——這時候所相信的那些道理就像花謝了一般失去了作用。

這樣看來，「信解」其實不過是「見解」的階段性工具而已，目的達到，工具也就沒有必要存在了，所以竺道生說「**悟發信謝**」（謝，凋零、消逝）。

概括的說，竺道生把從理性、感性所獲得的知識稱為聞解，若要照見我們真正的內在，要經過從相信內生的知見，並且去實踐，逐漸地累積能量，才有機會看見；所以竺道生說，信解非真。聞解這個東西，只是知道，是一個抽象的概念，並不是真的。等到我們悟發，就是有體驗以後，道理就會退位了。

道理其實並不重要；若說重要，那也只僅限於指出一條路。

竺道生還有幾句話是接著聞解↓信解↓見解說的。他說：「**悟不自生，必藉信漸；用信伏**（同「**服**」）**惑，悟以斷結**。」指出了體驗跟聞解、信解的關係。

他說：「**悟不自生**」，就是體驗這個東西不會自己跑出來。我在前面不止一次說到身心靈的三合一整體存在，它是三角形關係：身心在底座，靈在上方，這說明靈光要照耀，必須要有對象，這個對象就是自己身心（感性、理性）兩邊所創造的資料。例如我因為某件事而「好生氣」，這是一個感覺，就是靈光要去照的對象。

生氣是情緒，情緒是一團霧，裡面包著一件很完整的故事，這故事是有結構的，但在故事裡霧濛濛的看不清楚；這時候假如用腦袋瓜去釐清，也就是用外面教導的道理來找路的時候，也絕對看不到；因為腦袋的念頭只是外在的、不相干的虛幻概念而已，所以需要靈光來照耀才能看見。

這個地方要怎麼做呢？這樣說吧：當碰到挫折，有了故事，有了情緒，當下要自覺的給故事下個標題，然後就放下它，專注在情緒上。

這時候千萬要提醒自己停止念頭的干擾，對情緒要不迎不拒，就只是跟情緒在一起而已，看看會發生什麼事；也就是靈性有沒有出來照一照這個故事，這時會不會忽然出現一個訊號告訴你事情的真相，那就不得而知了。

這樣說是因為，理性和感性是一體兩面的，當我們覺得不舒服的時候，腦袋就會幫我們製造出非常多念頭，這些念頭就是拿來保護自己、攻擊對方的砲彈，成為滑離主題的行動。若這樣，我們就失去可能看見這件事與自己關係的機會。所以發現自己在解釋的時候，要有意識的叫停；即在感覺出現的時刻，千萬不要動腦袋，一動腦袋就關閉靈光通路而失焦離題了。

問題就在，我怎麼會知道要這樣做呢？竺道生就說了，「**必藉信漸**」。這就說明了，要先有「聞解」，然後走到「信解」。

竺道生清楚人必須經過理性學習學到門徑和方法，並且相信這是一條可以走到體驗的路。像剛剛說的，在情緒上時，千萬別動腦袋。這就是有關「聞解」跟「信解」這兩步，我們先明白，然後相信，就可以開始試它。而且竺道生的話裡用一個「漸」字，這是說慢慢的，覺悟（體驗）往往是一步一步累積然後忽然出現的。

竺道生又說：「**用信伏惑**」，惑就是無明、迷惘，就是認識不清。人要透過腦袋，就是我們說的，理性有認識、規範的能力，才有辦法學習。學習才能破解無明、迷惘，找到信仰和解脫之路。

所謂「學」，是把不懂的搞懂，從不知變有知。學了以後要練，叫做「習」，就是操練的意思。所以「學而時習之」，「而」是連接詞，學習是有步驟的，先學後習；但學了要相信，才有動力。

最後，等到你真的有體驗，有覺悟了，結論就出來，「**悟以斷結**」。當你真的體驗到，看見了真相，看見了一個新世界，就劃句點了；這時候理性的工具功能已經結束，所謂得魚忘筌就是了。（本節意思可與本章「路線」及第三章「體驗」說明與實例對參，這裡就不舉例打斷行文了。）

至於劃下句點，是不是斬斷輪迴得到解脫了？這是人的心願沒錯，每個人都希望，一見全都沒了，就脫離苦海了！但這個時候必須認識到：覺悟是起點，不是終點。因為舊習慣是人的生存軌道，不會跑掉，它會全天候出來跟你見面，來爭你的主導權。它藏在很多地方，在跟不同人事物的對應中又快如閃電或無聲無息的跑出來。

再說，有這個念頭會有目標導向的嫌疑。一旦把覺悟當目標，那就一直陷落在紅塵裡，用「解決」問題來對待，那就遠離覺悟了。我們只是保持覺知，用《老子》「為無為」的教導，無所用心的用力，持續練習，就有逐步轉化的可能。

補充說明一下，「為無為」的意思是「以沒有追求為追求」。第一個追求是指目標，第二個追求是指行動。比方說開個咖啡店吧，如果定下業績目標，就會只想著目標，結果會遮住形勢、卡到一個人，跟現實脫節。其實你只要很清楚的知道，你的初心是什麼？要做一家怎樣的店，很單純的相信它，做的時候盡心盡力的跟事情在一起做下去就好了，它會發展成怎樣子？完全不知道，但是方向是一定要的，因為那是現實面。

所以我們自己的心態是什麼、初心是什麼，要怎麼走，自己是要很清楚的。認識自己這條路也是一樣。這就是竺道生留下來的遺產。

附帶說一下，佛教論解脫，本來就有「信解脫」跟「見解脫」之分。竺道生特別提「信」、「悟」兩途，指明「信」是信奉外面教言；「悟」是發乎內心知見。又說「悟發信謝」，這就把宗教信仰完全歸宿到自己的內心開悟了。

既然覺醒悟道端賴內心自悟，那麼所重在己不在人，在內不在外，這讓佛教脫卻迷信，轉入內心修養，不僅沖淡了宗教的信仰精神，而且是把佛教轉向到中國傳統思想的主要關鍵，直接影響到最具中國化特色的佛教——禪宗的發生、發展。

2. 頓與漸的關係A——遲疾

竺道生的教導裡說了「信」跟「悟」的關係，它可以是前後的關係，也可以是兩條路。若是前者，那就是由常聽到的漸悟到頓悟（這個說法是有問題的，後面再說）；若是後者，就有可能變成帶著理路跟純然靈路的差異，而理路是到不了終極悟境的。

這裡先說前者。

在生命這趟單程票旅程中，每個生命都有獨一無二的際遇和故事，都有自己的姿勢、步伐、位置和進程。在這些各不相同的表象下，面對的卻是共同的生命課題。

在這趟旅程中，有些人走得快，有些人走得慢；這就牽涉到頓跟漸的問題。這裡藉禪宗六祖惠能的話來說明。

根據敦煌本《壇經》的記載（這是《壇經》版本中最早、最樸素、最接近惠能的本子，是惠能十大弟子之一的法海記錄的。後面引文沒有注明版本的都出自該版本），惠能說：「法無頓漸，人有利鈍。」（36節）又說：「何以漸頓？法即一種，見有遲疾，見遲即漸，見疾即頓。法無頓漸，人有利鈍，故名漸頓。」（39節）

惠能這樣說，明指著頓、漸的關鍵不在悟，而在達到的速度。領悟得快、領悟得早，就是頓；領悟得慢、領悟得晚，就是漸。頓與漸的性質是一樣的，只是人到達的速度不同而已。

這點還可以從敦煌本《壇經》看到另一個佐證。

惠能十大弟子中有一位叫志誠的。他原是神秀派來「探底」的。兩人有一段精采的對話：

惠能問志誠曰：「吾聞汝禪師教人，唯傳戒定慧。汝和尚教人戒定慧如何？當為吾說。」

志誠曰：「秀和尚言戒定慧，諸惡不作名為戒，諸善奉行名為慧，自淨其意名為定。此即名為戒定慧，彼作是說，不知和尚所見如何？」

惠能和尚答曰：「此說不可思議，惠能所見又別。」

志誠問：「何以別？」

惠能答曰：「見有遲疾。」
志誠請和尚說所見戒定慧。
大師言：「汝聽吾說，看吾所見處，心地無非自性戒，心地無亂自性定，心地無癡自性慧。」
惠能大師言：「汝師戒定慧，勸小根智人；吾戒定慧，勸上人。得悟自性，亦不立戒定慧。」
志誠言：「請大師說不立如何？」
大師言：「自性無非、無亂、無癡，念念般若觀照，常離法相，有何可立？自性頓修，立有漸次，契亦不立。」
志誠禮拜，便不離漕溪山，即為門人，不離大師左右。（41節）

惠能把神秀的諸惡不作、諸善奉行、自淨其意，和自己的心地無非、無亂、無痴，甚至「得悟自性，亦不立戒定慧」，看成是快慢的問題；並且說造成快慢，是因為人的根器不同：神秀的戒定慧，「勸小根智人」；自己的戒定慧，「勸上人」。

惠能說的頓、漸就是我們常說的頓悟跟漸悟嗎？

其實不是一回事，這須要說明一下。「悟」是靈光一閃，剎那看見，沒有所謂逐漸看見。所有的悟都是忽然看見，都是頓悟。就像打開黑暗房間的電燈開關一樣，是一按開關房間全亮的。

但為什麼會有漸悟之說呢？那是「漸修頓悟」的誤讀。意思是要體驗、要領悟，是要經過學習的，要經過訓練和修行的過程。這往往需要很長的時間鍛鍊，逐漸滲透、逐漸累積，到了某個關鍵時刻，就有可能發生；是有可能，但不是必然。這一路上也可能有局部的體驗，會看見一些習染模樣，但悟（見性）不是因為漸漸修行增加累積而得的。

真如自性是自家本有且具足的，一悟就發現祂本然的存在。祂沒有邏輯，無門可入，不是努力追尋就能相遇，因此不能修練而得。雖然如此，不經歷漫長的佛法知見的學習、認識、薰陶和定力的鍛鍊修持，也無法創造悟的條件；但悟的本身卻與這些條件不相干，這些條件不能代替悟本身。

這樣就能明白只有頓悟而沒有漸悟，但是卻不能去掉漸修而期待頓悟，因為漸修是頓悟的基礎。這樣也就能分辨神秀跟惠能心偈，一個在漸修路上，一個已見真如自性。就如弘忍說神秀「只到門前，尚未得入……須入得門，見自本性。」（7節）指明了神秀勤拂拭「覓無上菩提，即不可得」，說明了漸修之功無法代替悟，而且還進不了門。而惠能的「佛性常清靜」，則已直入悟境，識得本心。

3. 頓與漸的關係B——路線

惠能說自己的戒定慧跟神秀「所見又別」，卻說這只是「遲疾」，而沒有像「心偈」明的指出另一個關鍵問題——他的路線跟神秀是不一樣的。意思是走神秀的路，是不是也可以「見性」呢？

我們就藉大家熟知的惠能和神秀的故事，來理解頓、漸之間除了階段、功能不同，也可能造成路線不同、結果不同的問題。這個課題直接對應到當代盛行的西方心理學，尤其是精神分析學派的諮商語境，後面再說。

敦煌本《壇經》記載神秀的偈語是：「**身是菩提樹，心如明鏡臺。時時勤拂拭，莫使有（一作「惹」）塵埃。**」（6節）

五祖弘忍點評說：「汝作此偈，見即未到，只到門前，尚未得入。凡夫依此偈修行，即不墮落。作此見解，若覓無上菩提，即不可得。須入得門，見自本性。」

《壇經》四大系統最晚出的元代「宗寶本」，還加上弘忍給的指導（其實是答案）：「無上菩提，須得言下識自本心，見自本性不生不滅；於一切時中，念念自見萬法無滯，一真一切真，萬境自如如。如如之心，即是真實。若如是見，即是無上菩提之自性也。」

弘忍的話句句白話，指明要得到至高無上的覺悟，必須從自己的內心入手，認識自己的真如本性。並且要在生活中每一刻都保持自我的覺知，認識到萬事萬物的本性原是相通無礙的，如此才能離開虛妄的表象，看到真實本性。

神秀只知道弘忍說自己這樣做要見性「不可得」，卻無法領會弘忍「言下識自本心」的話，也不知道自己走的路跟弘忍走的路其實是有差異的。

神秀不知道的，惠能一下子就指出來了。惠能針對神秀的偈語說：「**菩提本無樹，明鏡亦非臺。佛性常清淨，何處有塵埃**。」（8節）（「佛性常清淨」被竄改成「本來無一物」之說明見後文「惠能的革命性路線」節。）

五祖弘忍知道惠能已識本心，示意三更入室，為說《金剛經》（9節）。至「應無所住而生其心」，「惠能言下大悟：一切萬法，不離自性……何期自性，本自清淨；何期自性，本不生滅；何期自性，本自具足；何期自性，本無動搖；何期自性，能生萬法。」祖知悟本性，謂惠能曰：「不識本心，學法無益。」（宗寶本行由品第一）

五祖之所以認為神秀只到門外，惠能則已登堂入室，說明了從迷到悟，不但速度有異，最根本的問題還可能在路線的不同，造成一個能悟道，一個則不能。

看來「只到門外」，似乎下一步就能登入堂室，可以悟得本性、識得本心，直達悟境，只不過快慢就差這一步、差這一道門而已。是這樣嗎？

究竟神秀的路能不能達於悟境，或者說是不是像五祖弘忍說的「凡夫依此偈修行，即不墮落」，只能到達某個程度的效果；而「作此見解，若覓無上菩提，即不可得」？看來表面上看似門裡門外，只不過是一面門板的距離，是真的可以用功就跨過去的嗎？這需要釐清。

4. 神秀走的是什麼路？

神秀博學多才，精通佛法，是弘忍門下一千多個徒弟中的第一號人物，深得弘忍的信任，常代師授課，被徒眾尊稱為「教授師」。

有一天，弘忍動念想要找一個了悟佛法的人來當自己的接班人，於是出了個考題，昭告徒眾：「生死事大，汝等門人終日供養，只求福田，不求出離生死苦海。汝等自性若迷，福門何可救汝？」★要大家「歸房自看，有智慧者，自取本性般若之知，各作一偈呈吾。吾看汝偈，若悟大意者，付汝衣法，稟為六代，火急急。」（4節）

★「福德」和「功德」的差異，在敦煌本《壇經》中有明確說明。大致的意思如下：

使君問：「法可不是西國第一祖達摩祖師宗旨？」

大師言：「是。」

使君問：「弟子見說，達摩大師化梁武帝，帝問達摩：『朕一生已來造寺、佈施、供養，有功德否？』達摩答言：『並無功德。』武帝惆悵，遂遣達摩出境。未審此言，請和尚說。」

六祖言：「實無功德。使君勿疑達摩大師言。武帝著邪道，不識正法。」

使君問：「何以無功德？」

和尚言：「造寺、佈施、供養，只是修福，不可將福以為功德。功德在法身，非在於福田。自法性有功德，平直是德。內見佛性，外行恭敬。若輕一切人，吾我不斷，即自無功德。自性虛妄，法身無功德。念念德行，平等直心，德即不輕。常行於敬，自修身是功，自修心是德。功德自心作，福與功德別。武帝不識正理，非祖大師有過。」（34節）

《壇經》宗寶本還在這裡加了幾句弘忍的叮嚀：「思量即不中用；見性之人，言下須見。若如此者，輪刀上陣，亦得見之。」

弘忍的話明說信佛只供養修福，跟覺醒悟道無關，更不可能解脫——出離苦海；若加上宗寶本記載的「思量即不中用」之語，則弘忍明白叮嚀大家：用腦袋——理性思維是不管用的，路要走對。這跟本書一再提醒的是同一個意思。

弘忍這些話對於理解、釐清後面發生的事有對焦定錨的作用。

弘忍找接班人的舉動引起了一陣騷動，但很快就平息下來了。大家雖然也覬覦六祖寶座，但轉頭一想，「神秀上座是教授師」，功夫遠在自己之上，自己沒能耐，肯定比不過他。於是得到一個共識：大家都「不須澄心用意作偈」，等神秀得法后，靠他就好了。於是「諸人識心，盡不敢呈偈」（5節）（注意「不敢」二字）。

神秀也明白「諸人不呈心偈，緣我為教授師」（6節），這個心照不宣卻把所有的希望和壓力都集中到神秀的身上，我們從中可以逐漸看到神秀的狀態。

此時這位博學多才、精通佛法、受大家尊敬的神秀教授，雖然平時口若懸河，辯才無礙，但要用一首偈語表示自己對佛法的見解或說境界，卻一時沒了著落。

此時的神秀，不但無法靜心澄慮，反而心煩意亂，整個被要不要寫心偈，心偈寫得對不對、好不好、有沒有悟，能不能得到師父的認可，呈心偈會不會被誤會為奪位，以及會不會辜負大家的期望等一大堆雜念占滿了身心。

一人之下、大家仰賴的神秀終究得面對啊。他幾經斟酌，還是寫吧。作好心偈後，敦煌本沒有著墨，宗寶本則寫得十分細緻傳神：「數度欲呈，行至堂前，心中恍惚，遍身汗流，擬呈不得；前後經四日，一十三度呈偈不得。」

活脫脫的一個有所求、沒自信，甚至患有某種程度焦慮症的人。從神秀的這些行為反應中已經可以確定他是還沒有開悟的。

寫也不是，不寫也不是；呈也不是，不呈也不是；公開也不是，不公開也不是。身心經歷幾番掙扎折騰之後，神秀找到一個折衷的方案：寫，不呈，但匿名公開。於是「夜至三更，不令人見，遂向南廊下中間壁上題作呈心偈，欲求衣法。」（6節）

他心中想著，答對了就出來認，接受弘忍的認可和大家的禮讚；答錯了反正沒人知道是自己作的，這樣也可以讓自己不那麼難堪。

結果折衷方案並沒有讓他安心；沒開悟也躲不過弘忍的法眼。

他「不使人知，自執燈」（宗寶本）寫完回房後，反覆思維：「聖意難測，坐臥不安，直至五更。」又被焦慮失眠折騰了一夜。而弘忍早知道是神秀所作（宗寶本：「祖已知神秀入門未得，不見自性。」），並把他找來點評、訓導一番（見前一節）。

神秀的問題究竟在哪裡？他學問那麼好，離開塵世生活，努力求道，修行數十年，不可謂不虔誠，那他為什麼這時候沒有開悟？這在他的心偈裡已經說明了。

A. 神秀「身是菩提樹」的心理

菩提樹是佛教的神樹。因為佛祖悉達多是在菩提樹下悟道的，因此，菩提樹似乎被賦予了某種特殊的能量或神性。

菩提樹既然在佛教中有特殊的地位與意義，不是其他任何樹可以比的，神秀把自己比作菩提樹，而不是其他如松柏、梧桐、楊柳之類的樹，這是他心中分類概念顯現出來的自負情緒。弘忍門下其他人只怕沒人敢這樣比。

這個自比透露了眾人仰視神秀，而神秀又仰視弘忍的不平等現象。佛說「眾生平等」，沒有高低；一層一層仰視，這不是佛陀的教義。

按照現代心理學精神分析大師阿德勒的理解，人類心理的原動力來自「自卑」。因為人生活在二元世界中，每個人都很自然的在無意中把事物分類，方便理解跟把握，並在其中找到生存的力量和位置。

分類本來沒問題，但人在分類理解跟把握中，卻總是為爭取生存所需的資源而不自覺的用分別心置入價值評斷，於是連樹都有了等級，有了高低。這樣，菩提樹就成了佛教的神樹、聖樹，高於其他所有的樹；用菩提樹來自比，自然也有了意義。

極度的自卑會造成自卑情結，而自卑情結往往表現為極度的自負；自卑與自負其實是一個人心理的兩個極端。當神秀說出「身是菩提樹」的時候，正表明了他的自負，而這自負表明了他的自卑情結。

我們重讀一下宗寶本的描述就可以明白：「神秀作偈已成，數度欲呈，行至堂前，心中恍惚，遍身汗流，擬呈不得；前後經四日，一十三度呈偈不得。」（行由品第一）其中「心中恍惚，遍身汗流」兩句寫的症狀，就是一個患者焦慮發作的症狀；「前後經四日，一十三度呈偈不得」，表示症狀發作的時長。看來症狀不輕，整個過程很折騰、很辛苦，神秀是在受苦。

神秀的表現是對佛教的理解出了問題。意思是，佛教對他來說似乎成了一門宗教，佛祖變成了神。這樣，佛的信徒就得論資排輩，在佛祖面前要膜拜佛祖，在師父面前徒眾要膜拜師父；結果神秀要膜拜弘忍，排在後面的弟子也要膜拜神秀。

排高低就得定標準比較，比較就會導致自卑，自卑容易導致自我蒙蔽；阿德勒指出：「自卑的人總是關注自己的缺點，而不關注自己的優點。」在這樣的心理結構跟行為裡，信佛成了拜神的行為，跟佛陀教導的覺悟解脫沒有關係，再虔誠、再努力都難以解脫，因為誤解了佛，也就失焦走錯路了。

弘忍自己是聰慧的，悟了道，有一雙慧眼，一眼就看出這樣的神秀是悟不了道的，卻只能「說法」，指著山頭說就是那裡，而沒法啟發神秀怎樣走過去。這件事也甚是有趣。我常說：人是不能教的，只能幫助他發現自己。」弘忍教神秀卻教不動，很可以說明覺醒悟道是另有竅門的。

B. 神秀「心如明鏡台」的困境

佛經中以比喻來開示佛理者甚多，有些經書幾乎跟文學文本差異不大了；有些甚至以專書形式出現，如《百喻經》、《譬喻經》之類就是。

鏡子是佛教眾多譬喻中的一個。

鏡子的特點是能照見一切，但又是空無一物，所謂物來則應，過去不留者是。因此，佛教拿來比喻實中有虛，有中有無，色中有空的觀念。這種在生活中取材作喻的方式，很親切，也很常見。

比方，《維摩詰經》卷上〈弟子品〉說：「諸法皆妄見，如夢如焰，如水中月，如鏡中像，以妄想生。」以鏡喻空，強調世俗世界是空幻的假象世界，宇宙萬法剎那生滅，沒有定相，所以不真，不真就是空、就是假，事物亦空亦假，非空非假。

但是，鏡子的比喻在另一方面存在著無法穿越的難題。為了說明這個難題，先說一個希臘神話記載的關於水仙花的故事。

希臘神話記載，納西瑟斯是河神的兒子。他是一個容貌俊美的少年，雖然有許多少女愛慕他，他都不為所動。他自負而冷淡地拒絕山林女神愛可的求愛，使愛可傷心憔悴而死。復仇女神涅墨西斯決定懲罰納西瑟斯，罰令他只能跟水中自己的倒影戀愛。結果他被自己水中的影子深深迷住而無法自持，只能對影唏噓，最後為了與自己的影像結合，躍入水中而亡，死後化為水仙花。

我們知道，鏡子只是一種反映，鏡子中的圖像只存在被光照亮的那一部分特徵。鏡子是部分的，也是分裂的，而且是虛假的存在。透過鏡子，我們永遠只能在存在的邊緣上觀看，而不能入鏡（入境）。

水仙花故事中的倒影就是鏡子，鏡子是一道鐵壁，鏡子是無法進入的。如果硬要進入鏡子，鏡子會立刻破裂，鏡中的自己也消失了；就像納西瑟斯要跟水中的倒影相逢，死亡就立即來了，道理是一樣的。

神秀以鏡喻心，想藉擦拭看見自己，那是不可能的。即使能看見自己，那也不是自己的實相，而是幻影，何況影像還是片面、局部的。鏡中影像既然是幻象，若以幻為真，要人鏡合一，勢必鏡破人傷，幻影亦失；就像神話中納西瑟斯的結果一樣。

鏡子又是一種意象，如果我們生活在自己的鏡相中，就把握不到生活的真實感。對於需要透過鏡子來看到自己的人來說，任何反射的東西都會變成鏡子。他人的眼睛是會反射的鏡子，所以人都習慣也喜歡從他人的眼中看到自己。

宗教修煉家希望能找到一隻能在自己眼裡看到自己的眼，比方佛陀在肉眼之外還發現了天眼、慧眼、法眼之類。所有的這些，在本質上都是鏡子。

就因為鏡子是一種意象，因此，對需要通過鏡子來看到自己的人來說，鏡子是滿世界存在的。但當通過滿世界的鏡子看到自己，卻發現所看到的一切都不是真實的自己，那會發生什麼事？答案是會害怕鏡子，會想逃離鏡子，最後卻發現鏡子的世界無法逃避。

人需要通過鏡子認識自己，又害怕鏡子蒙蔽自己。因為不用鏡子失去了媒介，充分使用鏡子卻是很危險的，不是從鏡中照出自己生命中無法接受的醜惡，就是失去主體變成了鏡子的奴隸。

神秀說「心如明鏡台」，那是充分使用鏡子的體驗，這比一般人高明許多。但鏡子的無所不在，卻使得神秀跟真實的自己分開了。這就是他的困境。

神秀的心偈告訴我們，他現在還執著於鏡子，不知道他要做的是打破心中的鏡子。

打破心中的鏡子是什麼意思？那就意味著要否認他過去所學所修的一切，放棄以幻為真的虛妄，這是讓人難以忍受的。也就是在這點上，神秀的認識與執著使他跟真理（見性）一牆之隔。這就是弘忍點評神秀心偈時說的：「只到門前，尚未得入。」、「作此見解，若覓無上菩提，即不可得。須入得門，見自本性。」他只要打破鏡子，真理會豁然出現，但是他能嗎？

C. 神秀「時時勤拂拭」的誤區

「時時勤拂拭」的意象是隨時都提醒自己努力工作的樣子。這有什麼問題嗎？

佛教除了上一節說的以鏡喻空，還以「磨鏡」比喻除去妄想的污垢，恢復本性的光明。

《四十二章經》卷一記載有沙門問佛陀，「以何緣得道」？佛陀回答說：「道無形相，知之無益。要當守志行。譬如磨鏡，垢去明存，即自見形。斷欲守空，即見道真。」

藉磨鏡比喻堅持斷欲守空而垢去明存，說明得道因緣，與老子道德經第四十八章「為學日益，為道日損，損之又損，以至於無為；無為而無不為」意思相同，都是把積在心上的塵埃損之又損的逐步放棄

——擦乾淨。

從神秀的心偈看，他是主張「磨鏡」的。他先把心比喻成「明鏡台」，又說「時時勤拂拭，莫使有塵埃」。表面上看，神秀並沒有違背經義，認為學佛修習的日常功夫就是時時「拂塵埃」、「拭明鏡」。

那麼，用時時「拂塵埃」、「拭明鏡」的磨鏡功，何以入不了門、悟不了道、見不了性？是不是時時努力磨鏡的比喻還是有問題？

先看一則著名的公案。《五燈會元》卷三記載：

開元中有沙門道一（即馬祖也。容貌奇異，牛行虎視，引舌過鼻），在衡嶽山常習坐禪。

師（指惠能第一代嫡傳弟子懷讓）知是法器，往問曰：「大德坐禪圖什麼？」

一曰：「圖作佛。」

師乃取一磚，於彼庵前石上磨。

一曰：「磨作什麼？」

師曰：「磨作鏡。」

一曰：「磨磚豈得成鏡邪？」

師曰：「磨磚既不成鏡，坐禪豈得作佛？」

一曰：「如何即是？」

師曰：「如牛駕車。車若不行，打車即是，打牛即是？」

一無對。

師又曰：「汝學坐禪，為學坐佛？若學坐禪，禪非坐臥。若學坐佛，佛非定相。於無住法，不應取捨。汝若坐佛，即是殺佛。若執坐相，非達其理。」

一聞示誨，如飲醍醐，禮拜。

磨磚不能成鏡，坐禪不能成佛，時刻努力拭鏡拂塵，也是見不了自性（真如）的。為什麼是這樣？因為磨鏡是「只到門前」——在鏡面上用功夫，跟真如本性就是一牆之隔。

神秀確實是個好學生，很用功、很堅持，他有意識的踐行他所認知的「戒定慧」：「諸惡不作名為戒，諸善奉行名為慧，自淨其意名為定。」但看不懂這樣做產生的問題。

作與不作是二元，奉行與不奉行、淨與不淨都是兩端。神秀有心有意的分別什麼是可以的，什麼是不可以的；哪些要做，哪些不可以做。透過這樣的認識跟「勤拂拭」的行動堅持，期望因此讓自己逐漸掃除塵埃，得以淨心見性。

這跟《論語．學而》記載的曾子自修功夫是不是神似？

曾子說：「吾日三省吾身：為人謀而不忠乎？與朋友交而不信乎？傳不習乎？」

「三」，在中國文化裡代表多數。曾子並不是每天三次，而是時時刻刻都要反思自己的言行、思想與價值觀，檢視自己有沒有違「禮」，有沒有做到「克己復禮」。他認為，只有這樣勤謹努力，時刻不鬆懈，防止自己「越矩」，才能成就內聖之學，才能成為君子。

放到神秀身上來說，他認為只有時時守住、踐行諸惡不作、諸善奉行的戒律，並時時檢視修正，以自淨其意，才有可能見性成佛。不知神秀這樣做，是不是不自覺的受到「少親儒業」（《景德傳燈錄》卷四）的影響？意思是神秀是不是用儒家的修身法則在修佛？或說沒意識到佛家的修行教導就有跟儒家同質性的法門？

其實這是不會成功的。俗話說，戰爭沒有贏家。由二元出發的分別心讓人陷入到對立、對抗、克服中，費盡力氣和資源，得到的是過程，而不是真正要的結果。

一個有七情六欲的人，時時告誡自己這個不可以，那個不可以，這通常是很難做到的。神秀的拂拭功夫做得比一般弟子好，所以他成為弘忍門下的大弟子。但菩提樹和明鏡台無論怎樣拂拭，其本質是不會變的。

另外，從「時時拂拭塵埃」的自述可知，神秀是個不認識塵埃意義和價值的人，也是容不下塵埃的人（這點下一節再說）。換句話說，他是個有潔癖的人。

一個有潔癖的人跟塵世是對立的，是深怕塵埃污體，努力清潔，過度維護自己乾淨的人。其配備是一種強迫症狀態，像行為上的不斷洗手，心理上的不斷檢討、自責、懺悔都是。

這種行為的背後是對自我表象的盲信。意思是一個「時時勤拂拭」的人，是一個敝帚自珍的人，他以為自己擁有了世界上最好的東西，他的任務只是保有這份珍貴不受污染。他執著於小我，無法看透自我的本源。

就像一個美女，因為美麗而特別看重自己，並許諾自己要找到世上最好的男人，於是每天精心妝扮自己（時時勤拂拭），讓自己冰清玉潔，一塵不染（莫使有塵埃），目的只為了有一天讓一個識寶的人覓去。但遺憾的是，美女卻往往紅顏薄命。

「時時勤拂拭」的結果是，菩提樹依舊，明鏡台依舊，心靈與存在的阻礙也自然依舊。這樣的神秀，如果有一天，他真的跨不過弘忍說的那道門，見不了性，那麼他所有拂拭的漸修功夫都變得毫無價值和意義。

從「一法不立」的佛教宗旨看來，神秀未免仍在「有為」的窠臼中，仍在外頭用功，沒有在第一義諦、不二法門上著墨，結果就是「只到門前」，「未見本性」。所以弘忍說：「作此見解，若覓無上菩提，即不可得。須入得門，見自本性。」

D.神秀「莫使有塵埃」的迷障

「莫使有（一作「惹」）塵埃」裡有兩個課題：一是「塵埃」是什麼？二是不要有或不讓塵埃沾染是什麼意思？

先看看塵埃是什麼？

塵，本義是飛揚的細小灰土。埃，灰塵、塵土，意與塵同。「塵埃」都指細小的灰土（所以簡體字寫成會意字「尘」，這是符合中國文字的「六書」造字原理的）。

在佛家裡，塵又指世俗，如說「塵俗」、「滾滾紅塵」之類；還稱有礙身心的欲念為「塵」，如「塵念」。

這樣看來，塵埃首先是自然界的組成元素——碳，從草木灰到煤再到鑽石，其本質都是碳元素，只是自然的強大力量讓它們呈現的樣貌截然不同而已。

我們珍愛鑽石的冰清玉潔、神祕尊貴，卻鄙棄擾人的塵埃，欲去之而後快，卻不知塵埃與鑽石就像太極的陰陽一樣本是一體的，拂去鑽石上的灰塵，就是取消鑽石之所以成為鑽石的元素。愛鑽石棄塵埃是認知上受制於表象的迷誤，是對自身的割裂，失去的是提升、蛻變的可能性和機會。

其次，佛家才將自然界的塵埃引伸到人身上，認為塵埃是人的生生之欲中貪嗔痴所產生的種種心理現象，並視之為污染自性造成痛苦的根源。

什麼是「貪、嗔、痴」？

佛家說的「貪」是在財、色、名、食、睡五欲中想要更多，不知滿足，是遇到快樂的境，拚命追求和貪戀，是對於喜好的過分偏執，對於擁有的捨不得放下。

佛家說的「嗔」就是生氣，是因為事情和自己期望的狀況不同而生氣，是對於討厭的過分偏執。嗔與貪剛好相反，嗔是遇到不快樂、不喜歡的境，我們要拋棄它，但又丟不了，所以嗔。

佛家說的「痴」，即無明、愚昧，是根本上不明事理的實相而做出貪或者嗔的反應，而不是我們通常講的笨。

佛家認為，人類的種種苦難主要來源，人類身、口、意等一切惡行的根源，都出於自身的貪欲心、怒心和愚痴心，這「三毒」也就是所謂的「塵埃」，需要去除才能得樂。

那要如何對治呢？佛陀教導的是，要「勤修戒定慧，息滅貪嗔痴」，即通過戒定慧的自我修養，去除貪欲心、怒心和愚痴心，淨化自己的心靈。基本上，戒是對治貪的，定是對治嗔的，慧是對治痴的。神秀不就是遵循這個教導嗎？而且他還真用功，由「時時勤拂拭」可見。但是，這樣有什麼問題？人是七情六欲的自然存在物，生來就掉進二元悲劇命運的苦海中。我們都希望去除貪嗔痴的心靈塵埃，都希望心靈寧靜、和平、喜悅。但努力去塵的結果是，塵埃揮之不去，拂拭之後又再來；因為只要活著，欲求都在，不但舊塵依舊，還時刻生產新的「塵埃」。

勤修不是問題，問題在怎樣修。看來用戒定慧掃除貪嗔痴這些塵埃的作法並不一定能真正解決問題，因為整個的思維如果落入所欲與不欲的對立關係，就走不到目的地。這中間發生了什麼問題？

這裡頭還有個弔詭的東西，佛陀的教導是為了要出離痛苦得到解脫，就是修行可以去到西方淨土「無有眾苦，但受諸樂」的極樂世界。聽起來離苦得樂沒有問題啊，但往西方極樂淨土成為追求解脫的目的，就把修行引向另一個迷誤。

佛經中很認真的描述西方淨土的美妙景象。《無量壽經》裡說，極樂世界的地由金、銀、琉璃、珊瑚、琥珀、車渠、瑪瑙七種寶物鋪成，色彩繽紛，富麗堂皇。裡面沒有四季交替，永遠溫暖宜人；沒有高山河谷，到處是七寶組成的樹林，葉繁花茂，光彩奪目，清風徐來，發出悅耳之音。諸佛所住講堂、精舍，全由七寶築成，宮殿樓閣，金碧輝煌。四周環繞著潺潺流水，水中挺立著七寶蓮花，岸邊七寶樹成蔭。池中之水，能夠隨心所欲地或深或淺，或冷或熱。至於生活無憂，隨念而至；神通自在，遍遊十方；幸福快樂，無憂無慮，自不在話下。

《金剛經》說：「凡所有相，皆是虛妄。」看來若說擺脫貪嗔痴是虛妄的，那追求西方淨土不也是另一種虛妄嗎？佛家的教導要人停止世間的貪婪迷妄，卻不知不覺把人引向了對極樂世界的更大的貪婪迷妄。佛的知見到了大眾的頭腦裡卻成了妄見，成了塵埃。

這就難怪弘忍門下的弟子都在「終日供養，只求福田，不求出離生死苦海」而見不了性。因為學佛會有離苦得樂的好處沒錯，但那是無所用心時自然發生的副產品，不是追求來的；若把離苦得樂當作是修行的欲求目的，這個有所求就轉成了虛妄。

回到神秀的心偈。他小心翼翼、勤勤懇懇的拂拭菩提樹、明鏡台，是有所求的；同時也沒有意識到菩提樹、明鏡台都出自塵埃，甚至連思考這個問題的他也出自塵埃。

塵埃原是宇宙之母，生命之本，外在的塵埃是不可能抹去的。若要生活在沒有塵埃的空間裡，那就必須扼殺生命。

心理的塵埃（七情六欲、貪嗔痴）也是與生俱生的，身心的迷障本身就是轉化悟道的資糧，二者是同一件事物。否定塵埃也就等於否定了自己，拭鏡拂塵等於是抗拒自己，這樣，只能在外頭用功，是不會見到真如本性的。

發生什麼事之後會有轉機？這得直到哪天醒過來，意識到勤拂拭是陷入分別對立、抗拒自己的戰爭，且永遠都到不了目的地；明白了塵埃跟自己是一不是二；明白了心靈塵埃跟心靈寧靜是一體的；明白了心靈塵埃之外沒有佛，意識到那些心靈塵埃正是轉化成佛的元素，才可能有轉機。

凡事認真對待，勤奮努力，才能成事，這是人所共知的道理。但這個道理只說了一個層面，真正關鍵的決定因素在認知是不是清楚，是不是走對路了。走對路了，的確有效；如果走錯路，則愈努力離要去的地方就愈遠。這樣，就會成為能悟不能悟的路線問題。

所以神秀在二元中的努力，至少在眼前所走到的位置來說，還看不到未來（能不能見性——與真如相遇），因此也就沒能得到弘忍的認可。之後的神秀呢？下文會明白。

5. 神秀「漸教」路線的貢獻與侷限

說到這裡，我們也需要明白，前面所說的只是從禪悟的終極層面來看待，並不是要全然否定神秀。這從前面提到的漸修頓悟來看，即可知神秀的「漸教」路線雖然有許多障礙，但仍然是有貢獻的。其實它的要求比惠能的南宗禪低，更適合於普通人的修行。它的侷限則在是否最終到得了悟境或走上求福田的歧路。

大家都知道神秀是禪宗北宗的領袖。據《景德傳燈錄》卷四說，他「少親儒業，博綜多聞」。後來「捨愛出家，尋師訪道，至蘄州雙峰東山寺，遇五祖忍施以坐禪為務。乃嘆曰：『此真吾師也。』誓心苦節，以樵汲自役，而求其道。」

可以看出，他修佛的方式是認同弘忍的教導，以「坐禪習定」、「住心看淨」為法門。簡單說就是每天定時靜坐、反省自己有沒有把握到戒定慧，有沒有排除一切雜念，使得心神恬靜自在的「坐禪」為修行功課，並且用打柴挑水來自己磨鍊自己，以求心靈逐步的安寧、淨化，並希望以此達到最終的解脫。

神秀的主張，在當初上呈五祖弘忍的心偈已經清楚表現出來。更清楚的表述可從在二十世紀二三十年代敦煌遺書中發現的《觀心論》抄本看到（經過學者研究，認為書雖冠以菩提達摩之名，但從內容上看卻是反映神秀一系禪法思想的文獻）。

《觀心論》強調「唯觀心一法，總攝諸法」，認為一切現象為心所生，主張通過坐禪觀心，息妄修心，逐漸斷除煩惱達到解脫。

另外，《觀心論》將「心」與「淨」看作實有，主張通過修心達到清淨。這可從同出敦煌的《壇經》本子對神秀的不具名批評得到證明。

敦煌本《壇經》記載，惠能說：

> 「坐禪元不著心，亦不著淨，亦不言不動。若言看心，心元是妄，妄如幻故，無所看也。若言看淨，人性本淨。為妄念故，蓋覆真如，離妄念，本性淨。不見自性本淨，起心看淨，卻生淨妄，妄無處所，故知看者卻是妄也。淨無形相，卻立淨相，言是功夫，作此見者，障自本性，卻被淨縛。若修不動者，見一切人過患，是性不動。迷人自身不動，開口即說人是非，與道違背。看心看淨，卻是障道因緣。」（18節）

惠能說「心原是妄」，「人性本淨」，「淨無形相，卻立淨相」，「起心看淨，卻生淨妄」，「障自本性，卻被淨縛」。意思很明顯，這些話就是針對「觀心看淨」的特點和侷限說的，也指出了漸教的「障道因緣」以及跟頓教的根本差異。

還有，敦煌遺書中屬於北宗禪的《大乘五方便》也始終強調「離色離心」和「身心不動」。前者意為通過坐禪封閉自己的感官和意識，脫離對物質、精神兩方面一切事物和現象的追求、執著，斷除心靈深處的各種是非、美醜、愛憎、取捨等觀念；後者是將坐禪入定稱為「不動」，自己的感官和意識（六根、六識）雖接觸外界（六塵），但不發生感覺，不進行思惟（「不起」），不作分別判斷（「離念」），是身心「不動」。認為這是得到最高智慧，達到覺悟解脫的境界。

大乘佛教所說的真如佛性的本體是空寂無相的，是本來清淨無染的，故觀空看淨也就是觀想體認真如佛性的過程，是顯現清淨自性的過程，達到最後身心清淨，與真如相契的解脫境界。這就是「一念淨心，頓超佛地」。

既然神秀北宗也主張一切眾生皆有佛性，也強調般若空義和不二思想，甚至也講「無念」和「一念淨心，頓超佛地」。那麼為什麼它仍被以惠能為代表的南宗貶為漸教呢？

禪宗所謂的「頓教」、「漸教」的重要差別是在於能否一貫靈活運用大乘中觀學說的「相即不二」和《華嚴經》的世界萬有圓融無礙的理論上。就是說，對於空與有，身與心，內與外，染與淨，迷與悟，煩惱與菩提，眾生與佛等等相互對立的方面，能否順應時機巧妙地用「相即不二」的理論來將二者等同或會通，構成了頓教和漸教的主要區別。

神秀北宗禪法雖也有上述與南宗頓教相似的看法，然而從整體上這些思想在北宗沒有得到進一步的運用和發展，並且實際上北宗仍把身與心，外與內，染與淨等等對立的兩方加以嚴格的區別，並以此做為前提，然後把心、內、淨等置於主導地位，提出觀心看淨的禪法，通過嚴格的不間斷的禪觀修行，斷除「三毒心」，淨「六根」，最後才達到解脫。這樣自然帶有「漸次」特色，即規定修行是按照前後、淺深程式進行的。後來南宗批評北宗的禪法「主漸」，是「漸教」，主要是根據這點。

這種「漸教」禪法對一般悟性不高的人來說，是比較容易理解的，是可以現實操作的具體的禪法，也是有功效的。至於是不是就因此可以從門外跨入門內，最終識得本心，直了成佛，則沒有走到轉折點，會不會轉身無法預知。

以神秀本人來說，據歷史資料的記載，神秀拜在弘忍門下已經五十歲了，他活了一百歲（公元六〇六－七〇六年），據說年紀很大時（九十歲）他是開悟了。這從他的示眾偈可知：「一切佛法，自心本有，將心外求，捨父逃走。」（景德傳燈錄卷四）

看來神秀花了很長很長的時間，才把「將心外求」，轉變成「自心本有」。這是路線的根本改變，因此也才入得了看似一門之隔的悟境，但文獻並沒有記載他是如何跨過那一道門檻的。

6.「教授」相見歡——當弗洛伊德與神秀相遇

在當代語境中，如果對神秀解脫痛苦的修佛之路有些陌生，那麼，透過西方心理學精神分析學派創始人弗洛伊德就可以讓一千三百多年前的神秀回到當下跟讀者見面。

神秀的路線跟當代西方心理學尤其精神分析學派的創始者弗洛伊德極為神似。弗洛伊德遇見神秀，是穿越一千多年時空隧道的知音相逢，這是兩人都意想不到的吧。

神秀是「教授師」，其佛學（注意：是「佛學」）修養極高，其漸教禪法在唐代政治文化中心的北方風行一時，最後做到當代國師，備受崇敬。不知神秀教授碰上同為學問極好、名滿天下的弗洛伊德「教授」會是怎樣的場景？當弗洛伊德教授見到文盲（惠能）時又是何種情景？

神秀的大致情況已見上節，這裡說說他跟弗洛伊德之間的異同。

弗洛伊德是高級知識分子，有博士學位和大學教授頭銜，學問很好，富有創意，是思想領域的開拓者，思考用一種新的方式去瞭解人性。他是極少數改變歷史的人物之一：他發現了潛意識，從此改變了數千年來認為人是理性動物的單一認知；我們現在會說人是感情的動物，其根源就在弗洛伊德的學說。

弗洛伊德對二十世紀以來的心理學乃至人文、社會學科各個領域都產生無與倫比的影響。他的著作影響了並且還正在影響著文學、哲學、神學、倫理學、美學、政治學、社會學、商業經貿、大眾心理學等。

他的思想不只是在學術界成為流行話語，還滲透到當今社會男男女女意識和潛意識中，雖然我們不見得會用那些如防禦機制、罪疚感、情結之類的專門術語，但如談到對母親的依戀、新生嬰兒的性欲、忽然忘記某事而懷疑自己是否故意這樣做，很多日常話語其實都帶著弗洛伊德的印記。

弗洛伊德的觀點影響我們用什麼方式思考我們自己。

他把人的心靈（心理）劃分為潛意識、前意識和意識三個層次；將人的精神結構（人格）劃分為本我、自我和超我；他強調人的性欲和攻擊性是人的本能，並以此做為解釋人的行為的動力；他關於童年經歷對成人人格形成之重要性的研究，極大的影響了兒童心理學和發展心理學建立的基礎，影響了家家戶戶父母教養兒女的觀念跟態度。

弗洛伊德是精神科醫生，有豐富的臨床經驗，這使得他有機會直接接觸大量的病患。他因此發現了心理動力（意志和能量的伸展）受到壓抑是人類痛苦的根源，並由此歸納出常見的七種心理疾病：

1.轉換反應——把心理衝突轉變為身體症狀表達出來，以解除自我焦慮，如歇斯底里；2.恐懼反應——如怕黑暗、害怕幽閉獨處、臨高恐懼；3.抑鬱——遇事過度悲傷、不振、退縮，嚴重者有自殺的傾向；4.妄想——虛構許多自以為是的觀念，因而終日焦慮不安；5.解離反應——產生幻覺、妄念或精神分裂等，以逃避外界之刺激；6.強迫觀念——包括很多不自由的、不合理，且不實際的觀念；7.強制行為——指日常生活中有些不合常情的習慣性語言與行為。

為了治療心理疾病，弗洛伊德創造了心理分析法，其內容包括自由聯想（見下文；包括解夢）、抵抗的分析（抵抗指患者在治療中似乎有一種無形的力量防止自我暴露）、移情（指患者把分析者看成是自己童年或過去的某一重要人物的再現或化身，結果把用於原型的感情和反應，轉移到了分析者身上）及解釋（指分析出患者症狀的潛意識根源，使患者知道症狀的真正隱意而達到領悟，從而消除症狀）。

以上方法配合運用，可揭露壓抑於患者潛意識中的動機，並發現焦慮的來源，啟發患者的自我意識，使其在現實環境中，對自己重新認識，並恢復統整的人格。

這其中，「自由聯想」是整個分析治療的前提。所謂自由聯想，就是不要讓患者的意識去主導思維，要讓患者想到什麼就說什麼。患者必須保證一五一十的說出自己感覺到的東西，而分析者也用不著反覆關照患者必須講真話。

弗洛伊德十分重視童年對一個人的影響，認為六歲尤其三歲以前的經驗決定了人的一生；這跟中國人常說三歲看八十，是一樣的理解。精神分析的一大任務就是揭示被遺忘的童年痛苦記憶。

所謂揭示，並不是藉記憶退回到過去的時光，而是藉自由聯想的技巧，讓患者身臨其境的倒退回到過去，而每次倒退復現過去都會觸發痛苦，也只有可以毫無顧慮的重現痛苦，才有可能穿越過去，即從地下黑暗倉庫回到地面。

對照起來看，神秀的漸悟禪法主要表明為「淨心」，要求修練者每天「時時勤拂拭，莫使有塵埃」；即要求修練者秉持戒定慧——諸惡不作、眾善奉行、自淨其意，每天檢查進入心靈的塵埃，並不斷的拂拭，過去的塵埃也要拂拭，直到明鏡通明，內外澄澈。

弗洛伊德的精神分析在本質上也是「淨心」，因此要求患者進入自己的潛意識，把從出生以來，在潛意識裡積澱下來的創傷——「塵埃」清除出去。

神秀跟弗洛伊德的淨心意旨雖然相同，但本質上仍有差異。

首先，神秀把心靈結構比喻成「明鏡」，弗洛伊德則把心靈比喻成巨大且有許多通道的地下倉庫；這個倉庫大到人幾乎無法完全瞭解，而倉庫裡頭既有出生以來最美好的東西，也有最壞的東西。

神秀的禪法要求修練者時時拂去心靈的塵埃，以保持心靈的純潔；弗洛伊德的精神分析法，則要求內在的歹徒走出地下倉庫，然後在地面上改邪歸正，安居樂業，不再騷擾。

弗洛伊德意識到人是不可能抹去記憶的。假如一個人用壓抑的方式，試圖遺忘痛苦的記憶，不但不可能，還會把事情弄得更糟。所以弗洛伊德的方式是讓這些記憶復甦，並尊重這些記憶，讓這些記憶到意識表層來得到滿足。這樣，痛苦的記憶雖然還在，但已不再騷擾；這就像政治上的招安，是將造反者收服，而不是消滅。

這樣，就可以看出，神秀跟弗洛伊德的淨心法在本質上的區別。即神秀採取的方法是「拒絕」；弗洛伊德採取的方法則是「改造」。

方法不同，但要費很長的時間則是一致的。

神秀的漸悟禪法既然要求修練者時時注意心靈的污垢，時時拂拭，這已經夠忙了。現實是，過去累積的塵埃也夠多了，當下的塵埃又不斷，兩者相加，要得到根本的解脫就很難；何況加上前面幾節所說的關於明鏡比喻、時時拂拭塵埃的困境、侷限、迷障之類的課題。

至於弗洛伊德的精神分析療法一樣費時費事，心理學界都知道精神分析在心理治療中是最費時間的療法。一般需要至少一年甚至十年的治療。

所以神秀的漸教禪法和弗洛伊德的精神分析療法都許諾人可以「見性」解脫或脫胎換骨，但不管是不是能最終如願（按照上面的描述，其實很難），僅以時間而論，都會讓人有茫茫天涯路，不知何處是盡頭的感覺。

依我所見，神秀和弗洛伊德的路線之所以最終無法「見性」，是源自他們的出發點，都先把自性設定為一個對象：一個說成是「明鏡台」，一個比喻成「冰山」，結果是：即使鏡子擦得再乾淨，鏡子還是在那裡，鏡子不是自性啊；即使水平面下的冰山已經因海水下降到潛意識全然露出，冰山還在那裡，冰山也不是自性啊。

說到這裡，需要再強調一下，前面所說的只是從禪悟的終極層面來看待，並不是要全然否定神秀和弗洛伊德。

神秀的「漸教」路線雖然有許多障礙，但它的要求比惠能的南宗禪低，對一般悟性不高的人來說，是可理解的，是可以現實操作的具體的禪法，更適合於普通人的修行，而且也是有功效的。

至於現在社會上受近代以來西方強勢文化的影響，滿街都是弗洛伊德開創的精神分析學派系統開設的諮商或課程。這對一般只需要緩解，並不需要或不知道要終極開悟解脫的人，自然是有幫助的。

總的來說，弗洛伊德可以說是西方的神秀，但他的際遇跟神秀卻相反。他的思想在西方文化史上是革命性的；即使他的學說也受到許多質疑跟批評，百多年來沒有停過，但卻無法從根本上否定他，而且至今依然持續發展，枝葉繁茂。

中國的神秀就沒有這麼幸運。因為神秀的「漸教」禪法代表的是傳統，最終也成為了惠能的「頓教」禪法革命的對象，身後也逐漸失去影響力。而惠能的佛教革命，卻開出了一個屬於中國文化特色的全新局面，同時蓬勃發展，很快的開展成一花五葉，綿延至今。

神秀跟弗洛伊德可謂異代異域的知音。神秀跟惠能已經見過面了，結果也知道了。那麼，弗洛伊德「教授」跟「文盲」惠能相遇，會如何呢？

7. 惠能走的是什麼路？

知道了神秀和弗洛伊德的路線，就會發現惠能的南宗禪真的很不一樣。

我們這裡說的，依據的主要是敦煌本《壇經》。

敦煌本《壇經》出自唐代，全文只有一萬二千字左右，記錄者是惠能的上座弟子法海，算得上是惠能的「開法語錄」了。後世重編增飾的本子篇幅增加了一倍，接近兩萬四千字，只能說是「禪宗的《壇經》」而不是「惠能的《壇經》」。

弘忍在傳法給接班人惠能時，明說是「以心傳心，當令自悟」的「頓法」（9節）。

傳法這件事敦煌本《壇經》記錄得很簡略：五祖叫惠能三更到堂內，「說《金剛經》，惠能一聞，言下便悟。」倒是宗寶本《壇經》說得繪聲繪影：「三鼓入室，祖以袈裟遮圍，不令人見，為說《金剛經》。至『應無所住而生其心』，惠能言下大悟，一切萬法，不離自性。遂啟祖言：『何期自性，本自清淨；何期自性，本不生滅；何期自性，本自具足；何期自性，本無動搖；何期自性，能生萬法。』」（行由品第一）

這些話已經清楚指出，所謂「頓法」就在「一切萬法，不離自性」，而真如自性是「本自清淨、本不生滅、本自具足、本無動搖」且「能生萬法」的。

敦煌本《壇經》中貫穿的主旋律是惠能這種話語：「萬法盡是自性」（25節）、「一切萬法，盡在自身心中；識心見性，自成佛道」（30節）、「自性迷，佛即是眾生；自性悟，眾生即是佛」（35節）。

說得具體一點，敦煌本《壇經》記載惠能說法時說：「我此法門，從上已來，頓漸皆立無念為宗，無相為體，無住為本。何名無相？無相者，於相而離相；無念者，於念而不念；無住者，為人本性，念念不住，前念、後念，念念相續，無有斷絕；若一念斷絕，法身即離色身。念念時中，於一切法上無住，一念若住，念念即住，名繫縛；於一切上，念念不住，即無縛也。此是以無住為本。」（17節）

惠能又說：「但離一切相，是無相；但能離相，性體清淨。此是以無相為體。於一切境上不染，名為無念；於自念上離境，不於法上生念……無者無何事？念者念何物？無者，離二相諸塵勞。真如是念之體，念是真如之用。自性起念，雖即見聞覺知，不染萬境，而常自在。」(17節)

惠能這些話就是他的教義核心。重點在生命是活的，必然在「分別諸法相」(17節)時有念，而且是前念、後念念念相續的。問題在這個念念相續是怎樣的狀態？

一般狀態是，緣境生一念就黏著在此一念中，截斷生命的動態之流，失去生機，這就成為塵勞妄念而生煩惱(「一念若住，念念即住，名繫縛」)。如果因為有念而生煩惱，所以要止念或斷念(「百物不思，念盡除卻」)(17節)以解脫，那就像「**燒庵婆公案**」說的，成為槁木死灰，失去活著和修行的本意了：

> 昔有婆子供養一庵主，經二十年，常令一二八女子送飯給侍。一日，令女子抱定，曰：「正恁麼時如何？」主曰：「枯木倚寒岩，三冬無暖氣。」女子舉似婆，婆曰：「我二十年只供養個俗漢！」遂遣出，燒卻庵。(《五燈會元》卷六)

我們要學到的是，生生不息的生命之流中，前念、後念各不相干的念念相續(「念念不住，前念、後念，念念相續，無有斷絕」)，念起之後不執念(「自性起念，雖即見聞覺知，不染萬境，而常自在。」、「於一切境上不染，於自念上離境。」)(17節)，而不是生一念之後執著於該念的相續。

由此可知，惠能的教導非常直接，可真是「即心即佛」、「煩惱即菩提」(26節)，當下就是，不須中間媒介，完全看不到神秀禪法的明鏡假設和拂拭痕跡。

下面我用一個惠能二傳弟子馬祖道一開示三傳弟子百丈懷海的「野鴨子公案」注解一下這個意思。

8.「野鴨子公案」在說什麼

百丈懷海大師侍馬祖行次，見一群野鴨飛過。祖曰：是什麼？」師曰：「野鴨子。」祖曰：「甚處去也？」師曰：「飛過去也。」祖遂回頭，將師鼻一搊（同抽，此指用手指捏住鼻子往外用力拉），負痛失聲。祖曰：「又道飛過去也！」師於言下有悟。（五燈會元卷三）

這則公案的意思是，我看見一群野鴨飛過，這是前念生。野鴨飛過，我心念也不存，這是後念滅。這個心念滅了，才能生別念（下一個念），這就是所謂「無所住而生其心」。無所住，是不停在已生的一念上；生其心，是當下見聞覺知所生的新念。

「無所住而生其心」就是「前念不生，後念不滅」，也就是「即心即佛」。惠能說，「前念不生即心，後念不滅即佛。成一切相即心，離一切相即佛。」（宗寶本第七機緣品）又說，「無念者，於念而不念；無相者，於相而離相。」（17節）沒有前念的執著相續，當下就離開了，所以說「煩惱即菩提」（26節）。

如果我說我看見一群野鴨飛過（前念），卻偏要問飛哪裡去（接續前念），這樣的念念相續就要成為煩惱。因為見一群野鴨飛是一念，問飛哪裡去了是另一念，這後一念是接續前一念而生的，等於黏著在前一念而把當下要新生的一念排除了，這就離開了當下，離開了真如本性，等於離開了生命。

惠能說，「無念法者，見一切法，不著一切法；遍一切處，不著一切處。」（31節）這樣，就能「內外不住，來去自由，能除執心，通達無礙」。（29節）

再進一步說，看見一群野鴨飛過，這是「慧」，不再說看見一群野鴨飛過，這是「定」。如果這一刻看見一群野鴨飛過，野鴨是飛過了，卻仍然在念頭裡存著，心裡老存著一群野鴨飛過的念頭，會阻礙下一念的新生，所以馬祖要搊鼻子；因為像百丈懷海這樣隨外境遷流，失了「定」，同時也失了「慧」。

順便說一下，在惠能那裡，定、慧是一體的。他說：「我此法門，以定慧為本。第一勿迷言慧定別。慧定體一不二，即定是慧體，即慧是定用。即慧之時定在慧，即定之時慧在定。」（13節）又說：「定慧猶如何等？如燈光。有燈即有光，無燈即無光。燈是光之體，光是燈之用。名即有二，體無兩般。」（15節）」

一般很容易像神秀一樣認為慧由定生，定由戒立，戒定慧是有次第的，而且分別對治貪嗔痴。惠能則認為：「學道之人作意，莫言先定發慧，先慧發定，定慧各別。作此見者，法有二相。」（13節）有次第就成「二」，惠能說沒有「二」只有「一」，所以定慧一體。

從上面的說明可知，惠能及其後的禪宗祖師只許我們有「知見」，卻不許我們有「所知見」，且停滯在「所知見」上。這是一種純粹知見，不是「無知見」與「不知見」，而是「佛知見」。這就是心的本體，也就是佛性。

9. 惠能的「頓教」革命

我們一般都說，惠能是禪宗六祖。若按禪宗發展的歷史來看，惠能之前只能說有禪學，從惠能開始，禪學才形成風潮，發展成一花五葉，且盛傳不衰的宗派——禪宗。

禪宗能夠成為最有中國化特色的佛教，竺道生只開了頭，沒有惠能的「革命」是做不到的。所謂「革命」，是指改革天命，也即改變了傳統。在政治上叫改朝換代，在佛教則是惠能改變了佛教經典深受中國傳統元典注疏形態的影響，導致皓首窮經、理性思辨、難入悟境的弊端，成為「不立文字，直指心性」的直接了悟。

舉個例子。想像一下，《法華經》是天台宗立教的根本經典。全文有七萬八千字左右。而天台宗開宗立教者隋代智顗大師（公元五三八——五九七年）的「天台三大部」已經夠分量了：《法華文句》是《法華經》經文的逐句注釋；《法華玄義》展現的是智顗大師之思想結構，等於是他的「佛教哲學」；《摩訶止觀》則是天台最高法門之實踐。

這些注解篇幅很大，非常厚重，令人生敬又生畏。甚至還有更詳細的注解，像唐代湛然的《法華玄義釋籤》將《法華玄義》的本文作適當之分節，先示本文，次釋文旨字義，於主要處敷演補釋。若以一個字像手指甲大小的木刻版面排列，可以到精裝三大本，每本約千頁之多。

這種方式固然梳理得很清楚，可以引導修行者有所依循，但厚重的書本其實也擋住了讀者的入門意願，何況這些內容沒有知識儲備還進不去，進去以後又容易迷失在文字的理解跟思辨上，忘了初心是要見性，這對學佛很不利。

敦煌本《壇經》中就記載了一則惠能十大弟子之一的「法達」的故事（42節），從中可窺一二：

故事大意是說，一位僧人叫法達的，「常誦《妙法蓮華經》七年，心迷不知正法之處」，於是來漕溪山請教惠能。惠能說「吾一生以來，不識文字，汝將《法華經》來，對吾讀一遍，吾聞即知。」

一個熟讀《法華經》七年的知識分子無法出迷，卻來請教不識字卻悟道的惠能，這就是最好的對照。惠能要法達讀一遍《法華經》。惠能聽完，就說：「《法華經》無多語，七卷儘是譬喻因緣。如來廣說三乘，只為世人根鈍，經文分明，無有餘乘，唯一佛乘。」

惠能說的一佛乘是指：「內外不迷，即離兩邊。外迷著相，內迷著空，於相離相，於空離空，即是不迷。」

惠能告訴法達：「悟此法，一念心開，出現於世。心開何物？開佛知見。佛，猶如覺也。」又說：「吾常願一切世人，心地常自開佛知見，莫開眾生知見。世人心邪，愚迷造惡，自開眾生知見；世人心正，起智慧觀照，自開佛知見。」又說：「心行轉《法華》，不行《法華》轉；心正轉《法華》，心邪《法華》轉。開佛知見轉《法華》，開眾生知見被《法華》轉。」

結果，「法達一聞，言下大悟。涕淚悲泣」跟惠能說：「實未曾轉《法華》，七年被《法華》轉，已後轉《法華》，念念修行佛行。」

法達過去就是在語文、概念、思辨上用功，即以人注書，而非書為人用，不但失去主體，書也跟自己沒關係了。所以法達事件傳遞的訊息就是他走的是理路，搞的是「佛學」，而不是「學佛」。

下面我們就回頭從惠能針對神秀心偈所說的「得法偈」說一說。

A. 關於「菩提本無樹」

惠能針對神秀的心偈是這樣說的：「菩提本無樹，明鏡亦非臺。佛性常清淨，何處有塵埃。」神秀的第一句是「身是菩提樹」，惠能卻說「菩提本無樹」。

菩提跟菩提樹是兩樣東西，一無形一有形，本來彼此沒有關係，卻因為釋迦牟尼在菩提樹下證菩提而有了連結，讓原本沒有關係的也有了關係；但雖然有關係，終究是人給的解釋，實際上還是兩樣東西。

這會影響到能不能識別神秀跟惠能路線的差異。

菩提，字面意義為醒過來、覺醒、知道或理解。一般說就是覺悟，即了解事物的本質，對宇宙人生大道的覺悟；也就是斷盡煩惱的人的大智慧。菩提舊譯為道，是通往真理的道路的意思。

菩提樹梵語原名叫畢缽羅樹，因為釋迦牟尼是在畢缽羅樹的樹下悟道的，為紀念釋迦牟尼，後來就把畢缽羅樹稱為菩提樹。

菩提就是菩提，覺悟就是覺悟，體驗就是體驗。菩提不是媒介，也不需要媒介。若因為釋迦牟尼在菩提樹下成就菩提（悟道），就認為是菩提樹跟釋迦牟尼成道有關，甚至是一件事，這是一場誤會。

問題在，一般人都用感性、理性應物，只知道有感覺、有思想，不知覺悟、體驗為何物，難以直視人心，解脫煩惱，於是乎就找個外物來當媒介，藉此來達到目的。這時因為釋迦牟尼在菩提樹下成道的，而一般人並不知道真正成道的奧祕，因此，要覓菩提，就轉到菩提樹上用功，把希望寄託在對身體這棵菩提樹的修剪上，希望自己也能成為釋迦牟尼（覺者）。

對神秀來說，「身是菩提樹」，「是」，說明把身體跟菩提樹等同起來，要在「樹」——身體上用功覓菩提，即把身體當悟道的媒介、階梯，而且時時拂拭，希望藉助身體的奇蹟來達成菩提。這不就像現代精神分析的治療常用藥物治療的方法一樣嗎！

對惠能來說，「菩提本無樹」。惠能說，沒有樹啊！覺悟是直入本心，直接了悟，沒有媒介，沒有階梯；就像高速公路直通一樣，不繞路，沒有紅綠燈，對準目標，就是閃電般直接到達，沒有時延，即刻就到；而且我就是覺悟本身，沒有內外分別。

《老子》說：「吾所以有大患者，為吾有身，及吾無身，吾有何患？」（十三章）執著於自己的身，就不能根本解脫。若將身比作菩提樹，就是迷妄。惠能強調「菩提本無樹」，這是根本意義上的超越與解脫。

這個超越是超越人的自身，解脫了人做為七情六欲的自然存在物所帶來的束縛宿命，成為既是人又不是人的人——「佛」。

中國文字是象形表意的文字。「佛」字是「人」跟「弗」的合體；弗是「非」或「不是」的意思；佛的意思就是既是人又不是人。不知誰體會了並把握了佛教的核心教義「覺悟」，而把既是人又超越自身的「覺者」稱為「佛」。

B. 關於「明鏡亦非臺」

神秀的第二句是「心如明鏡臺」，惠能卻說「明鏡亦非臺」。

按照惠能回應的第一句「菩提本無樹」的句法，第二句應該要說「心非明鏡臺」才是，但他卻說「明鏡亦非臺」。

「菩提本無樹」是否定句，「明鏡亦非臺台」則否定了臺，但沒有否定明鏡。這個微妙的差別透露了惠能跟神秀不同的玄機。

神秀的「心如明鏡臺」意味著心隨時隨地反應著外物，心對外物保持著觀照的狀態。所觀照的對象就是如弗洛伊德所形容的水平面下的冰山——潛意識。

一個人如果能充分觀照自己的「心」（指內在世界），就像弗洛伊德的精神分析說的，透過自由聯想「退化」到童年經歷，看清楚水面下的冰山（潛意識），並充分再經歷過、尊重過（如前所說，這個動作是「改造」），就能離開制約，得到自由。這樣，神秀的觀照就能掃去（如前所說，這個動作是「拒絕」）心理（潛意識）的塵埃，達到塵埃不染的完全明亮的狀態，於是就可以對自己有了充分的理解而不受制約。

神秀的拂拭並不是一次性完成的，而是依戒定慧一次次的擦拭（檢視有沒有做到「諸惡不作、諸善奉行、自淨其意」），才有可能；就像弗洛伊德的「退化」，也是要多次、長時，才能逐漸有可能到達。

問題在，有臺就有對象，就形成主體跟客體的二元關係：一個是觀照者，一個是被觀照者。認為觀照者把觀照物看清楚後就能離開無明迷惘之地而達到取消客體的目的，這是辦不到的。看得再清楚，你還是你，我還是我。因為冰山一直在那兒，即使看清楚了，還是無法取消它。就像鏡子被灰塵蒙住，鏡子擦亮之後可以照見自己的形象，鏡中的自我跟實際的自我仍然是隔開的。前文已經說了這個根本的二元困境和侷限。

惠能的回應很有趣，他否定了「臺」，即取消主客二元；卻不否定「明鏡」，即前文所說，鏡子的功能是能照見一切，但又空無一物，所謂物來則應，過去不留者是。因此，佛教拿來比喻實中有虛，有中有無，色中有空的觀念。

「臺」有具體的形式，「明鏡」則只是一種狀態。當人打破了具象的明鏡臺，進入了明鏡狀態，就可以打破物界的阻礙，從而進入客體的內部，此時主體客體融二為一。客體的一切成為主體的一部分，主體由此便可充分的瞭解客體。這種瞭解是無分別的、直接的、原始的。這種狀態是「覺悟的知見」，可簡稱為覺知。

簡單的說，從意識到觀照，最後達成覺知，這便是禪的奧祕。從這裡就能明白，為什麼弘忍說，神秀只到門外，沒有見性。因為神秀還在路上；而且需要神秀真懂了什麼是佛知見，才能打破那道主客二元的障礙，才進得了門。

C. 關於「佛性常清淨」

關於惠能「得法偈」的第三句「佛性常清淨」，有個《壇經》的「公案」需先說明。「佛性常清淨」是惠能「得法偈」中關鍵的一句，在唐代敦煌法海本之後的各本《壇經》裡，都竄改成了「本來無一物」，而且延續至今。

惠能和禪宗的基本思想是：世界觀上的「真心」一元論——「真如緣起」論，解脫論上的佛性論，宗教實踐上的頓悟思想。

禪宗提倡的「直指人心」、「見性成佛」思想的理論根據，是解脫論上的「佛性」論——認為「一切眾生，皆有佛性」，都能「成佛」。還認為，只要「見性」，便可「頓入佛地」，即所謂「頓悟」說。

從世界觀的角度說，這一思想又表現為「真心」一元論——「真如緣起」論：永恆的、絕對的、無所不在、靈明不昧的「真如」——「真心」是世界本原，宇宙實體。由於一切都是由「真如」派生的，所以舉「一切」的萬事萬物，本身就是「真如」。所謂「青青翠竹，盡是法身；鬱鬱黃花，無非般若」，便是這一思想的反映。

將「佛性常清淨」竄改成「本來無一物」者，先把佛教「般若」系思想的「性空」誤解為「本無」，再以「本無」來竄改「佛性」。

般若思想不但講究「凡所有相，皆是虛妄」，而且宣稱：「若當有法勝涅槃者，我說亦復如幻、如夢！」、「涅槃」（寂滅）是佛教徒所追求的最高境界，而在般若論者的心目中，不但「涅槃」是「空」的，「若當有法勝涅槃者，我說亦復如幻、如夢」也是「空」的。般若思想講的是「性空」（性空緣起，空現象，不空本體），並不是「本無」。竄改者改「佛性常清淨」為「本來無一物」，不僅有悖於「佛性」論，而且也不符合般若思想。

「佛性」（真如、自性）清淨貫穿在敦煌本《壇經》中，尤以第十七至二十節講得最直接而鮮明。如第十七節說「性體清淨」，第十九節說「本元自性清淨」，第二十節說「性本自淨，萬法在自性」、「自性常清淨，日月常明」、「世人性淨，猶如清天。慧如日，智如月，智慧常明。於外著境，妄念浮雲蓋覆，自性不能明」。另外，晚出的宗寶本開篇即載惠能說：「菩提自性，本來清淨，但用此心，直了成佛。」可參。

回到「佛性常清淨」。神秀既然有菩提樹、明鏡台這種對象，接下來他的第三句自然是要針對對象做工，所以他說「時時勤拂拭」。惠能的第三句則沒有對象，一切不過是起於空性的「真如緣起」，所以

「見性」才真，不須擦拭或者說根本沒有擦拭這件事。而「真如佛性」（覺悟的心）本來就在那裡，所以他說「佛性常清淨」。對應到上一句，惠能否定「台」而不否定「明鏡」即可知。

惠能的「真如佛性」無形無聲，可以體驗，可以證悟，只是它沒有實體，也沒有邏輯、思辨，它在語言、思維之前、之上、之外，所以「道不可說」、「不可思議」。束縛在語言、文字、概念、邏輯、思辨和理論裡，如同束縛在有限的現實事物中一樣，便根本不可能「悟道」，因為「道」不在語言、文字、概念、思維裡。

一般人看不到那個沒有形狀的東西，神秀還沒看到，西方創建在理性主義傳統上的科學心理學如精神分析大師弗洛伊德者看不到。所以他們通常不討論、不研究，而把它歸於靈性學的範疇。若遇到「真我」這個詞時，他們通常會說，「真我不可碰觸」。

我看過一則報導說，有個歐洲人到日本找名師學劍道，但日本劍道師父怎麼都不肯收。這個歐洲人絕望之餘要討個說法，日本劍道師父就明白的說，劍道不是劍術，學劍道需要悟性，歐洲人理性太過強大，是學不來的。

禪需要悟，不是光靠努力和技巧能到得了的。要不然，怎會發生知識淵博、佛理精通，又超級虔心努力數十年的神秀悟不了道，而惠能卻能？由此可知，此刻的神秀尚未悟道，而弗洛伊德可以成為學術大師，卻遠未能達到心靈聖者的悟境。

D. 關於「何處有塵埃」

神秀的第四句是「莫使有（一作「惹」）塵埃」，因為前面已肯定且執著於身——菩提樹、心——明鏡台是實有的、不可改變的、不可超越的珍貴之物，那麼塵埃就成為不可避免的，所以要珍惜實物，要時時保養(勤拂拭),要掃除塵埃,以保潔淨。

惠能針對性的說「何處有(一作「惹」)塵埃」。因為真如佛性是空性,無形無聲,既不是實物,也不會沾物,所以沒有塵埃。「何處」即無處,意味著萬物在其本來面目上都是空的。既然是空,自然就無處可沾染塵埃,而且事實上塵埃也是空的。

關於「空」,《心經》說得直接:「色不異空,空不異色;色即是空,空即是色,受想行識亦復如是。是諸法空相,不生不滅,不垢不淨,不增不減。」

意思是說:做為物質界的色本來就與空沒有什麼區別,做為世間一切存在的本來之相的空也與任何物質形式沒有什麼區別。其實,從現象反映本質的角度看,色就是空;從本質依托現象的角度看,空就是色。進而可以說,五蘊的其他四者,即色之外的感受、想念、意志和意識,跟做為一切事物的本相之空也是這種關係。這個稱為諸法的世間一切事物跟現象,其本相便是空。這空相既沒有生起,也沒有消滅;既沒有垢染,也沒有清淨;既不能有所增長,也不能有所減損。

說萬物在其本來面目上都是空的,意思是說世間萬物的存在看似實有,其實它只是能量的運作。能量的運作永遠都是動態的,不會停在某個點上,也不會有固定不變的形式;所有存在物在宇宙這個能量海洋上,就像宇宙之海上的浪花,既沒有固定不變的形貌,還轉瞬即逝。

這個可知可感可悟卻無形無聲又永遠存在,而且一直作用在世間萬物上又難以言說的那個東西,就是世界萬物的本相——空。惟其是空,生命才能匯入宇宙能量恆動的海洋而無所執著,才能因此而展現無限的可能性。

這樣,既然惠能說的佛性是空,也就無可抓取,無可抓取也就無塵可拭,更不須要方法,所謂戒定慧自然就成為「自性無非、無亂、無癡,念念般若觀照,常離法相,有何可立」(41節)了;而神秀的戒定慧——諸惡不作、眾善奉行、自淨其意等拂拭動作，在惠能那裡就沒有立足地，因為它根本不存在。

三、我們的路在哪裡？

本書「寫在前面」說：「覺愛」，就是做「生命覺醒」的功課，從二元迷境中叫醒自己，解脫生命史中自我囚禁的痛苦，提供生命創造力的滋養之路，走回自己本自和諧圓滿的家園。

這表示，學愛（慈悲）的覺醒之路是把陷溺在情與理中受苦的自我叫醒，走的是「靈路」。這是一條往內走的自我革命的路，是一條陌生的路，是一條新的路，也是一條必須走又少有人走的路。

走這條路的前提是自己要有渴望，要發願（發願是指關注自己靈魂的堅定心意），需要「對自己誠實跟勇敢」（誠實，指內心既乾淨又平靜；勇敢，是帶著恐懼往前走），只有「開放」（心門不關不鎖）和「信任」才能前進。

這條路聽起來沒問題，但實際一走起來就會出問題。因為人是天生無明的，即使意識上知道方向，但路況不明，會走到哪裡去是未知的，甚至可能走不上去。

走不上去卻以為還在走，這種看不清、想不開，在原地打轉的狀況就是受困於情，困於情就轉不出去而成為困頓之路。

分明對外卻以為對內，分明往外走卻以為往內走，這是誤認向外索求是接近自己；走這種被理性認知所困的路就成了漂泊之路。

為什麼情路是困頓且沒有出路之路？

人是有情生物，即秉七情六欲而生的自然存在物。情就是人的生存需要，人的各種欲求，人的內在驅動力；它內裡的原則是追求滿足，得所欲與不得所欲的種種情緒反應，展現的是人性三大元素中的「感性」。

這就說明了，情是非理性的，是唯心的，只管滿不滿足，無視事物本身的規律，而期待世界按照自己的意志、欲求來運轉。得所欲即歡喜雀躍，不得所欲則痛苦加身，生命就在其間載浮載沉，無法脫身。

而且，非理性的情發動時，會很不自覺的、快如閃電般的邀理性來助陣，也就是當下會產生許多的念頭，一直在「想」怎麼回事？怎樣得到？怎樣解決？結果是形成如濃霧般的一團甚至系統性的場域，把自己團團圍住，脫不了身。

這個服膺快樂原則的場域有個名稱叫「苦海」，也叫「地獄」。在苦海裡游泳總是游不到岸邊，游到岸邊也上不了岸；在地獄煎熬也總見不到光與救贖。因為情只問感覺，不長眼睛。而且感覺會記憶在細胞裡，成為情執。

情因「迷」（無明）造「業」（身心種種的活動）而「執」（抓著不放）而成「障」——「業障」；俗話說情迷，迷就是看不清、想不開；看不清、想不開就黏住，就是抓住不放，抓住不放就是執。情執則迷，迷則不悟，也就無法出離。而且情執不但是持續的，還會感到飢餓，得時時餵養，這樣，我們不但陷落了，而且還沒有「悟」（看得見、看得懂、看得透、看得破）的途徑，也就無法出離苦海。

為什麼「理路」是漂泊之路？是個以為可以到卻到不了的路？

理路建立在理性上。「理性」是人性三大塊之一（詳見本書「序曲」），指人有和概念、符號打交道的能力，是具有認知、規範能力的社會存在物，與世界進行的是資訊交換；與世界形成的是「認識」關係。

理性的核心是邏輯，以條理為質，是有邊界的，這從字意即可見。東漢許慎的《說文解字》說：「理，治玉也。」根據玉石天然的脈理而治就是理。清代段玉裁《說文解字注》進一步解釋說：「玉之未理者為璞，是理為剖析也……」

理性跟客觀是聯繫在一起的，即它把所有的事物包括人自己都當成對象，進行各種認識活動。它臣服於事物本身的規律，同時在力所能及的範圍做出自己最好的選擇。

這種和概念、符號打交道的能力以及認知、規範的能力，對人認識這個世界，把握生存的各項課題包括知識跟技能都至關重要。

但事物都是一體兩面的。正因為理性把所有的事物包括自己都當成對象，自然本質上就在二元對立中，必然的對人和事會比較、評判、分等級、過度追求完美和深刻，而忽視了當下生活的生動且真實。

在這樣的狀態中，人其實是活在概念中，而不是活在生動而真實的當下裡，因此，也割斷了我們和事物之間的根本聯繫，從而遠離了自己。既然遠離了自己，自己成了外在的一個事物，也就發現不了自己。這就是理性（頭腦、思想）在生命覺醒這件事上的最大侷限。

那麼，思想是什麼呢？思想就是人來到這個世界之後，對所有經驗的認知與記憶，包括看到的、感受到的、理解到的、體驗到的及其解釋，這些解釋都是念頭。

這些解釋放在哪裡？放在我們的資料庫裡。資料庫在哪裡？就在我們的大腦中。所以所謂的思想或念頭，其實就是過去經驗的記憶。這樣說來，腦袋裡的東西——俗稱的「思想」，其實是已經發生過的事，即所謂歷史；所以說，思想其實就是歷史。自己的生命史就是自己的歷史。

我常說，人是思想的奴隸，產生念頭就跟著念頭跑，由念頭指導行動；又說，人通常都不會懷疑自己的思想，因為我們認同了我的思想就是我，我就是我的思想。

我常說，人的命運是自己創造的。不曾懷疑過自己的念頭，不曾發現念頭只是虛幻的妄念，那麼，自己想什麼，就做什麼，做了就有結果，這個結果就是組成自己命運的磚石。

再者，既然思想就是歷史，是歷史的產物，我的思想就是我的歷史，當我們靠思想指導生活時，就是活在過去或想像的未來中，而不是在生命的當下。

我們的言語中出現頻率非常高的是「想」這個字。「想」本身是個理性的作用，是動詞——一個搜尋的動作——頭腦體操。到何處搜尋？自然是資料庫。既然資料庫在腦袋裡，所以所謂的想，就是到過去留下來的資料庫中找資料來回答當下的問題，這是在自己的歷史中找答案，是不在現場，僅憑理性推理想像運作而已。結果必然是活在自己的歷史中，看不到當下的真相。

這樣，人就成自己思想的奴隸，自築牢房而不自知。牢房是被框限的空間，只能見由思想當材料構築而成的四面牆壁，看不到外面，看不到整體；而且沒有門。俗話說，想不明白，說愈想愈糊塗，因為思想就像包圍著自己的屋子，它使自己的意識受限，看不清楚。而所謂的「想」，就是腦袋——思想的功能，它只能在原有的範圍裡搜尋舊資料來回答眼前的困境，這哪會有出路？

當自己的生命有了欲求、需要或挫折、困頓時，我們都習慣性的用理性——動腦袋想要解決它，想要排除它。這樣，就不自覺的進入二元對立的場域，忙於征戰，終無所歸。

我們常看到這種行為：碰上生命的課題，一直在找答案，一直在找解決的辦法。不斷的在理論、學派、教義、神學、師父間追尋流轉，這就變成從外面找辦法來處理生命課題而不是真正面對了。

一直把自己的生命當對象，一直往外走卻說要回家，以為要回家，這是誤把理性當靈性，把流浪當回家，把依賴當自立。這不會有效，就像用外面的燈光來照亮自己的內在，其實是照不進去的；燈光怎能隔著皮膚照進身體裡？

須知，生命就是自己本身，它不在外面，更不是自己的一個對象。而生命只存在於當下（當下，需要兩個條件：時間、地點——此刻此地，即一呼一吸之間）的每一個細節裡；細節即一呼一吸之間所發生的事——念頭、情緒、言語、行為。

這點認知很重要。因為生命只存在於當下，所以覺醒功課要用「看」（看者，觀之意），不是用「想」的。看，是不帶評斷，中性的直入現場；想，則只在概念裡打轉，到不了現場，看不見自己，除了困住自己之外，也不會發生什麼事。

正因為人認同於思想，沒有活在當下，所以碰上二元困境的時候，都用「想」來解決問題。但我們都有「想不清楚」、「愈想愈糊塗」的經驗，這就告訴我們：受困於思想了。這樣，理性就成為看見自己的阻礙，也無法真正服務於人的深層心理——情。

這樣說，理性對我們沒有正向功能了嗎？理路就沒用了或說只有副作用了嗎？當然不是。

要知道，理性雖然會讓我們誤入歧途，會阻礙我們走上靈路，但它對我們有不可缺的學習之用；它是為我們指引前路的一道光，只是自己不會行動而已。就像我現在在說覺醒之路要怎麼選路，這就是理性的功能。我們要認識它的一體兩面，而不是被理性的特性帶上歧途。

既然生命覺醒的學愛功課不是理路，那要如何分辨、檢視呢？那就要看是否有體驗或只是知道一些道理。

真正往內的體驗會在頓悟的那一刻看見關係的整體，馬上通透，生命會有深廣度而且立即性的昇華（請參第三章「體驗」說明與實例）；如果是藉由知識上的教導或自我意識上的思考，通常無法全面通透，只能減緩外部、局部痛處。

外求的結果就會變成一個無休止追求與自我改善的過程：我們總是忙於成就更多的事，忙於學習更

多的事，忙於學習更多的知識。這種學習的過程變成一種純粹被餵養事實與資料的過程：吸收我們原本所沒有，接受一些有別於我們的東西。

但這也是為什麼我們學來的東西從來不能真正打動我們，從來都不能帶給我們真正的滿足。我們愈是意識到這一點，就愈是忙於找尋替代物來填充我們所感受的內在空虛。這一切都把我們更推向自己之外，使我們離自己人性的單純愈來愈遠。

有了以上的認識，知道情路、理路走不通，就剩下「靈路」了；覺愛之路要走靈路，靈路才是解脫之路。這得回到「人是身心靈三合一的整體存在」這個基本認識上。

感性、理性、靈性都是人性不可或缺的，但三者向度不同，各有區塊，各有功能。三者的關係是：感性、理性是人在生存面上的活動，功能是時時刻刻透過「業」——念頭、情緒、言語、行為為生命創造資料。但資料只是資料，資料本身看不見自己，也不會自動產生意義。意義是由靈性跟世界的關係產生的。

靈性指人是具有超越形質的神性存在物，有和意義打交道的能力，能與世界發生以意義為核心的價值關連，與世界形成的是「體驗」關係。

這裡所謂的世界，就是自己身上感性跟理性所創造的生命資料。所以體驗的意思是「主體賦予對象意義的活動」，是在觀照自己時，靈光一閃，照見自己的內在世界——慣性系統（詳細見本書第三章）。

我們在前面看到竺道生的靈路指引，他指明要走過「聞解」、「信解」，最後到「信以伏惑，悟以斷結」的「見解」。

但在這條靈路上，卻又出現有明顯理性痕跡的風景，這就體現在神秀北宗禪和弗洛伊德所代表的西方精神分析和各派的心理學的路線。

神秀「教授師」跟弗洛伊德「教授」都以「學問」為根柢，有明顯的思想色彩。神秀的教導，符合佛教本身具備的濃重思想、思辯色彩，端看一部部佛經的分量都不輕，便可得知（本章談惠能時舉過例）；在弗洛伊德方面，也符合建基在西方文化中自然科學方法論上的鮮明理性分析特性，他，也是著作等身的。

神秀的「漸教」禪法強調戒定慧——諸惡不作、眾善奉行、自淨其意，對一般悟性不高的人來說，是具體、可依憑、可理解的，是可以現實操作的具體的禪法，也是有功效的。

弗洛伊德的精神分析心理學，以及因此衍生出來的各派心理學，是西方理性主義的產物，所以資料豐富、脈絡清晰，方法具體，對一般層次的人而言更具體，更有依憑，更容易明白，更容易操作。

現在滿街都是西方心理學發展、創設而來的各種度人的課程，不管是實證路線的，還是諮商路線的（目前就有十幾條路徑），都是有用的；這跟神秀的北宗禪一樣，對一般並不需要或不知道要終極開悟解脫的人，自然是有幫助的。但同時也要明白這是局部有用或一時有用的。

神秀的漸教禪法和弗洛伊德的精神分析療法都許諾人可以「見性」解脫或脫胎換骨，至於是不是就因此可以從門外跨入門內，最終識得本心，直了成佛，或達到心靈聖者的境地，則有沒有走到轉折點，會不會轉身，是無法預知的。

神秀的菩提樹、明鏡台一直都在；弗洛伊德的冰山也一直都在，也就是一直都「有」，但都不是「自性」，這是這條帶著理性色彩的路先天的侷限。神秀活到九十歲，才把「將心外求」，轉變成「自心本有」，而且是轉了才有進展，可見理路阻礙有多大。

如何才能跨越呢？不是要跨越，而是要走惠能的不入理路、當下悟入的路線。

惠能的路線既沒有拂拭，也不用分析，就是「無念——於念而不念，無相——於相而離相，無住——念念不住」。如此，「即心即佛」，諸事隨緣，心無增減，一切不沾黏，一切不執著，則煩惱不生，從根本上取消問題，何需去拂拭、分析？

說到這裡，需要再強調一下，上面關於惠能路線的說明只是從禪悟的終極層面來看待，並不是要否定神秀的路線和弗洛伊德所代表的西方心理學路線。畢竟，人的根器各不相同，緣法不一，需要不一，各自都走上屬於自己的路，各有自己的進程、姿勢、速度、標的和結果，而每一條路對當事人來說，都是選擇，而所有的選擇都是對的，都是好的。

總之，執迷不悟就是陷落在無明所造就的各種關係情境和意亂情迷的苦海裡，若要出離，就得「破執」，要破執，就得尋路。

「情路」既走不通，一般說的「理路」實際上也是行不通的，最終只能走「靈路」了。

靈路又有偏「講道理」的路線，像大乘佛學強調要「破我執」、「破法執」、「破空執」。但講道理未必管用，實作也未必能到達，就像前文描述的神秀（可納入西方心理學如弗洛伊德之類）就是。

靈路還有走捷徑的「不立文字」（不執著於文字之意）當下即破的路線；這也不是沒有問題。因為講不立文字，講讀經無用，甚至坐禪無功，又會執著於不讀經、不坐禪、不立文字，同樣是執。

惠能禪、神秀禪與西方心理學，都是探索生命奧祕的世界觀跟方法論，目標都是消除煩惱，消除壓抑，解脫束縛，出離痛苦。雖各有優長，但卻是可以相互參照、各取所需、共同實踐的。既然如此，任何法門、路線都因有界定而生出問題，那麼進「空性」——無所界定如何呢？

你的選擇呢？

第三章　愛在燈火闌珊處——體驗

情，是一團霧，什麼都看不見。理，是一座獨立的城堡，只能看見概念裡的四面城牆。在「回家」的路上要能看見、到達，只有靈性的體驗才辦得到。

序曲

本書第一章著重說明了生命的迷與困；第二章指出了轉化、解脫之路，特別指明了情（感性）與理（理性）都是創造生命資料的必須、必要手段，構築的是所謂生存實境的「小我」世界。

同時也指出了，情，是無明世界，是一團霧，陷落在情裡面，什麼都看不見。理，是一座獨立的城堡，只能看見概念裡的四面城牆，看不見生命本身；它在無明世界裡有局部性且變動的光，只能用來指路，讓生命知道要去哪裡、要怎麼走，自己卻無法走路，也不能代替生命走路。

在「回家」的路上要能看見、到達，只有靈性的體驗才辦得到。這就是生命功課的關鍵所在，也即由覺醒而生愛的津梁。

什麼是靈性的體驗？先看一則我的讀書會朋友小美敘說的故事。

我進謝錦讀書會之前，「我要爸媽以我為榮」的聲音時不時的會在心裡響起。

我不明白這到底代表什麼？只是明確的感受到，當這個背景音樂響起時，心是酸的，情緒是想哭的。

另外還有一個幼時的畫面也經常出現在我的腦海；那就是我畫了一張母親節卡片，偷偷放在媽媽的梳妝台上，希望媽媽看見會很開心，會稱讚我。我躲在媽媽的房間後面觀察著，發現媽媽看見了，他收了起來。但是什麼話都沒有說，彷彿什麼事都沒有發生。

進讀書會不久，謝錦跟我提到「三階段課程」，他建議我去上這個課，希望能加快我學習的進程。我接受了謝錦的建議。

在第一階段課程的一個活動裡，幼時送媽媽母親節卡片的畫面又再度出現！而不知為什麼，當下我突然看懂了這件事傳遞給我的訊息！那就是～我不夠好！清清楚楚、明明白白的訊息，震撼了當時我的心靈。這個發現讓我突然明白了在我身上發生的許多事。

成長過程中我努力讀書，求取好成績；出社會後，我努力工作，爭取成就；結婚後，我努力經營幸福的家庭，凡事認真、不斷要求自己要有好的表現，原來要的就是：向媽媽證明，我是夠好的！媽媽在我的心目中是權威的，有距離的，無法靠近的，我甚至連媽媽的手都不敢牽。

發現這個大關卡後，我在讀書會期間努力的想去突破。記得有次我安排了一次和媽媽的郵輪之旅，但是實在沒勇氣單獨與媽媽相處五天的時間，於是邀了姊姊同行。

我驕傲的跟謝錦說，我已經突破了，但謝錦卻告訴我，沒有當面說出來都不算！當時剛好要過中秋節，便要求我在中秋節完成這個功課，並在中秋節過後的那堂課裡報告成果！

那真是滿清十大酷刑啊！三天的中秋假期，我如坐針氈，逃避了兩天，轉眼剩下最後一天晚上，而媽媽竟然已經上樓去睡覺了！

知情的弟妹幫我把媽媽哄騙起床下樓，我鼓起勇氣跟媽媽敘說著自己幼時送卡片的受傷經歷，還有成長過程中心裡的點滴感受。

我平靜的述說著，在一旁靜靜聽著的媽媽卻哭了。他說他不記得這件事了，那時候自己哪會知道要給孩子讚美，自己的成長過程也是受傷的。

我終於跨越了這道橫亙自己生命的喜馬拉雅山，從此，我的努力不再是為了得到媽媽的肯定，而是為了我自己，綑綁自己的那條繩索突然鬆開了。

你能明白這就是體驗嗎？明白文中用語：「突然」看懂、「突然」明白，透露怎樣的訊息嗎？再看一則**微笑**的故事。

上週自個兒上陽明山去走走，發現自己跟以前很不同，可以跟自己獨處一整天，而且很享受，回程去山仔后新開的烘培坊買些點心及麵包。

挑選過程中照例先挑選先生、孩子愛吃的麵包。最後看著盤中的麵包，突然意識到，自己慣性地將別人優先擺在前面，自己永遠排在最後面。讓我嚇到且鼻酸的是，內心跳出一個聲音，「我沒有！」狠狠敲了我一棒。

一陣鼻酸湧上來，「我沒有！」這個聲音聽起來是生氣的、是委屈的、是感到不公平的。原以為長大了，想要什麼自己買，可以填平那個洞；難怪辦公室團購，不管有沒有需要我都會跟著買，滿足我也有的「感覺」。

聽到那個生氣、委屈、覺得不公平的內在小孩，這次很勇敢大聲的說：「我也要！」當下某些過去被否定、被忽略，被不公平對待的受傷感覺一湧而出，又是一陣眼紅、鼻酸。靜觀自己的情緒感受，跟它在一起，這次沒有出現，內在嚴厲父母和反抗小孩的聲音。

藉助兩個例子和前面的說明，你或許多少能長出點眼力明白什麼是體驗。下面我們就進入本章主題。

一、關於體驗

1. 什麼是「靈性的體驗」？

「體驗」，是生命主體賦予對象意義的活動，它是靈性與世界形成的關係。

之所以這樣說，得從人是什麼說起。

人是什麼？人是身心靈三合一的整體存在。

這個說法是從人與世界的關係中理解到的。人來到世界上，它和世界的關係最基本的只有三種：人與物、人與人、人與神；與之相應形成的人性就是感性、理性、靈性。三者不可或缺，不相從屬，不能取代。

「感性」指人是具有七情六欲的自然存在物，有和別的自然物打交道的能力；與世界進行的是物質交換；與世界形成的是「實踐」關係。

「理性」指人是具有認知、規範能力的社會存在物，有和概念、符號打交道的能力；與世界進行的是資訊交換；與世界形成的是「認識」關係。

「靈性」指人是具有超越感性與理性的神性存在物，有和意義打交道的能力；能與世界發生以意義為核心的價值關連；與世界形成的是「體驗」關係。

人性的基本面雖然有三，但只有兩個層面。如畫成三角形，身心在底部各一邊，內容不同，位階則相同。這部分是人的現實性，即人求生存不可少的強大手段；就是說，生命是身心兩個基本面隨時在動也互動的狀態，也以此為基礎製造生命的資料。

但不管如何，在你我維護生存時，感性和理性常會互相推擠，造成不平衡，影響身心健康；如果過於固守或只發展感性與理性，則往往使人變成自己感情、欲望或信念的奴隸。

最重要的是，感性與理性造成了人和世界的分裂與對峙，也就是陷入二元中，造成衝突，形成痛苦。所以我們才要克服這種分裂、疏離，要回家（合一、和諧），這就非得靠另一個層面——靈性不可。

靈性是人與超驗的本體界發生意義的關聯，簡單說就是與意義打交道的能力。靈性的另一個說法就是悟性，是領悟事物意義的能力。

靈性這個東西，沒有形狀，沒有邏輯，它不在血肉之軀，不在物理世界，是在靈魂裡面。它和世界對應時，靈光能在瞬間照見關係的整體，看見了一個新世界，讓自己站得更高，看得更遠，看得更完整，藉此可以產生力量，選擇脫離原有的局限——制約人的慣性軌道，得到更大的可能性和自由去伸展（回參本章開頭的兩個例子，看看是否能跟這裡的說明連結）。

靈光照見事物，就是體驗，是靈性跟世界形成的關係，是生命主體賦予對象意義的活動。

這裡的主體指的是自己；對象是指生存中由感性、理性活動所創造的所有生命資料（現在有許多人都用西方心理學的說法稱這個領域叫「小我」）；意義指的是在靈光一閃時，「忽然」看到事件中關係的整體，即發現事實的真相，或說創造一個新的實相、一個過去沒看到的新世界。就像開燈時立刻就看到整個原先黑暗的房間的總體樣貌。這個狀態就是「賦予」——生命產生意義的活動。

當我們這樣說的時候，一直都指向「關係」。因為體驗是靈性跟世界的關係中產生的。關係的本質就是「二」，只有在這種關係中，靈光才有對象可照，才能照見以前所不知的真實的樣貌。因為照見，看見了一個新世界，這就是產生意義的意思。

我們說，意義不在事物本身，而在主體與事物的關係之間。靈性若沒有對象，是無形無聲、靜止不動，且不生作用的；至於有了對象，是否就會啟動，不得而知。

既然靈性的體驗是抽象的，又跟邏輯無關，無法透過理性推理到達，也就是沒有途徑可以遵循，所以很難弄明白。這裡只好借助禪宗的話語說一下。

禪宗有一本語錄叫《指月錄》。顧名思義，我們知道有月亮，想看月亮，卻不知道月亮在哪裡、長得怎樣；於是看過的人伸出手指指著月亮說「往這邊看」就看得到。

這裡說的靈性的體驗就是手指月亮又看見月亮；若只見手指，就是停在知道，就是沒體驗；若誤把手指當月亮，就是一場誤會（讀者若有興致，可以參讀蘇軾《日喻》一文的描述）。所以，沒有體驗就只能知道月亮是個事物，但就是看不見，也就不會有具體、親切的感受，就不會發現或發生意義；若是看不見卻用己意猜測，那就失焦離題全不相干了。

體驗既然需要生命的資料當依據，也就只能穿透表象才能看見；看見之後就會發現，它其實就在自己身上、在眼前的資料裡，只是它沒有形狀而已，但我們可以看見。這個看見並不是眼睛所見，而是俗話說的心裡明白了，或說忽然懂了。

有一首佚名的禪宗悟道詩很可以拿來說明。

悟道詩是這樣的：「盡日尋春不見春，芒鞋踏破嶺頭雲，回來偶拈梅花嗅，春在枝頭已十分。」「尋春不見春」，意思是想要悟道見道，想要有體驗，往外尋找是找不到的，就是翻山越嶺、踏破鞋子都找不到；所謂道，所謂體驗，也就只在眼前的事物之中，在枝頭已開的梅花中。道不可見，是由領悟而得。道在花中，花外無道；花外尋道，終不可得。

上面說的，雖無難字，卻挺抽象。舉個現實的例子說明一下會更具體。

我的讀書會有位剛過知命之年的朋友**微笑**，結婚後一直跟婆婆住在一起。他說，二十多年來，他只要看到婆婆嘆息、聽到婆婆嘆息的聲音，就會非常焦慮、煩躁，但就是搞不懂究竟怎麼了；這就是陷落在無明「小我」（這裡指情所造成的慣性）中無法出離的狀態。

直到他吃過的苦頭多了，再經過生命覺醒功課的學習，懂得什麼是體驗以後，有一天居然回家開門進屋時就直接聽到婆婆嘆息的聲音，可這回不但沒有激起慣常的情緒，反而當下腦際「忽然」出現年少時跟媽媽相處的畫面。就在這一刻，他才赫然明白，原來婆婆的嘆氣聲是媽媽的，是自己成長過程中沒有達到媽媽期望的投射。

他說，小時候家教很嚴，每當媽媽對他的期待沒有發生時，就會無奈的發出嘆氣聲，這對年紀小的他是蠻大的壓力，當時所產生的焦慮、煩躁情緒也就透過神經連結不自知的一直銘印在細胞裡。即使他結婚離開娘家，卻因為婆婆也有嘆氣的動作，他就因為自己不自知的投射而被婆婆一次次勾起了情緒。

他赫然明白，也就是體驗到——看到關係真相的當下，「身體反應起了雞皮疙瘩，有股暖流流經身體，同時流下開心的眼淚，淚光中又帶著一種明白。」這解開了他身上積累數十年的情緒堵塞，疏通了身心，也藉此產生了重新與媽媽連結的力量，逐步重建母女關係。

假如他沒有體驗——忽然看見時瞬間經過感覺過程、身體過程、思想過程，而只是用理性「知道」他的情緒反應是小時候跟媽媽互動而產生的，這種理性的理解不會有力量，自然就化不開情緒堵塞，也難以重建關係；變成了知道做不到，關係仍然是卡卡的，有疏離感。

這說明了，只有經過體驗——真正看見之後，成為了感性的理解（身體的雞皮疙瘩和暖流過身、流眼淚）才是真理解，也才有力量。所以我們會說，理性的理解不是真理解，感性的理解才是真理解。

說到底，靈性的功能，就是要照亮自己陷落在二元對立的無明小我世界的狀態，並練習轉化它，才能回到圓滿世界這個家園。如果無法看見這個新世界，就是停留在無明的舊世界中，在迷惘漂泊裡遊蕩。

假如把身心靈比喻成一個房間，感性就是房間是暗的，我們常說感情是盲目的，就是指對自己的內在世界一無所知，因為什麼都看不見。

理性在房間裡就像拿著手電筒一樣，可以照亮事物看見東西，但光線是局部的，而且走過就變暗，所以用想的怎麼想都想不清楚。

我們知道，念頭與思想就是意識，感覺就是能量，假如念頭跟感覺不在一起，那就成了意識跟能量分裂的狀態，這就是痛苦的所在。

至於靈性，就像電燈開關，一按開關房間全亮，房間的情況一目了然，這就是前面說的看見整體，看見實相——一個新世界。

再強調一次，靈光照亮感性、理性所創造的二元小我世界，讓黑暗遠離，這就是從二元回到一元的圓滿意識，就是回到家園了。對於這個家園的名字也是各種文化都不一樣的，像西方淨土、天堂之類的都是（參本書「序曲」）。

說到這裡，是不是發現我們本來就在家裡？只因為無明之故，看不到家中景象，所以一直往外走，到外面去尋找自己的家園？是不是明白了：覺醒之路只是要透過體驗讓自己醒過來，發現自己本來就圓滿具足的在「家」啊？

2. 體驗是怎樣發生的？

體驗是怎樣發生的？換句話說，就是靈性或者說悟性、佛性是怎麼個啟動法？

除了自己願意面對這個最根本的前提之外，我們把體驗出現的狀態分成三個基本步驟來說。這是為了說明的方便才這樣分的，請勿拘泥於文字。

第一步：覺察。

覺察就是發現。發現什麼？第一，看到自己在做什麼；第二，聽到自己在說什麼，這主要指自己的內在聲音；第三，感覺到自己的感覺是什麼。

第二步：覺照。

覺照就是看到。這是靈性啟動後產生的光，照亮過去與現在，並將這個光所照到的看清楚。

第三步：覺悟。

覺悟就是體驗到了。因為悟字的構造是右吾左心，悟就是「我的心」。所謂心，就是自己的內在世界，自己的慣性系統。覺悟也就是看見自己這個內在慣性系統的狀態及反應。當看清楚關係的整體、事情的真相的時候，就從無明中解脫出來，並不再受慣性的制約，而且因為釋放了束縛，自然就產生了生命的能量。

拿個生活上發生的「我是鮭魚」的小故事來解釋一下。

我的讀書會有位已過知命之年的朋友**田心**，晚餐準備了一份煎鮭魚。家人用餐時，先生不經意的說了一句：「這魚好腥。」結果觸怒了他，他感覺到被指責、被嫌棄了。他當場雖沒有把情緒表現出來，卻在自己心裡上演著生動的嘀咕小劇場。

飯後在收拾碗盤時，看到廚房裡的芭樂，想起讀書會有一則「**我是芭樂★**」的故事，突然讓他發現自己原來在玩「我是鮭魚」的認同遊戲，把自己變成鮭魚了，也就是說，他將自己等同於鮭魚，先生說鮭魚很腥就成為他很腥，是在嫌棄他、指責他了。

★「我是芭樂」是一則很久很久以前在我身上發生的故事：

我家的水果是我負責購買供應的，其中每天少不了芭樂。

首先是芭樂的維生素C含量非常高，不是一般水果比得上的，又不甜，體量也夠，性價比很高。

其次是我跟芭樂是有感情的。我小時候有一段時間長在芭樂樹下，它養護我，我陪著它，甘苦與共，自然認得芭樂，芭樂也認得我。到現在為止，我上市場買芭樂，芭樂都會跟我打招呼，好芭樂會招呼我說就是我啦！正因為如此，吃過我買的芭樂的人都會說好吃（這有個前提：季節要對，市場要有好芭樂，光靠我的眼光是不夠的）。

結果有一回，夏天雨水多的季節，芭樂品質本就是不佳的時節。當我照例買回去切給家中「督導」吃時，他說「今天的芭樂不好吃」，然後我就生氣了。

督導覺得莫名其妙：他只是說今天芭樂不好吃，有什麼問題嗎？關我什麼事？生什麼氣？

我那時還搞不懂，是我自己「認同」於芭樂，把芭樂當作就是我：說我買的芭樂不好吃，就是說我不好。

人一天到晚都在玩「投射」、「認同」的遊戲，把自己搞得苦兮兮的。我從這個經歷中明白了人跟事要分開，事跟情要分開。若分不開，那就陷落在苦海裡了。

當我在讀書會分享這則故事的體驗時，大家都笑翻了。從此，「我是芭樂」也變成了大家的通關密語或咒語，提醒著每一個人覺察自己是否掉進認同的遊戲裡了。

回到「體驗」是怎樣啟動的？

就第一步「覺察」來說，他「看到」了過去家居生活中不止一次發生同個模式的事情，卻一直都不知道遇到同類故事的反應；他「聽到」自己心裡犯嘀咕的聲音；他「感覺到」了自己憤怒的情緒。這裡的看到、聽到、感覺到就是覺察。

第二步「覺照」，發現先生說鮭魚很腥，只是說自己的味覺嗅覺的感受，跟他沒有關係，看清楚是自己把事情跟感覺攪混在一起，把自己跟鮭魚混同了。這是把黏在一起的狀況看清楚了。

第三步「覺悟」，看到廚房芭樂時的恍然大悟，「忽然」明白了原來自己在玩「我是鮭魚」的認同遊戲，才將先生說的話聽成是對他的挑剔和指責而產生了憤怒的情緒，也就是把對物品的反應投射成自我的譴責！

這個故事可以說明，覺悟就是「體驗」，就是用靈光照見了內在反應的機制和系統，就是看到投射帶來的無明煩惱，一旦照亮了無明，就能脫離認同，減少或不生煩惱。

3. 體驗啟動的誤區

上面談到「靈性的體驗」是怎樣啟動的？下面說說「體驗啟動的誤區」。

前面我已經說過人是身心靈三合一的整體存在，也就是感性、理性、靈性是同時俱在的；又說，感性與理性是一體兩面，情緒是念頭在身體上的反應，兩者一搭一唱，共同創造生命的資料；還說，這些資料要透過靈性的體驗才得以照見並轉化。

但靈性體驗的入口究竟在哪裡呢？道理上都知道是感性跟理性創造的資料，具體的入口卻找不到。其實入口就在生命當下發生的每個細節，包括念頭、情緒、言語、行為裡，尤其念頭跟情緒更根本、更直接。所以修行者都很關注「止觀」，就是停下來看念頭和情緒，審視自己生命存在的狀態。

這裡要談的重點是在生命覺醒的過程中，必須要看見自己、認識自己，其中一個隨時都可以進行的門徑，即是以「情緒」為入口的「覺察」。

但關鍵的是在念頭引動情緒出現的剎那，若是「覺察」沒能跟著啓動，任由大腦幫著情緒出氣，就很難再回到「看見」的路徑上。

情緒一旦有大腦幫腔，很快的就會從一點擴大成一團，繼續下去漫無章法的一團被建構成一個有條理的系統情緒，再連結上其他幾個已建構的情緒系統，於是成為一個完整的故事。

一旦有了故事，就再也無法從這件事情去看見、認識自己。縱使有時想要穿透自己，也如同子彈打到水裡，火藥的爆發、子彈的銳利也參不透看不見的水。

學習並操練自己的「覺察力」，要把握那「電光石火」的剎那，把自己送回生命覺醒的路上。

但人是習慣的動物，不知不覺是常態。我們通常一受到刺激，念頭急速的為情緒攻擊提供砲彈，具體的表現就是出現責己或責人的聲音，這樣，當下就快速的滑入苦海，而且愈陷愈深。這就是我所說的誤區。

知道這是誤區之後要怎麼辦？那就得求助於覺察力。

覺察力的操練就是要認識到大腦的慣性和可塑性。這是說，我們在遇到令人挫折的事物時，腦中的反應或念頭會暫時形成回饋線路；如果沒有覺察，刺激一再出現，久而久之，就變成腦神經連結。像憂鬱症的形成，就是因為腦中形成了固定的負面腦神經連結，然後大腦反過來控制人，就是控制了人的意識。

但是，既然腦神經連結可以被訓練成負面回饋系統，當然也可以被改成正面回饋系統，這就是大腦的可塑性，而這是需要學習跟操練的。但不管用什麼方法，歸結到最後就是要「覺察刺激出現的當頭，然後有意識的叫自己不要繼續往負面方向走」。

我們說的慣性，就是面對外在事物日積月累的反應，在腦神經連結留下深深的印記；所以只要有類似的刺激出現，相關腦神經連結就會有自動化反應，這個自動化反應就是慣性。

如果沒有覺察，瞬間就有無數個念頭跟著來，這些念頭會變成故事，變成新的刺激，讓腦神經連結更堅固，或是長出更複雜的連結。

因此，如果在電光石火的當下，可以學到並有意識的練習叫暫停，就可以停止刺激腦神經連結，就有機會長出新的連結，也就是產生覺察能力，跳出慣性。

舉個具體的例子。請看一下我的讀書會朋友**小呂**有意識叫停，並因此有了體驗的描述：

他說，星期六睡午覺發現自己是哭著醒來，然後就意識到胸口很悶，有種很生氣的感受，但眼淚還是不停地掉。他意識到自己這樣的狀況，下意識要拿手機滑。他看見自己的行為，就馬上用意念告訴自己不要拿手機，就讓自己待在情緒裡看看。

而他居然也真的待著，眼淚不停地掉但內心很氣憤，他知道自己很生氣也很悲傷。腦袋又開始下意識的啟動諮商腦，他又叫它停止。這時，神奇的事情發生了。

> 我的胸口愈來愈起伏，呼吸愈來愈急促，有種很想打人的衝動。我還是持續待著，我一直哭，眼睛閉著，忽然就跑出以前在家中被對待的畫面，一幕幕像跑馬燈閃過去。我的眼淚流得更多了，但胸口漸漸平靜。我覺察到自己的「恨」，這是我過往從未觸碰到的。
>
> 我恨我已經努力長得好，為什麼我媽媽始終還是看不見我？我恨我覺得我自己很好，為什麼我媽媽總是只看見我爸，現在也只看見我弟？我更恨不公平，為什麼我沒有任何選擇就出生在這樣的家

庭，而且我已經很努力還是擺脫不了家暴對我的影響？

當我看見自己的恨之後，隨著我的眼淚釋放，我發現自己的身體得到舒暢，心裡也跟著舒服很多。我身體雖然疲憊，但卻是一種安心坦然感。

我覺得這一切來得很神奇，從最後的安心坦然感我知道這是我這輩子最想追求的。總之，整個過程雖然不舒服，但意外的讓我釋放了深層的情緒。

從小呂這個體驗中可以看到，當情緒來的時候，可以控制自己的意識然後看著它，跟著它在一起，不抗拒才可以進到內心最深層的地方。同時，他也蠻訝異自己居然在那當下可以不被念頭帶走，而以一種第三者的姿態看著這個軀體。他不知道怎麼形容這種感覺，但他感受到的是他的靈魂，也深刻體驗到身體是靈魂的載體的意思。

小呂描述的方法、過程跟結果正是發生體驗的真實樣貌。簡單說，故事自己都知道，立了主題之後就忘記它，然後跟情緒在一起。此刻，會誤入歧途的就是沉溺在情緒中，或者念頭紛飛。所以有意識的叫停是關鍵，就看在情緒起伏中會浮現什麼訊號出來。有一絲期待就不會發生。

至於一般的狀況也舉個簡單的例子對照一下。

我的讀書會朋友**田心**開車和先生出門。到某處時，在副駕駛座的先生說「前面迴轉」。他說：「不要指揮我，這裡我很熟。」先生說：「我只是建議，這樣多繞一圈，你偏說是指揮。」他說：「我偏要多繞一圈，不然你開車。」搞得兩人都不愉快。

生活中類似的例子經常發生，這樣一方發聲，另一方秒回，雖然兩人都已過知命之年，卻還樂此不疲。

這個簡單的例子已經可以說明，事件發生時，心裡如果有任何念頭與故事，就是已經掉進慣性裡面；覺察到這個反應，馬上喊停，既不責己，也不責人，不評斷自己的一切，才能不入歧途，走出誤區。明白「止觀」的意義與重要性，學會叫停，不讓念頭帶離之外，還需認識體驗跟理解的根本差異。體驗是關於靈性的，理解則是關於理性的。理解只是知道，沒有力量；體驗則不僅明白，還會長能量，帶來改變。

舉個例子。我的讀書會有位過了不惑之年的朋友**晴安**，家裡最近在裝潢。自己房間的粉刷已經完成了，每天看到自己選的顏色覺得很美；但是同時心裡又質疑自己的感覺是不是有問題。於是去請教公司裡一個室內布置比他強的高手同事。

他問：「我的床頭櫃要用什麼顏色？窗簾要用什麼顏色？這個好還是那個好？」高手同事看了、聽了，說「你選的很好啊」。他不自信，隔天再問，高手同事仍說「很好啊」。他仍不自信，隔天再問。高手同事被他問煩了，丟了一句：「你不要再問我了，你的房間已經很美了。」

他當下只覺得嘴巴被堵住了，沒有特別的感覺。回到家後，才發現高手同事的話產生了作用。高手同事那句話出現在他腦子裡好幾次，「好像」讓他突然有信心可以靜下心做出所有的決定。他說，原來他需要別人的肯定來肯定自己。

他自問，「為什麼」明明覺得自己已經做出一些不錯的決定（選了好看的牆面顏色），還是沒有信心可以獨自做出一個正確的決定？他「想到」小時候考了九十五分，還被媽媽打手心五下，從小到大沒有被母親稱讚過的自己，「是不是」潛意識裡面一直覺得自己還不夠好，所以需要別人的肯定，才能長出信心？

他的敘述中用語是不確定的，如「好像」、「是不是」，語調中有許多問號，這些都明顯的是理性的語言，至於自問「為什麼」，用「想到」這個詞就更直接說出走的是理路，是腦袋在運作了。

這個案例如果成為體驗會變成什麼樣？若是在高手同事第一次甚或是到第三次回他話的時，直接浮出「那個小時候考了九十五分，還被媽媽打手心五下，沒有被母親稱讚過」的畫面，這時候會有感覺，身體會有反應，心裡也在當下忽然明白是怎麼一回事，那就是體驗，這就會有力量；但他說「想到」、「是不是……」，就是用理性找出來的答案。

我常說，知道是沒有用的，搞不好還成為體驗的障礙；這就是一般常說的所謂知識障或理障。心理學家更絕，說所有的道理都是對的，但若沒有經過身體的驗證，就只不過是個謊言。說是謊言，並不是道理錯了，而是沒有成為自己的真理。

4. 體驗與活出自我

請先看下圖：

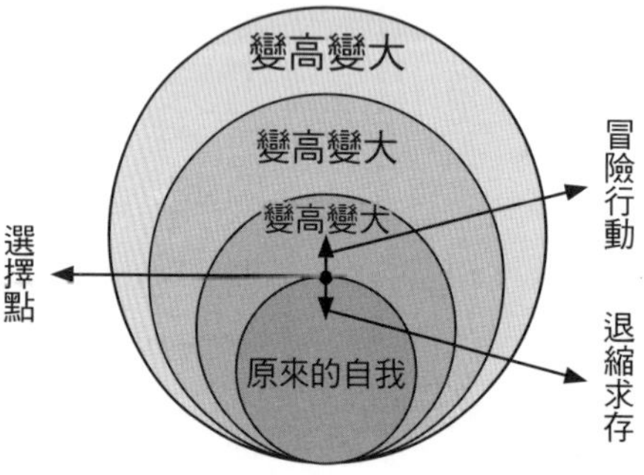

之前說過，每個人都是獨一無二的，也就是各有自己獨特的形態、大小、厚度，這裡只用圓形形態來舉例說明。

圖中「原來的我」就是我們現在的樣子和位置，它是在我們還沒有自覺之前就被生存這個現實打造出來的無明世界。停在這個無明世界，就是停在生存面上，就沒有發生生命意義的狀態；這種狀態也叫精神死亡，一般稱做行屍走肉或死而不僵，通俗一點說就是二十歲就死亡，八十歲才下葬。

我們這裡說的精神死亡指的是青春消失的時候。因為青春的本質就是生命力，就是探索和追求生命意義的動力，跟年齡無關。當停止探索和追求生命意義的行動時，青春就結束了，而這一切都要啟動靈性來體驗，透過體驗來看見新世界。

我們要明白，有感覺不一定有理解；有理解未必有體驗；沒有體驗就不會看到，不會發生意義，連選擇的機會也沒有了。

從圖中可以看到，體驗後有兩個選擇，一是停在原點，甚至退縮沉淪，這是一條舒適的求存之道，即使生存無虞，也會無聊、頹廢而枯萎；二是往上提升，變高變大，就是走到以前沒走到的地方，去發現、欣賞、享受新的風景；這是冒險行動之路，也是靈魂回家的朝聖之路。

因為體驗，人的內在高度變高了，能看到關係的整體，看清事件的各個面相；由於內在世界變大了，能包容、尊重，了然於心並放下。因為看透、包容、放下，人也就自在，生命因此豁達通透，更能延展。

我們身邊常出現這樣的狀況：有許多做媽媽的每天都盯著孩子的課業，認為這是愛孩子的行為，但孩子經常都讓媽媽失望，媽媽也很煩惱。

媽媽們抱怨孩子的內容不外是：每天叫孩子念書，孩子就一副心不甘情不願的樣子，課業成績一塌糊塗。整天不是看電視，就是玩手機，進了房間便開電腦玩遊戲。提醒沒用，好說歹說都不是，被修理也不以為意。脾氣還很衝，講他一句，就回好幾句，口氣還很差；搞久了，孩子甚至閉口、閉門拒絕說話溝通，嚴重的還離家出走。

總之，媽媽給了孩子最優渥的學習環境，奉行勤教嚴管的方式，孩子就是不爭氣，更不理解媽媽的辛苦跟用心，媽媽看孩子也處處不順眼。

做媽媽的這些挫折和情緒反應，就是困在那個無明的慣性世界裡，看不到關係和事情的真相。意思就是從自己的期望和擔心出發，把孩子當工具來完成自己的想望，其中既沒有理解跟尊重，又越界操盤，自然就引起反抗，接下來就是挫折連連，抱怨不已。這其實就是以愛之名行操控之實必然會有的結果。

出離之道不在找方法，而在心態——世界觀、生命觀和價值觀，即透過學習先釐清「關係」，問自己真心所要的親子關係是怎樣的，然後透過體驗轉化無明，才會出現新世界。

舉個很常見的小例子。

在考試決定人生的文化環境下，一般的狀況是，若逢孩子考高中、考大學、考研究所，甚至求職，作父母的難免會擔心孩子考不好，於是憂心忡忡，於是插手干預。這種心理和引發的行為，通常都出於以愛為名的操控，結果往往事與願違，還傷害到親子關係。

我的讀書會有位剛過知命之年的朋友**禾心**，他是大學教授，兒子正要考高中聯考。他經過學習，清楚的知道也體驗過，自己要給出的是愛，而不是主體越位的操控。於是有了跟研究助理的一段的對話：

助理問：「你應該很緊張，壓力很大吧？」

禾心：「我三、四十年前已經考過了，現在哪來的壓力跟緊張？考試的是我兒子，不是我，所以我沒有必要緊張跟有壓力啊！」

助理又問：「那你不會替他擔心嗎？」

禾心：「那是他的人生，我沒辦法代替他做任何事情，他如果有問題可以來問我，我願意分享我的經驗，或是跟他討論，但是他考得如何，最後是他自己要去過的，所以我有必要替他擔心嗎？」

這樣做的前提是清楚責任歸屬，走到了關心但不擔心，給出了充分的理解跟信任。這不是疏離、冷漠，而是關心而不干涉，這就是愛。

其實禾心已經不止一次被問兒子要參加會考，會不會緊張，會不會有壓力了。禾心跟太太很早就跟兒子說過：「你爸媽很早就參加過高中聯考了，這是你的考試，不是我們的，我們沒辦法替你考試，但是我們都在。你有課業問題可以來問我們，或是想要聽準備考試的經驗，都可以，但是你要主動。」兒子也很早就知道，所以也很認分的去準備自己的考試，只有偶爾心理上過不去或是太過擔心，需要找父母諮商。

看似容易實奇崛，禾心不是輕易達到這個境界的。這是一趟認識自我的旅程，需要願意面對，更需要持續，然後就會看到自己的世界愈變愈大。這就是大家常使用的「成長」這個詞的意思。

既然有原來已經塑造出來的自己，又有因體驗增長的領域，這就使我們有了選擇的機會。這件事無關對錯，只跟結果有關；所有的結果都是選擇所造成的，也沒有意外的、沒有例外的都會回到自己身上。而這些，就是每個人的獨特人生風景。

二、說不盡的人間——體驗實例舉隅

覺醒生愛，沒有經歷靈性的體驗是無法產生真正的力量的。體驗有深有淺，有大有小，都需要從生命當下的細節中進入，從實踐中產生。

先看一則做覺醒功課有了體驗後生命發生的變化。我的讀書會朋友**微笑**說：

四年間我聽了十二次的迎新。上週迎新時對生命的定義特別有感，尤其是當謝錦提到自我四層次時，回憶翻箱倒櫃，過去、現在的畫面輪播著；回頭有一路的故事，低頭有堅定的腳步，抬頭有清晰回家的方向，看見自己一路怎麼走到目前的位置。內心某股情緒在湧動著，當下篤定的相信自己是獨立完整、獨一無二、無可替代、百分百值得愛的人。

在捷運上翻閱筆記重複讀著這句話卻紅了眼。聽了這麼多次只停留在理性上的學習，這次訊息進來，多元經驗連結，身體的感覺上來，是實踐後身體的記憶，是新的神經連結翻新的記憶。這一刻我相信自己是這麼好的人，有愛且值得愛的人。

這一路的學習，重新認識自己，重新遇見自己，愛人與被愛是多麼幸福的事。這幾年從向外索求轉向內在探索，從匱乏到看見內在資源，這才發現內在本自具足，飯一口一口吃，我走的每一步都算數。

在讀書會裡神聖化的父母被打破，愛與孝順的假象被打破，假我被打破，內在城堡被打破，逃無可逃，選擇面對真相，從抗拒、承認、接受到臣服。

新知大大解構傳統道德框架。原來我是可以生氣、憤怒、悲傷、也可以盡情快樂，不用因為忠誠於父母而不敢得到幸福；不用承擔父母的命運而去滿足他們的期待與需求，但我可以愛他們。明白我是可以有選擇的，無需將自己工具化。每週上課總有源頭活水進來，持續加柴火，燒著燒著水就開了。突然懂了，自性本來圓滿，愛也一直都在。

人是身心靈三合一的整體存在、生命的定義，這些概念只存在我的腦袋裡，直到這次迎新，同樣是那句：「生命是一個獨立完整、獨一無二、無可替代且有意義的世界」，突然進入「心坎」裡，溫暖著、感動著、滋養著，內在空間持續擴大著。

記得謝錦說同樣的地方如何有新風景，一是持續學習，二是持續體驗，三是持續愛之旅。謝謝自己的不放棄，堅定陪著自己一次次穿越，建立屬於自己的軌道。遇境練習，從停下來，走到不抗拒，再到釋放，才有機會親見心中光明燦爛的種子萌芽了，繼續修習性、悟本性。

體驗，會經過感覺的過程、身體的過程、思想的過程，簡單說，故事自己都知道，給故事立了主題之後就不再「想」它，然後跟情緒在一起，看著它。此刻，會誤入歧途的就是沉溺在情緒中，或念頭紛飛。所以有意識的叫停是關鍵，就看在情緒起伏中會浮現什麼訊號出來。有一絲期待就不會發生。

走上自我覺醒的路需要機緣。我的讀書會朋友**安妮**說，他在進讀書會前的生命歷程中，工作忙碌時間飛逝，自己浸潤在無明的狀態中而不自知；人生旅途的風景如電影快轉般飛速地一個畫面接一個畫面的晃晃滑過，多半不復記憶。他表面上日子過得多采多姿的，實際上卻活在自己的迷惑內而不自覺。

他的「迷惑」與「困境」是一直要外找認同、肯定，著迷成癮地滿足別人的眼光與感受，輕易地就把自己交出去給他人，在這個過程中自然的真我就漸漸隱藏起來而慢慢地消失。

隨著外界的節奏，配合他人的腳步，他迷失了自己，迷失了方向，身陷困境之中，亂了自己的腳步，帶來許多挫折以及由此而生的壓力和情緒，直接影響了身體——他生病了。

迷惑的更深一層是，他看到了自己的「自卑感」、「貪心」，發展了自己的「渴望」與「期待」，而不斷往外尋求以補足自己腦袋——念頭所產生出的「缺」與「執」。他在這個念頭迷相內打造的虛幻中疲於奔波應對，來不及看到看清分辨事實真相是什麼，陷入二元比較之中，而鞭打、嫌棄自己；他遺忘了做自己是如此的重要，也沒有認真的看待自己的真實狀態。當他不認識自己，不相信自己，不肯定自己，一切外求都成了虛妄。

他曾經看到西方哲學家海約翰說：「真正的幸運者不是拿到在賭桌上最好的一副牌，而是知道什麼時候該起身離開的那一位。」突然明白了原來在困境中不斷的盡全力後，不是要陷在困境中而以悲劇收場；而是清楚明白要叫停並接受。

安妮感受到了痛苦，意識到了這是不可持續的。於是準備好的人機會就出現了，他進了謝錦帶的「文學與生命覺醒讀書會」，開啟了學習世界觀、方法論指引的覺察、體驗之路。

安妮的遭遇是有普遍性的；微笑敘說的則是發願走上覺醒之路一段時間後的分享，這中間有一段路。在這趟旅程中，每個人的生命質地不同，步伐、姿勢、速度、進程都不一樣，風景自然也都不一樣，成就了個人風姿，也共創了生命的多采。

本章以下篇幅就留給這一路上的參與者，舉些因應本書需要的例子，來說明覺醒路上所發生的覺察跟體驗。

A.「覺察」實例舉隅

生命只存在於當下的細節裡。細節就是一呼一吸之間所發生的念頭、情緒、言語、行為。這些感性、理性所創造的生命資料，正是覺察的入口（覺察即發現之意；請注意下面實例行文中的用語）。

人無法一邊跑一邊學。慢是覺察的關鍵，覺察是學習的關鍵。練習覺察要先練習慢下來、停下來，才容易發生。這層意思跟佛家說的「止觀」，儒家說的「知止」而後能「定靜安慮得」，門路是一樣的，只是目的地不同。

1. 關於「看見念頭」的覺察

本書第一章已經說了「意之困」，知道人的念頭快如閃電，通常都看不到，也不會懷疑自己的思想。生出什麼念頭，通常都不自覺的直接認同，然後變成行動，產出結果，於是成為「命運是自己創造」的命題。

前面提到「止觀」是破解之道。我的讀書會朋友**辰松**就說了他發現念頭並練習跟它相處的狀態。他說：

> 在進讀書會學習「看」與「聽」的能力，學習覺察的能力後，第一次看到、感受到頭腦好吵！不斷被雜念填滿而且停不下來，支配東支配西的，完全由不得我做主。
>
> 因此，我去參加了內觀的十日課程。在十天完全禁語的過程中，腦袋裡的聲音更是清晰呈現。我由不斷的與它無效的對抗，進而時而放棄的隨著它，到能偶爾靜靜的看著它。

他看到過程中情緒產生的變化由煩躁不安、無奈，到偶有寧靜的片刻。腦袋的聲音也由念念相續到可以產生出一點間隙；也就是腦袋由原來被念頭填滿的狀態到產生空隙的多個空間，也因此而更能看清腦袋念頭的起伏而與之和平共處。

2. 關於「念頭跑贏覺察」的覺察

即使經過覺察的練習，快如閃電的念頭還是常常跑贏覺察。畢竟在常態下，人與自己的思想合體，形成慣性，並成為人生存所依的軌道。在軌道上運行，熟門熟路，變成不知不覺，意識就跑去睡覺了，於是就進入自以為清明的無明，做出跟意願相反的事。

我的讀書會朋友**斯人**，有一回因陷入盲區，發現了自己的覺察跑不贏念頭的狀態。

他說，有一天，他結束工作會議後要接女兒下課，但有二個小時空檔，於是想在女兒學校附近找個地方落腳。發現商場內沒有公共的座位，星巴客的咖啡又太貴，就到賣甜甜圈的店裡，準備叫杯飲料坐著等。

來到櫃枱，店員說今天奶茶買一送一。我感覺自己並不想喝奶茶，但被聽到的「買一送一」的好康給帶跑；因為另一杯可以帶給女兒喝，算是省了一杯的錢呢！然後，很自動地看一下玻璃櫃裡的甜甜圈，「買六送三」；哇！不自禁地拿起了夾子夾起了甜甜圈。最後結帳時共花了三百多塊錢，比在星巴客點一杯飲料還多。

我坐在坐位上，放下甜甜圈盒子，突然冒出：剛才是怎麼回事？我因為很容發胖，其實是不想吃麵包類的東西。但回顧剛才的行徑，我是壓根兒都在慣性反應的過程。我意識到自己的某種盲動／慣性，它的路徑是：視覺／聽覺收到訊號，然後逕自傳輸到購買行動的決定。

「哇，好快！真的是電光石火啊！」，這令我想到自己前幾週的跌倒：看到停車費繳費機——開心

——轉身過去，然後就被絆倒了。

原來，我要比我以為的「覺察」，還要更多的「覺察」；比我以為的「喊停」，還有更多的「停下來」。我的那股天生「盲動」的劣根性，哈～真的要愈覺察才能愈現形！

斯人說的是覺醒功課的練習曲。他從不知不覺，走到後知後覺。當走到當知當覺時，就可以跟念頭並肩，甚至可以跑贏了。

3. 關於「信念作祟」的覺察

既然人會直接認同於念頭，自然就受制於它，要有覺察力才可能有突圍的機會。我的讀書會朋友香妲說了他發現生活上受制於念頭的一件小事：

他週四瑜伽課後，身體相當疲勞，這時伴侶打電話來問他能不能自己過去伴侶租屋處。以往他都會不顧自己的身心狀況，直接回應對方的需求。但意識到要照顧好自己，不討好他人後，他就拒絕了，跟伴侶說自己今天需要休息。伴侶知道後，也表達理解。

我才發覺拒絕沒有我想像的困難，也不會無故引發衝突，更不會有我想像的「對方就會討厭我、覺得我不好」。啊！原來都是自己的負面信念作祟。

香妲之前不敢拒絕，就是受制於過去相信拒絕會傷害關係的念頭；現在根據「自覺要照顧好自己」的念頭行動，得到不一樣的結果，才發現自己被念頭制約的現象。

4. 關於「在乎別人評價」的覺察

我的讀書會朋友**小鹿**說了他從「轉包」細節發現自己在乎他人的評價。

他說，有一天跟太太到外面吃晚餐，走到座位時要放下後背包。因為包包靠背部分的護網有磨破，在放下包的時候想到護網朝外會被看到。

於是下意識就把包包提起來轉向，讓磨破的部分朝椅背，也就是遮住它。

過一下才意會到自己的價值感跟外在物品連在一塊，害怕包包有破會被別人看到被貶低，在乎別人評價。

小鹿覺察到自己認同於物以後，心裡就鬆了。他發現包包並不是自己，包包破掉跟人破掉無關，而人是不會破的。再說包包破也是自然的，都無法逃過萬物成住壞空的必然，真的快爆開要出問題時就再換就成了。倒是看到自己的小動作透露了心理原來的罣礙，覺得有趣。

5. 關於「對糖的依賴」的覺察

據統計，有百分之二十的人會用吃來解除不安；但這種不自覺的方式一旦啟動，就自動形成習慣，並逐漸對身體造成負擔。有意識的挑戰這個習慣，身體就會抗拒；挑戰能否成功，端看自覺度與意志力。

我的讀書會朋友**小呂**說，他在挑戰中發現對糖的依賴：

他最近因為實在是太忙太耗能，所以練習將自己的飲食吃得清淡些，讓身體負擔不要那麼重，去因應煩雜的溝通和教師支持工作。

在練習的過程裡，他刻意計算熱量，吃一些低升糖指數的食物，不重鹹，不吃糖。因為這樣的練習，他發現情緒很厭煩，身體也覺得很不舒服，一直很厭世。但在這樣的過程中發現了身體告訴他的訊息。

在每天下班後我會去買外食當晚餐，很忙的時候我會買個小甜食或飲料撫慰自己。在這個禮拜的刻意練習後，前兩天我騎車回家時，我聽到我腦袋裡的聲音，它告訴我說：「去吃糖，去吃你想吃的，這樣你才會舒服，喝一分糖的飲料沒關係的。」聽到這個訊息後，我就告訴自己先想想自己要的是什麼？然後頭也不回的回家，不要騎去別的地方，目的地就是回家煮飯。

我就靠著意識度過了兩天，到第三天身體不舒服和腦袋中的訊息就不再出現了。

小呂對於這個發現覺得很酷，沒想到自己對糖是這麼依賴，依賴到完全自動化。但從這個覺察也明白了，自己是可以有重塑的可能的。只要停下來，告訴自己堅持下去，練了多次之後就會產生新的神經連結了。

6. 關於「比較心」的覺察

凡走過都會留下痕跡，痕跡造就習慣，習慣成為不自覺的準則。像吃過好吃的食物，會無形中成為自己味覺的標準。有了標準就成為衡量的依據，這就進入比較。

比較是中性的，是人認識世界的方法；但加入依自己標準的評斷，就成為比較心，成為認識真相的阻礙。我的讀書會朋友**多多**吃個蘿蔔糕發現了自己的比較心：

他腰傷尚在復原中，外出活動有顧慮，於是訂了一批專家推薦的暢銷冷凍食品以便需要時在家食用。

有一天適逢下大雨，便取出其中的蘿蔔糕退冰，以平底鍋溫火煎食，同時削了水果，泡了牛奶，放了音樂，心裡想著蘿蔔糕會如專家所述好吃味美。但咬了第一口，感覺不如所想，再試第二、三口，還是有些小失望。

吃著吃著，看到自己的小失望，歐歐～發現味蕾在找舊味道比較，沒有比記憶中的味道好吃，失望就浮上來了。

多多從小細節裡發現到自己被制約了。人對食物的好惡是主觀的。當他「心裡想著」時，期待之心早已升起，不自覺的便進入二元，與記憶中的味道比較。

當多多發現自己的比較時，就告訴自己放掉比較，一呼一吸後，再吃一吃，這時他的感覺就不一樣了。蘿蔔糕變軟Q酥脆，咀嚼中味道還有股香氣，且有食物的原味，這頓早午餐就變成另一種風景了。

7. 關於「念頭影響身體」的覺察

當代腦神經科學的研究告訴我們，百分之九十五的疾病是由心理壓力引發的。我們也知道，念頭、情緒是有重量的；壓力是由念頭帶動情緒累積而來的。我的讀書會朋友**晴安**發現了念頭對他身體的影響。

他說，他只要一有事業上的「野心」，例如：要趁這幾個禮拜把某景點的資料準備好，然後等這波新冠疫情過去，就可以取代別人，獨占島內的某景點團。每當他有這樣的「野心」時，身體便會瞬間產生壓力。

但是如果只是單純的訂出計畫，比方說：想在這幾天完成某景點的資料蒐集，所以今天應該完成什麼，當沒有給自己什麼目的，就不會感覺到壓力。

晴安對於這兩者之間的差異感到好奇。發現：

前者的「野心」是有目的性的，想要往外去征服世界，而且它有難度，就會有某種二元帶來的衝突和壓力；而後者偏向沒有目的性的初心，動機單純，只是想學習，於是就沒有壓力。

晴安的壓力最近會以輕微的胃食道逆流的方式出現。他一直在觀察什麼樣的情況會有噁心感。於是發現，很想做某件事，但現在不能去做，或是心裡有矛盾的時候，它就會出現。

晴安知道身心一體，能聽到身體來跟他說話的聲音，因為他帶著意識，才能覺察到壓力跟身體的關係，這是檢視自己的指標，是為自己出征的重要一步。

8. 關於「舊經驗來串門」的覺察

人產生情緒時會通過神經傳導記憶在細胞裡，變成「鉤子」，在以後碰上相應的情境或類似的事件時就自然被勾起。我的讀書會朋友**羽大人**洗個頭髮也發現自己「回到從前」。

他週日晚上去燙頭髮。要出門前，先生提議晚上一起吃飯。但因為不知道晚上燙頭髮幾點結束，便回應現場看看再說。

晚上八點多，先生傳訊息詢問幾點完成？我看了狀態，覺得或許不會那麼快，當下激起緊張感。便告知先生可能還需要一些時間，如果他肚子餓的話可以先吃晚餐。之後，他心裡就有著急感，開始擔心如果太晚結束，回家男人是否會生氣？心裡有許多擔心。

其實，他回家後，先生很淡定，看了他的頭笑了笑，並沒有任何生氣的情緒。他念念相續的擔心都出於自己的想像，嚇的是自己。

可是這種生活小細節卻會引發情緒，究竟怎麼了？他「發現」這個害怕被罵的念頭來自前男友對他的控制。因為前男友都希望或說要求照自己的方式做，他其實是不舒服的，也不自覺的把不舒服的情緒記憶在身體裡。而今雖事隔許久，這種相處經驗的感覺仍會出現。

經過覺察，他終於可以跟過去的影響告別，變得更自在了。

9. 關於『我可能錯了』破小我制約」的覺察

人通常都被念頭所蔽，被情緒所擾，陷入困境。思維方式的更新則有機會可以注入覺察歷程，助力破關脫困。我的讀書會朋友**晴空**，就藉「我可能錯了」的思維魔法，發現了他受小我制約的困擾。

他工作的單位，即將要換線上工作系統。但單位成員們卻默不作聲、拖延、不通報主管、不催促資訊部門。眼看時限逼近，他開始怒火中燒。他一個輔導的人在外圍乾著急，這些領單位薪水的人卻啥也不幹，不規畫時程、做法、人員，無聲無息。

他發現自己的憤怒，問了自己：「這是他們的事，還是我的事？」結論是他們的事。系統沒換好，沒辦法工作的是他們，不是自己。

那他的生氣來自何方？他跟自己說：「他們不負責任，他們怎麼可以這樣。他們居然辜負我的提醒，懶到誇張。」

在生氣的當口，他觀察到自己一股腦的衝向情緒，找個對象來責怪，劍指對方，理由充分，毫不猶疑。這時他忽然問自己：「我可能錯了？」他念了三遍，還是不舒服。

可這懸崖勒馬的一問，他卻發現自己生氣的癥結點，是對於他人行為的認同與攀附，單刀直入的認為對方的行為是對自己的怠慢（潛台詞：「我都這麼花心力無酬的幫忙他們了，他們還不領情」），所以傷到的是他的自戀：「他們怎麼可以這樣！」

事與情的黏連如此自然，快到電光石火。小我是如此的歡迎全世界來傷害他，對方與他可能有關的一舉一動，都是針對他。對方沒有遵照他的想法做事，就是對他的刻意忽略，不把他當一回事。特別是，要是他付出的很多，而對方沒有對等的認真看待或有所學習成長，就是對他不夠尊重。

我終於發現並承認：我不是「可能錯了」，我根本是錯得離譜。這是他們的事耶。輔導只是提醒、從旁協助、給予建議，不是下指導棋，或是掌握主管權力。我問自己：我已經做到我該做的事了嗎？做到了。提醒他們了嗎？提醒了。他們聽懂了嗎？聽懂了。該做事的是誰？他們。

在小我遭受貶損的無妄之災時，承此「我可能錯了」金言，我終於也發現了自己也不夠尊重對方。對方已經知道了全部的資訊，也知道會帶來的影響，我看到的「默不作聲」，不代表對方毫無反應。我的生氣，恰恰是越界的表現，卻沒有察覺，愈想愈生氣，自顧自的走進死胡同。

晴空感恩境遇慈悲，總是教導他該學會的事。在這次的覺察中看見了真理總是樸素的；練來練去，還是「事與情的分開」、「主體在對方」、「愛之旅」等基本功。

10. 關於「菩提葉示現」的覺察

人活在關係裡。尤其在倫理文化中，我們遺忘了自己，不自覺的都用他人的眼睛看自己，以他人的評論來認定自己。所以生活中一有風吹草動，就搖晃起來；一陣微風吹過，也會感冒。其實每個人都只是他自己。我的讀書會朋友**婉瑜**說，他從路上的菩提葉發現了這個真相。

他下課時和同學一起去吃午餐，同學說：「你看起來是很節省的人。」他心裡著實嚇了一跳，認為終於洗脫愛花錢的「匪類一族」名號了。但轉頭一想，自己究竟是很節省還是愛花錢？為什麼很在意別人的看法？

吃完飯回家的路上，他來到有一整排菩提樹的路上等綠燈過馬路，看到秋風吹得菩提樹葉搖曳不停，沒有一片葉子看過去形狀是完整的。

> 猛然間！我看到了菩提樹葉雖然被風吹得不成形，但仍然是「菩提葉」自己；無論任何人從任何不同角度看上去的不同形狀，風吹得樹葉都變形了，但它依然是它「菩提葉」自己，一點也不受影響，沒有改變！

他看到這個狀態的當下很感動，讓他練習很久的「做自己」，居然不費吹灰之力在瞬間發現、領悟！

B.「體驗」實例舉隅

體驗，就是覺悟，是讓生命發生意義的開關，是讓自己有所不同的必由之路。

體驗，需要開啟靈性之門，需要機緣，需要觸媒、觸點，真誠生活，勇敢面對，就會遇到。

本節分別從不同面向羅列了一些生命體驗的案例，分享給大家。

雖說是不同面向，但若按我排的順序讀下去，你會發現這些體驗其實是有隱形邏輯在其中牽引的，不妨自己連連看；而且從前面起的大部分都跟倫理有關。

1.關於「內在小孩從死裡活來」的體驗

倫理其實就是根植於「性」上所產生的人的初始、核心關係。《易經．序卦傳》說：「有男女，然後有夫婦；有夫婦，然後有父子；有父子，然後有君臣；有君臣，然後有上下。」人際關係由核心的男女性關係開始往外延伸，「家」就是倫理的核心，是沒有人可以逃開、跳出的命運。

我的讀書會朋友**晴空**說了他的內在小孩從死裡活來的體驗。這個體驗跟生他的母親糾結極深。他說，在他接近自己的內在小孩的時候，經歷了宛如陣痛與重生的歷程。是他在生命覺醒的路上，也是整個人生中，「最深刻」的「體驗」經歷，並在它發生之後，改變了他的一生。

究竟發生了什麼事？這得稍稍回敘一下，他是如何把自己關起來，並且遺忘了二十多年。

第一章我說了許多生命迷困的狀態，其中有一條：父母是人一生最大的命運，人生百分之八十的痛苦都來自父母。他的體驗中最關鍵的人物就是他的娘對他的影響。

他的父親不喜歡也不善於參與他人的生活或活動，即使在家人之間，參與度也不高。他記憶中的成長時期，幾乎都是媽媽照顧他和弟弟的功課和生活，照顧的同時對孩子的管教則非常嚴厲，這傷害到了當時弱小的他，並造成母女之間嚴重的隔閡，也在不知不覺間遺棄了自己。

二〇一四年，在一個機緣下，他進入謝錦讀書會。從此開啟了靈性之門，開始進行「生命覺醒」的內在工程，面對人生感到疑惑的種種關卡。

他說，一開始，他專心面對困擾自己大半輩子的「媽媽關」，那是他當時最大的困擾。那年他三十三歲，但他與媽媽的關係不好的時間卻已有二十多年。

他媽媽從以前就是個標準的控制型父母。而且媽媽並不理會孩子的想法，在管教上是嚴厲的打罵教育。正好，他傳承了媽媽的性格，愛與恨都很強烈，在他經常動輒得咎的童年與青少年歲月，累積了他對媽媽非常深的恨與憤怒。

他雖想愛媽媽、對媽媽示好，但在表現出來之前，都會被一股非常強烈的憤怒堵住。導致他雖與媽媽同住十多年，但幾乎不會跟媽媽說任何心事，或是分享他的學業、交友、對未來的想法等等。到了十八歲上了大學，他便長期離家，不再與媽媽一起長住。

對他而言，面對自己的源頭：父母，極為不易。特別是剛開始入門，他根本還沒開啟什麼靈性與智慧的時候。曾經在寄人籬下、無可奈何中封印的強烈情緒重新高高捲起，這些幽黑的毒素彷彿十年也發洩不完。他的記憶中每一週讀書會的實戰功課幾乎都在抱怨媽媽，靈性成長一直撞牆。

但是，讓他極為感謝的是，他無明的在苦海繞圈游泳的那兩年（媽媽關他走了整整兩年），讀書會的謝錦和伙伴們從頭到尾支持陪伴，在無數次的清理和突破下，他終於能夠平心靜氣的面對媽媽，與媽媽做了一次重大的和解。

突破這個大關對他來說至關重要，他是知道的。但他沒意料到，這個大關的突破，居然連結到他的內在小孩。

那是一個看來根本沒有關聯的偶發事件：我有位要好的同事辦了一場「擁抱內在小孩——安全感訓練」的工作坊。我看了看題目，覺得很適合邀請讀書會的同學們來聽，便介紹大家報名。課堂上，透過講師的冥想引導，我首先驚訝的發現，我居然是一個把自己當作工具人，只看功能好不好，不問自己開不開心的冷酷傢伙。我只以功用來評價自己的價值，其他事情（健康、快樂、生活）彷彿都不重要，「我」這個人，在我眼中，居然輕如鴻毛。

在第二天的工作坊中，講師再次做了冥想引導，透過一個想像的旅程，走進自己的內心花園，試著看一看自己的內在小孩，他長什麼樣子？他的表情是什麼呢？我循著講師的引導，非常努力地去看，卻只看到一個模糊的白影，我雖焦急但卻碰不到他，也看不清他，然後冥想引導就結束了。

課後，他跟一起參加的讀書會同學分享，他看不見、也摸不到內在小孩的經歷，但他和同學們當時也不知原因，於是也不了了之的散會了。

幾週後，他與讀書會的兩位夥伴聚會。在一個放鬆的燭光空間中（夥伴的家裡），問他有什麼想說的，留了一個小時的時間讓他說說。他當下想不到什麼困擾，搔搔腦袋想想，勉強地說，他有一個不知道算不算是困擾的困擾，就是他不太感受得到自己的情緒。

我跟夥伴說，我最多感覺得到的情緒是比較強烈的壓力、焦慮、憤怒等等，但是其他的情緒似乎是沒有。夥伴讓我就著燭光，放鬆，感受一下自己的狀態。在夥伴的陪伴和引導下，我發現自己的胸腔很緊繃，有什麼巨大的壓力壓著那種感覺。

我不知該說什麼，又害怕無聲的空白，於是什麼浮上腦袋就說什麼。我說了自己對於媽媽還是有憤恨在，那種很氣很氣他的感覺還沒有完全消失。夥伴讓我把這股「氣」試著釋放出來。我閉上眼，弓著背，緊繃著身體，體會那股很深很強的憤怒，並且用力的把氣從橫膈膜擠出來。我猙獰著臉擠出不知道多少個深呼吸後，令人難受的憤怒似乎稍稍減輕。

突然，有一股很深很強烈的悲傷，爆炸般湧了出來，力道之強，摧枯拉朽。

我像一個被母親拋棄的孩子，用盡全身的力氣嚎哭。哭聲震天，但我停不下來，也不想停下來。我這才看見，在對於媽媽深深的憤恨背後，我是那麼悲傷難過。小時候的我那麼愛媽媽，也想達成媽媽的期待，可是媽媽這樣對待我。

在哭嚎中我看見，小時候那個不被媽媽喜歡、達不到媽媽期待的自己，我也同樣討厭。我討厭我自己，我也恨我那麼糟糕、那麼不可愛。

「去死！反正沒人喜歡你！」

我好難過。

我明白了我看不見內在小孩的原因。因為我詛咒他，不愛他。在他還那麼小的時候，我就已經開始虐待他了——直到現在。

我愧疚地哭。我沒臉見他。我沒有資格祈求他的原諒，我也完全不認為他會原諒我。

天使般的夥伴此時仍不被我的哭聲嚇跑，留在我身邊堅定的支持我。我鼓起勇氣，忍著萬分羞愧，向內在小孩道歉。

「對不起啊～請你原諒我～你不原諒我也可以，真的很抱歉！」我無地自容的繼續羞愧大哭。

仍舊閉著眼的我，在黑暗中清晰地看見那個白影。那是七歲的我。

令我驚訝的是，我的內在小孩，這個受虐兒——居然早就已經原諒我了。在我一剛開始拋棄他的時候；而且，他一直留在原地，等待我，直到現在。

我從未想過自己值得被寬諒或守候，但得知自己被原諒與等待的那一刻，猶如被天堂之光照耀，前嫌盡釋，我從自我詛咒的枷鎖裡被釋放了。

原來我值得被原諒。我既激動又感激地哭，在放鬆中，慢慢停止哭泣。結束這一場自己與自己的、跨越時空的和解之旅。

感謝天地、感謝夥伴、感謝機遇、感謝我自己。

晴空的體驗扣人心弦。他經過了感覺的過程、身體的過程、思想的過程，終於認回自己重生了。在經過與母親和解、跟自己和解之後，才能開啟新的人生，並穿越情路的障礙。關於這點，讀者可以參讀第四章第三節「與深刻入髓的操控『離婚』」。

2. 關於「從『母親』符碼裡解脫」的體驗

我的讀書會朋友**阿黛**說了他從「母親」符碼裡解脫的體驗。

阿黛出身傳統大家庭，父母成長於農業時代，教育程度不高，許多性格觀念承襲於傳統文化中的家族觀、性別觀。他深受傳統家族倫理的影響，跟家族的關係尤其跟母親的關係，疏遠且糾結很深，在欲近實難又放不下之間掙扎數十年。

他認識的母親，是個任性、情緒化的人。母親覺得自己是個苦命可憐的女人，對生活的大小事總是在生氣抱怨；最常與公婆、丈夫衝突，也是最常跟丈夫負氣而離家出走。當無法排解婚姻生活挫折時，往往遷怒於小孩，打孩子可以打到奮不顧身，不管孩子死活，讓孩子傷痕累累的地步。

在母親的言行裡，他不會體會孩子對理想母親的想像：慈愛、溫暖、關懷，反而充滿了挫折情緒；而母親也始終不明白，自己的哀怨人生竟然與自己的孩子氣有關。

阿黛的父親去世後，留下的家業債務造成了兄弟姊妹之間無盡的困擾，親人關係張力很大。他說：每一回回家最沉重的，往往都是看到家人之間無解的爭吵與抱怨。他看見這是跟自己的不捨與拯救情結有關；更深一點看到自己對「家人和諧相依」有無底洞般的依戀渴望。

這幾年，讀書會讓他長出眼力，認識了他的母親與家人。尤其父親離世後更頻繁緊密地相處，看著母親日益衰廢的身心，因為無法接受新知而更加固著於舊習。因為傳統裡「理應對長者的尊與敬」而加深理所當然的依賴，卻因為主客觀因素變化難以遂從母親的心意，四處向人吐露自己重重的哀怨。

居住在外的他，既是傾訴的對象，更是索討的對象。夾在倫理裡要孝順的「血緣親」卻無法滿足「親密相愛」的矛盾裡，他終於長出力量選擇走出倫理脈絡，放下對母愛的期待，走向理解與接受母親受到傳統馴養而成的女性面貌。

然而，每回一趟家，面對母親時，他就發覺這個功課真是終其一生且時時刻刻地籠罩著！在家時，無論是照顧母親，或是面對母親與子女之間的相處文本，他的情緒心思依然輕易的被母親的哀怨勾纏著。但是隨著自己有意識地看見與自我陪伴，那些牽掛不捨的影響力道輕盈許多，這與他選擇跟「孝順」說再見是關鍵。

> 「生命，不是虛構的故事。」這句話放在我與母親的關係前半段，挺貼切的。我確實因為成長過程烙印的情感創傷而哀怨著母女關係永無解脫，痛苦於這段從生物性而來的血緣親情。我常常痛苦得淚眼問天：「為什麼我是他的女兒？他為什麼是我的母親，我卻感受不到一點母愛呢？」

他回溯母女的相處裡，大多是母親情緒性的打罵——學寫字時，不斷邊罵邊擦掉作業重寫，還有怎麼都教不會的數學加法，被要求照顧弟妹有疏忽，母親忙不完繁重家務時的情緒發洩，都會指向他是愚蠢的。

我的挫折淚水裡烙印最深的是：「你真是『笨』得連抓癢都不會（從台語的俚語翻譯過來）」。還有一直向周遭親友放送的：「長得真是醜，出生時的模樣被鄰居婆婆驚嘆：『怎麼會長得這麼醜！』……他的妹妹就完全不是這樣喔，人見人讚，搶著預約回家當媳婦……」

加上奶奶告訴我，出生未滿月因為不停夜啼，我就在某個夜半被丟棄在客廳沙發上，從此我就由奶奶接手照顧；幾乎每天要背著夜啼的我遊走街道，直到我哭乏了才能回家休息。所以從小跟著爺奶睡，跟奶奶親，覺得母親生了我卻拋棄我不愛我。

即使有了奶奶的愛，但是從青春期叛逆開始的母女衝突，我發覺自己其實以恨意來渴望母愛，以家族對母親的責備眼光來證明母親的不稱職，證明母親因為自私而無情，證明我厭惡母親的情緒完全合理。

然而，烙印在他身上的卻不是如此。他一直為自己的容貌身材自卑，非常在意自己的外表，愛買衣服與保養品的行徑可以用「上癮」形容，凡是能夠讓他「變美」的，他的理智線就自動斷線。情感受挫時，無論如何分析原因，心底裡始終有個聲音：是自己長得太高壯啊、臉太方啊，就是歸因於自己不夠「美」才會如此。

謝錦常說：「父母，是人一生最大的命運。」我對母親的忠誠就是，把他加諸於我的「醜、笨，不值得愛」印記在我的骨髓裡，不快樂地用了大半輩子拚搏企求擺脫，以獲得他重新的肯定。我不自覺地不停地幹著這些既不快樂又拚命的事，但始終沒能消除我與母親之間的疏離與恨意。

他到讀書會做功課才看懂這些認同的心理脈絡，承認自己渴望母愛，放下母親貼給他的標籤，接納自己，理解謝錦常說的「絕望」，是對現實有清醒的認識，是全然放下對他人認同的期待。失落母愛是孩子內在沉重的創傷。以為自己「不值得愛」的價值低落，醜又笨的印記讓他常常自憐又自疑，步履艱難的日子走得太久太痛了。除了讀書會，他也從心理學、社會文化心理知識得到啟發。他發現自己在母女相處上的糾結，一方面是愛的失落，一方面是沒有跳脫母女的倫理框架，從文化與性別的角度去理解母親。

於是我開始好奇母親的成長史，從中國傳統性別文化與家族文化去認識母親，看到母親的生命歷程裡其實沒有體驗或理解愛。活在傳統農業社會裡重男輕女的家庭，母親自己都活得卑微與壓抑；進入被外公安排的婚姻裡，無知又惶恐的在大家庭裡求存且自顧不暇，孩子成了母親唯一能夠展現自我力量的所在。

他從自身體驗大家族生活裡理解到，無知與無明不是對錯問題。母親是沒有能力從傳統女性的低價值感裡走出來的，畢竟自己都是如此匱乏了，遑論愛人的能力。

我從母親的生命史裡認識到，一個活在愛的荒漠裡的人，無法給予他未曾體驗的；而倫理親情中定義母親角色的責任義務，與「愛」的能力與學習無關。那麼，我失落的不過是倫理裡所謂的「母愛」，與眼前這位給予我生命的女人無關，他不過是傳統倫理制度下形塑的從來未曾與自己謀面的女人罷了。

這個旁觀的理解，給了我自我重建與重建母女關係的契機；我看懂自己聲嘶力竭期待的愛，期待於任何人都是苛求，我得從自己豐足，學習自我撫育。

看懂這位倫理上的母親，與我的人生觀世界觀大相逕庭，互相了解是太奢求了，但是因為這段關係的坎坷痛苦而能夠認識與理解文化中的女性容顏，我願意學習愛他。

這個內在轉化，終於在某一天的對話裡發聲。老媽又在眾多家人面前認真地介紹著童年的我：「他真是笨的可以了，1＋1等於多少這種題目問了一百遍都答不出來……」我看著自己內心的怒火一陣起伏升落，一反過往瑟縮暗自流淚委屈，我平和地對著母親說：「鄭女士，我今年五十多歲了，當老師教書幾十年了，不會是笨吧！以後別再說我笨了。」

這個體驗是，當我不再叫喚「母親」這個倫理符碼時，這個平等讓我得以發聲且不再索取認同。對於母親應該如何待我的倫理型憤怒，或者身為子女不應該忤逆父母的自責情緒，都隨著一回又一回的練習而散去。

其實，母親依然故我，我還是偶爾會受困於母女相處的衝突與親情牽絆。但是因為懂得，因為重新選擇「不再孝順」，母親之於我的匱乏渴望所產生的後座力不再是天搖地動的了，反而得以開啟學習「讓愛飛翔——愛自己與他人」，而這段路程也開啟了「生命，是虛構的故事」的母女關係後半段。

母親如今衰廢的餘生，卻始終無明無知因而悲苦。我除了理解，更多的是憐憫，以及感謝這段母女關係送給我許多認識生命、理解關係的知識與體驗，因此沒有了過往「應該孝順，但是……」的內在矛盾，能夠平和地對待這位鄭女士，其實叫不叫「媽」一點也不重要了。

倫理系統龐大且久遠，置身其間，包袱沉重，滿路荊棘，唯有走過荒野，才見新世界。這一路坎坷，一路風景，眼望耳順之年，穿越了孝順，長出了愛，正是阿黛覺醒功課的體驗所給的生命禮物。

3. 關於「自我消融在倫理體系中」的體驗

同樣是倫理問題，我的讀書會朋友**鄭緩**說了他的自我消融在倫理體系中的體驗。

有一回，讀書會圍繞在「是否決定和爹娘離婚」生命文本的一連串問答討論時，他的三觀（世界觀、價值觀、人生觀）震碎了一地！

他回想起上一次讀書會，家中因父親生病人力告急再度缺席讀書會而聯繫謝錦，謝錦在電話中說：「你的問題實在不小！」當週讀書會現場再度被詢問：「今日是否揹著爸媽一起來？」

事後，他非常明白自己並不曉得「自己不見了」，對於過往自己的作為或反應模式皆覺得天經地義、理所當然，甚至驚訝、疑惑——有哪個地方不對勁嗎？奴隸？為什麼自己這樣做算是工具？是奴隸？

為此，他特地好好了解一番什麼是奴隸：「奴隸是指被當成財產，其階級與牲畜一樣，受他人（奴隸主）支配的人類；沒有自己的人格、自由、權利，可以買賣；且奴隸主可強迫奴隸工作而不支付薪酬，且無人身自由者。」

他消化了這段文字後，赫然清晰的看見，原來自己因原生家庭、家族的薰陶，所以從小到大自己的價值觀、人生觀，乃至衍生到今天的行為模式慣性與生命動力，都是循著奴隸模式的潛意識在行進、發展，像是伏流一般的潛藏在自己的血脈中。他說：

> 小時候：知道父母為經濟所苦，為了討好父母，自己便會揣測上意，想當懂事的乖小孩。記得小學高年級時，當時同學皆開始在校外補習學英語，媽媽當時為了我們的競爭力著想，便也讓我和三

姊去上了美語課程。但自以為懂事的我，第一堂課回家後，就違背自己心意而決定放棄，便跟媽媽說：「我不想上了。」最後只剩三姊去上課。但每每他下課回來我都欣羨得要死，卻又要裝酷裝不在乎。

學生時期：雖然自己討厭讀書，但為了能領獎學金減免學費、補貼家中經濟而不得不拚命讀書；大學推甄科系選擇，即便內心拉扯，仍因現實功利導向考量（公立、就業出路）而決定最終科系選擇。

出社會後：自工作後賺了錢，即便台北生活大不易，每月也逼自己省吃儉用給家用。好幾次工作裸辭，工作轉換間的空窗期，沒有薪水收入，便覺得愧對家裡，自己沒用，是個廢人，連呼吸都充滿著罪惡感。

這幾年，常因處理爸媽老化衰退或意外事故之就醫、調解、照護等事宜的關係，而影響自己的工作、生活想望；且內心中常有姊姊們都已成家的念頭（再加上自己可能有潛在的男兒指望作祟），所以覺得重擔似乎得由自己一肩扛起；因此很常放棄自己的想望或背離自己的生命軸線。

前幾年自己常會有「萬一自己結婚，那家裡該怎麼辦？」的想法出現（且總覺得婚姻似乎離自己很遙遠）。

去年媽媽生病住院，也打算著等台北住處租約到期，就結束台北的一切搬回家中（但後來暫時有踩煞車，目前還保有自己的自由小空間）。

今年爸爸意外住院，第一時間，便也無意識地拋棄自己生活的一切，奔回家裡處理相關事宜，沒有自己。

最近在醫院與家中照顧爸爸的時候，有時會浮起媽媽的身影，覺得自己也必須要像媽媽一樣「賢慧」，盡力地無微不至的把爸爸照顧好；家裡的運轉，也全圍著爸爸，以他為中心打轉。

啊！是啊，沒錯！人不會懷疑自己的思想，所以要看到自己的念頭！看著自己從小到大這一路以來的脈絡與相關念頭，我的確是把自己當成工具在運轉呀！看著童養媳的外婆、認命媽媽的身影，而無形中模仿著他們生命的軌跡／模式，並認為秉持著「無我」精神的活著是天經地義的愛的行為，而活成沒有自己的人格、自由、權利（不懂也不擅於為自己爭取權利），讓自己慢慢地消融在倫理體系中，沒有自覺！

鄭緩看見自己從小一路以來對自己非常苛刻、無愛，對此，感到非常悲傷。他不知道，親人相聚是為了離別，男女相聚是為了相守；若困守在親情之間，是背離自然規律的。

三觀震碎的體驗，讓鄭緩醒了過來，發願回復自由身，決定要學會更愛自己，要學著在慣性放棄自己想望的時候喊停，緩一緩，看看有沒有其他的可能性。他告訴自己，值得去追尋、擁有自己想要的人生與生活！他明白，雖然從奴隸要開始有自覺的去思考自己想要什麼，並勇敢去掙扎、爭取與實行並不容易，也非常的不習慣，但要啟程，才能重生！

鄭緩這次的體驗是很有力量的。他很快就把過去認為的父母家是自己的家，轉成自己所住的地方叫做家，從以前的「回家」轉成「探視」父母；並從擔心、承擔轉向關心、尊重，從孝順轉向愛。

4. 關於「母女文化價值觀差異」的體驗

本質先於存在。人是環境的產物，是文化的產物。在快速變遷的現代社會，生活在一個屋頂下的親人處於相同又不同歷史階段的時空中，世界觀、價值觀自然會不同，這種差異可在小細節中顯出來。

我的讀書會朋友**小呂**出身牧師家庭，他很有現代意識，知道主體是什麼，知道尊重的重要性；但牧師媽媽雖然傳基督福音，心理根基卻仍是中國傳統倫理的，於是發生了下面的插曲。

他說他工作行程中剛好可以順路回家，於是特意從花蓮帶了媽媽愛吃的手作肉桂捲回家當伴手禮，自己也買了一份打算回家享用。

回家後就把肉桂捲放在冰箱內，想隔天下午可以邊看電影邊吃。等到次日早上起來開冰箱，發現肉桂捲不見了。就問媽媽是否是他吃掉的，媽媽說他只吃自己的份，應該是弟弟吃掉的。然後他就很有情緒，因為是他珍惜的食物，但沒被告知而吃掉，他覺得很不能接受，於是有下面的一場對話。

媽媽說：「啊就一個肉桂捲而已，你有必要那麼生氣？再買就有了，弟弟就肚子餓吃掉啦，你給他吃又不會怎樣？」

我：「可是弟弟沒告訴我啊，如果他先問我，我也會給他吃。那是我的東西，他應該要先問我。」

媽媽：「不是啊！放在冰箱裡的東西就是大家的，你要知道這點，不應該生氣！真小氣！」

我：「不是啊！就像我拿冰箱的東西吃的時候都會先問大家可不可以吃，這是一種尊重啊！我不懂跟小氣間有什麼關係？」

反正後來我媽就說他沒辦法理解我的想法，覺得我怎麼這樣想，為什麼要分彼此，反倒覺得我自私。我們討論到後來，我就生氣地進房間哭了。

小呂哭完之後，忽然看到，原來這是一種中國文化「一起」意識的呈現；就是家族內不分你我他，你的就是大家的，大家的也是我的。特別是家人，更不能分別、計較，因為會傷感情。

小呂這才意識到自己沒有「一起」的意識，所以總認為每個人的東西就是他自己的，因此才會連結到尊重。但對他媽媽來說，這就是一種稱斤論兩的計較，更別提談到價值觀的方面了。

小呂也從這件事上體驗到，帶著意識，就能從小事看清楚問題的根源和本質。明白了不了解文化對人的影響，就會陷入情緒中形成對立。

5. 關於「業力形成的軌跡」的體驗

談到倫理，就跳不出「業力」這個課題。第二章提過，「業」，是佛教用語，指人的思想、情感、言語、行為等一切身心活動；這些活動都會產生力量，所以叫「業力」。業力若制約或阻礙了人的生存，就成為「業障」。

人來到世上，「業力」的開展基地是家庭，因此家庭自然的形塑了人的性格（慣性）；這些慣性幾乎都會有形無形又無聲無息的傳承在家族成員中，家族成員是無意識且無法拒絕的。

每個家庭都有自己獨特的性格特質——慣性軌道，直接影響家族成員的命運；看不見就一直在輪轉，看見了才能斬斷輪迴。

我的讀書會朋友**書柔**看見了業力形成的軌跡。

他說，在一次讀書會「多元論壇」時段討論弗洛姆的《愛的藝術》時，他提到小時候基督教詩歌「愛的真諦」裡「愛是恆久忍耐，又有恩慈；愛是不嫉妒，愛是不自誇、不張狂……」影響他對愛的看法。

坐在旁邊的同學馬上回應說：「啊！你就是受宗教歌詞的影響被制約、洗腦，形塑你犧牲、奉獻的樣貌。」

當下他直覺好像不是，一口否決，並說那是他從小到大隨口就可唱出的一首歌曲，並沒有入心，但又不確定是什麼形塑他犧牲、奉獻的性格。

到了晚上與愛團夥伴聊天時，腦際突然像電影播映一樣連續出現媽媽的影像：是媽媽在我懂事後，我遇上挫折、頹喪時，他口頭勸告我，凡事要忍耐，才會雨過天青；在職場上，不如意時也叫我要忍耐，景氣差，工作難找，忍一忍就過了；在婚姻中，遇到灰心、困難、難過時，他一樣的口吻說他也是如此忍過來。

不知何時，我曾問過媽媽，為何他老是叫我要忍耐？他的回答是，外婆及他的姐姐們也都是叫他要忍耐啊！啊哈~原來我的犧牲、奉獻複製媽媽，是源自三代的「業力」！

書柔看到，業力制約的結果，造成自己對生活中的事情常無法判斷，連要吃什麼？該不該與朋友出去看電影？這樣做好不好……種種瑣碎的事情都受到影響。

因為在業力制約中，書柔眼中的世界彷彿存在一套行為標準，可以精準的判斷怎樣做才是好的，即寧可犧牲自己也不為難對方，不要因自己的選擇而影響別人的利益、權利。

長期忍耐的結果，使得媽媽也被困在婚姻裡，無法做他想要的；而我則是沒有自己的聲音、主見，對自己、他人和世界沒有了判斷力。漸漸把外界對我的影響和評價內化成自我認知，很容易被人洗腦，被人牽著鼻子走。

書柔看見自己業力形成的軌跡，看見向家族輸誠效忠，成為「賢孝子孫」的模樣，看見業力影響之深，看見「原生家庭是人的原罪」這件事。這深深的觸動他，決意要走出這個輪迴。

6. 關於「隔代創傷」的體驗

家在，業力就在。它並不止於上一則書柔所描述的在兩代之間，其力道常是穿越時空一直籠罩著全家，若剪不斷就無法停止輪迴。這裡看一下我的讀書會朋友**晴空**由業力隔代直傳造成創傷的體驗。

他先前從死裡認回了自己，穿越了二十年的情傷，也跟母親和解了。看來覺醒路上「業績」輝煌，目前正迎向單純熱情學習新事物的興頭上。

他對自己的英文實力好奇，許久不曾考試的他，最近巧遇機緣，報名了年底的多益考試。隨著考期迫近，他觀察到自己鮮明的緊張反應：橫膈緊、想多吃、一直冒出雜念。他忍不住讚歎，報名考試真是個理想的修練場——尤其是面對自己的念頭。

他最常冒出的念頭是：「我到底有沒有進步？」因為畢竟只是念頭，他既沒壓抑它，也沒鼓勵它，但它似乎住進了自己的橫膈膜，時不時的壓迫胃部。他才發現「考試焦慮」仍在他血液裡流動；而它這麼持久，顯然不只有這情緒本身，還有些什麼在它背後搧風點火。不過他一時看不見。

他的理智上來說，這焦慮毫不合理：自己考試純為興趣，不申請學位與工作，也不跟自己和他人相比，唯一設定的目標只有「台大一日遊」：當天出現在考場、寫完，然後出來，就達成任務，這樣而已。所以到底有什麼好緊張的？

邏輯上無解，他大概知道問題應該出在某些更深的東西。這時他想起邀約爸媽一起參加考試，也遇到一樣的情況。爸爸在報名前臨陣脫逃；媽媽更是一開始就顧左右而言它。但兩個早已退休的老人，哪來考試焦慮的理由？承襲兩老基因的他，完全想不明白擔心的理由，但是如鐵甲般的橫膈膜，和時不時衝上頭的雜念，已經太過搶戲，是不得不面對的時候了。

本週日，我調整呼吸，開始靜坐。讓意念深入快把我的腹腔裂解的橫膈膜。忽然，有句話冒了出來：「你就是要第一名！」

天啊。原來如此。不過，被這句話咆哮的人，不是我，是我媽。

我媽是一名小學老師，我從小到大，他講過無數次外公以前如何嚴厲管教他的事蹟。媽媽小時候，只要哪次段考不是班上的第一名，外公就會嚴加責打，印象中，藤條竹枝皮帶甚至磚塊石頭，都被外公拿來打媽媽過，罵過的詞句更絕，可以讓人懷疑自己該不該出生。媽媽的低自尊、要求完美和嚴厲，基本承襲自外公。所以，即使我恨過他在我小時候過於嚴厲的管教我，但實際上他應該比外公溫柔一百倍了。

意識到我害怕考試的源頭，居然隔了一代，實在不可思議。媽媽形容外公打他，繪聲繪影，我只當故事來聽。但「考不到第一名就該死」這件事情，至少媽媽從未如此要求過我。

了解到這件事時，橫膈膜突然鬆了下來，不可思議。我居然為了媽媽的人生經歷「餘悸猶存」，說來荒謬，這是怎樣的隔代複製？！事實上，外公在我三個月大時過世，根本沒參與我的人生。而我的媽媽，對外公的恐懼更是持續至今，而外公已經離世四十年了。

我和媽媽，用情緒記憶切下歷史的縱深。那麼遙遠以前的事，連接到那麼遙遠以後的現在。我怎麼會知道要去面對不屬於我的記憶？理智上無法明白的事，怎麼推理也徒勞。透過情緒開門，終有一線憶起並面對的契機了。

以身體當爐，以情緒的反應為柴，以覺察入手，磨利覺察力自能逐漸深入。晴空的體驗又讓枷鎖鬆開一層。這是生命往自由路上走的足跡。

7. 關於「看見祖先鬼魂引路的婚姻」的體驗

本則又是關於「業力」牽引的故事。我的讀書會朋友語情說了他看見自己的婚姻是祖先鬼魂引路的體驗。

他正值一枝花年齡。有一天，答應朋友約吃午飯，但雙方都沒約地點。他拖到當天一早才聯絡朋友，結果是朋友說已跟顧客有約，今天飯約要取消。

該朋友也約他週日參加一個活動，而他答應後也沒再和對方確認過。他週日直接到現場發現活動已取消。他打電給朋友，朋友說：「啊！我忘記告訴你活動取消了。」

他回到家，告訴先生這兩件事，先生說這朋友也太扯，覺得他很不尊重人。而他則完全沒再想這位朋友，他看到的是自己。其實兩個約他只有百分之三十想去，所以吃飯約取消，他反而覺得好。

但他從週一到週日心裡都掛著「和人有約」，又沒有很想去，所以有種「自我騷擾」的感覺。同樣週日活動約也只有百分之三十想去，但還是因與他人有約的承諾，在沒確認的狀況去了，結果撲空。

這些行為背後的系統是什麼？

今天讀書會謝錦提到要建立自己的系統，時間的排序等。我思索著自己最近的混亂，走回家的路上想著，看到是跟逃避有關。看到的是讀書會的「讀寫功課」每次都遲交，而目前進行的又覺得困難，心理有逃避的狀況，只好生出一些沒有意義的事情來填補，看到後感覺超級得不償失！

到了晚上有了重大發現：這輩子給自己貼的拖延症標籤，其實不是拖延症，而是「逃避困難」。

從小到大，我都有「逃避困難」的慣性，而這個慣性讓我跌到谷底的就是「結婚」。當初就是不想再面對工作上的挫折，看到夫家經濟狀況不錯，先生看起來也老實，所以就嫁了。

這又讓我瞬間看到媽媽說當初嫁給爸爸，是因為爸爸家開工廠，爸爸又老實，所以就嫁了。

看到這裡，覺得毛骨悚然，感覺自己現在在說鬼故事。

有了這體驗，原來的系統才有縫隙，光才能照進自己的無明世界，才有重新選擇出發的可能性。語情已經開眼起步了。

8.關於『女神』引路見業力傳承」的體驗

人的成長通常要有人來啟蒙。在東西方的文化中，尤其在文學藝術裡，常見到「女神」意象。意思是「泥做的骨肉」（《紅樓夢》中寶玉語）的男人，需要一位女性來啟蒙，就如《紅樓夢》中「以淚洗石」——黛玉啟蒙寶玉一樣。

下面一則就是我的讀書會朋友**微笑**藉「愛之旅」開啟他男人走出業力的故事。

他說，他先生急症在急診室時，每天兒子來電關心且要爸爸放心，說自己已經長大了，可以照顧好家裡及阿嬤。他當時從先生痛哭流涕的反應狀態，直覺是先生的內在小孩來到現場；當時不敢多問，但直覺是先生與公公的故事。

當時他將手輕放在先生後背，靜靜陪先生哭，讓情緒流動與釋放。他明顯感受到先生一股悲傷與身體的顫抖，從後背一陣陣傳到他的手掌，感覺先生的盔甲正在慢慢瓦解，在他面前展現脆弱。

他對公公如何病逝的細節並不清楚，但可以感覺到兒子的那一聲「爸爸」，讓先生掉回到年輕時所遇到事件的感受裡，說不出口的真相，在那時不用語言卻可以感受得到。

這次微笑藉此透過夫妻共讀薩提爾的冰山理論練習向下挖掘：

我問：在醫院兒子來電開口叫爸爸，你突然泣不成聲，那眼淚是什麼？內在感受是什麼？

先生告訴我公公離開時，他就如同兒子這般大。當時聽到兒子那聲「爸爸」是他的投射，像是先生呼喊著他的爸爸，說著相同的話，要公公別擔心，他長大了，會照顧媽媽，也會把家裡照顧好。當時還渴望著父愛，但同時也被迫扛起家裡責任，所以當自己聽到兒子說一樣的話時，哭著跟兒子說：「爸爸很抱歉，爸爸沒有處理好。」說到這時，淚水在先生眼裡打轉，夾雜著哽咽顫抖的聲音。

我把手輕放在他的手背上，告訴他慢慢來，我安靜等待，給出空間，當下感覺先生穿越回去面對他與爸爸的故事，陪著他哭，一同感受他的感受。

微笑說，先生急診期間兒子因疫情常在院外待命支援，清楚記得兒子的表情，就跟那週大雨一樣的沉悶，期待著雨過天晴。他覺察到兒子的驚嚇與擔心，站在院外跟兒子說說話，關心兒子的狀態。兒子同樣要他及爸爸放心，不用擔心家裡，自己長大了可以扛起責任了。當時這個「扛」讓微笑全身發麻，當時心裡跳出「忠誠」二字，公公、先生與兒子，業力傳承好驚人；也體會到先生夾在最愛的兩個女人之間該有多難啊！

9. 關於『男神』以三命引路」的體驗

「女神」引路的故事，雖然在東西方文化中是常態，但並不表示沒有「男神」造就女人的狀態，只是一般比較少見而已。本節說一個「男神」啟發女人的故事。

我的讀書會朋友**小雨**說，「好好面對生離死別」這句話雖然聽起來、看起來沒什麼，但真要經歷過體驗過後才知道這是很沉重的，也是需要練習的。

二〇〇〇年我面對心中的大山消失，整個人消極蹲地，不知道自己還剩下什麼？我人生中唯一的精神支柱就此離開，我怎麼辦呢？我整整消極了兩年，每天陪伴我的就是痛苦與悲傷，我也整整哭了兩年。這期間我對婆家充滿著憎恨，恨自己無能為力、恨自己做不了自己，我變得冷漠、也不太說話，直接把自己關起來躲在角落獨自哭泣。

直到有一天夢到爸爸，爸爸說道：「小雨有夠愛哭的，我實在受不了了。」我才驚醒過來重新站起來，好好學習整體自然療法。

小雨說，他父親去世後，有天夢到僅見面幾次的謝錦出現在夢中；夢境是太陽在後，謝錦出現在太陽前，朝他走來。他想這也許是因緣巧合，是父親為他找的人生導師吧！於是在根本就不知道讀書會是個怎樣的團體，也不知道要做什麼的時候，就一腳踏進讀書會。

他進入讀書會十二年，學習最多的是這個「信念」：人是獨立完整、獨一無二、無可替代、有意義的生命體。

二〇一八年八月八日突如其來的意外到來，大兒子發生車禍正在搶救中。我跟先生趕往醫院的途中，孩子電話中告知哥哥已經離開了。先生崩潰大罵我，而我靜靜地告訴自己：「孩子已經走了、孩子已經走了、孩子已經走了！」我問自己我還能做些什麼？

好，我願意接受孩子已經走的事實，我願意面對孩子已經走的事情，我願意好好道別，用祝福的心來陪伴孩子面對祂經歷的事。

到了醫院，醫生先跟我們說明搶救過程，其實也是希望我們能先緩緩再見孩子最後一面。醫院的心理諮商師陪伴在我身邊，一直問「你還好嗎」？我堅定的告訴他，「我很好，別擔心。」

看著孩子，我用溫和堅定的語氣跟孩子說：「我們都不願意碰到這樣的事，爸媽沒有怪祢，但現在我們碰到了，我們要一起勇敢面對這突如其來的事，祢要好好的放下，跟著菩薩指引的光走。」

為什麼我會這麼做，我也不知道當時我會這樣說。也許是我覺得人的靈魂是需要陪伴與支持。而我也正做給孩子看，當我們面對生離死別時我們也可以練習這樣做。

二〇二二年三月二十三日先生打電話給我，叫我回去救他。我聽到時非常着急，趕緊回家幫他叫救護車送醫；過程中我一直陪伴著他，從進醫院到轉院。我看到他的擔憂，尤其是轉院需要額外負擔費用時他猶豫了，我告訴院方趕緊安排。

轉院後我一直陪伴他到他進病房前一刻。當他知道我無法陪伴他時，他說：「你走了，我怎麼辦？」我說：「我回家準備衣服，手機也沒電了，我回家準備一下再來陪你住院，我很快就會來。」沒想到凌晨兩點多醫院來電說先生搶救中，我趕緊去電給兒子趕往醫院，兒子馬上去電給弟弟，要他立馬從台中搭計程車回台北。

當醫生再次告訴我們已搶救第二次時，我們接下來要決定是否要繼續搶救。兒子問：「目前搶救與不搶救的差異是什麼？」醫生說：「是一樣的。」我們母子三人看了彼此一眼，一致同意不讓先生受苦，同時決定放棄搶救。

生命的功課總有難受的禮物讓我們可以從中學習到什麼。父親的離開我學會做自己；兒子的離開我學會照顧自己的身心；先生的離開我學會了活在當下。

經過這些禮物的洗禮，小雨明白了面對生離死別是人生的一大功課，這事沒法讓任何人可以準備好才去面對。無常總是在我們的身邊流動著。所有的發生真的驗證了：在你需要知道的時候，就會知道你需要知道的事！所以只要練習就好；活在當下、珍惜自己身邊的人、事、物就好。

雖然如此，小雨由身邊三代三個最重要的男人的生命排隊來啟發、引導，時長超過二十年，這份生命禮物未免太沉重了。

10. 關於「看見並放下報恩使命」的體驗

陷落在倫理中失去了自我，報恩也是一個面向。我的讀書會朋友**曉蕊**說了他看見並放下報恩使命的體驗。

他說，他最近翻閱高中時每日的簡短心情紀錄的日誌本，上面記著：有一次肚子痛，跟家人一起去看腸胃科的資深醫師，雖醫生也一時看不出所以然，問診的結論竟成了他「生來是向父母報恩的」、「唯一的缺點就是太愛讀書」。

當時的他返家後，不知怎地，這些字句竟使他眼淚盈滿眼眶，哽咽之餘，任糾結的情緒化作兩顆淚珠，落下雙頰。

他說，那時青澀的自己，認為愛讀書是對的道路，是該階段自己被外界賦予的唯一重要任務，所以不懂這怎麼會是缺點。那時他更受理性的驅動，十分壓抑情緒，很少留意自己的感受；極少哭泣，「哭點」很高；不習慣自我覺察，缺乏契機動力、也不知道如何往內看見。

然而，身體是誠實的。現在我能看見，我流淚，是醫生的一句話，道出了我深藏的信念，它驅動我的行為慣性，卻也造成我的痛苦。

我把「向父母報恩」，理解為我活著的重要使命和目的，甚至我生命價值之所在。因此我被賦予能力，透過努力，加上幸運，爭取到成就，而受到肯定——我認為這個模式，就是我應該要依循的方向。

「缺點就是太愛讀書」，不只如醫生所說，造成了壓力，使身體產生症狀；更深一層的是，我很用力地驅動自己努力達到目標，滿足師長、親友、社會的期待，但這是非常壓抑的，背後是自卑，並非真的做自己。

曉蕊為自己的行為模式感到痛苦，只是以前在痛苦中不明所以；而今開眼，讓他看見當年醫生的話語，和自己流下的淚珠，是生命的禮物。

而今他明白了，生命的價值，是自己定義的。放下用理性包裝情緒的習慣，好好做自己，活出生命的價值，擔起自己的命運，不再承擔他人的命運，他不再需要向誰報恩。

11. 關於「急切是驅趕陰影與匱乏的自我防衛機制」的體驗

我的讀書會朋友**阿黛**（參第二則說明）說，他曾經跟朋友聊天時，說起自己看到美麗的東西就會衝動下手，朋友笑笑的說：「你個性蠻急的。」這句隨口說的話，對於他這樣一個容易隨風起舞的人來說，放在心裡好久，介意的當然是，認為自己不是這樣的啊！

經過一些年後，他終於看懂自己的「性急」。

我的童年養出來的自我詛咒是：「笨」與「醜」，兩者成了我內在的陰影與匱乏，同時也是我努力要「打光」照亮的所在。一看到「形似」的醜或笨，就是一陣杯弓蛇影地猛烈敲打。像莊子寓言裡因厭惡自己的影子而逃避，疾走累死的愚者，急著驅趕以為又是讓自己難受的緊箍咒。

所以，購衣衝動是其一（驅趕「醜」）；愛打破砂鍋問到底也是（驅趕「笨」），黏著在他人的評斷上（驅趕「笨與醜」的延伸——我不夠好）；要讓別人好起來的控制欲／拯救情結（驅趕「笨」的延伸——不要別人活在陰影與匱乏的煉獄裡）……或是，慣常地鞭打質疑自己（黏在「我不夠好」、「我很糟糕」），也是一種「急」，經驗了驅趕無效之後，以自責（自我攻擊）來驅趕。

「性急」，對我而言，是一種驅趕陰影與匱乏的自我防衛機制。

看見了這些，當他在面對周圍人際的求助時，就能深切的覺察自己的「急」。其中有自己沉重的陰影投射，將他人的煩惱痛苦都與自己的經驗黏在一起，因而感到「切身」，這個狀態對他而言，就會是「迫不及待地急切」要處理解決了。

現在，他逐漸在覺察到「急切」時，停下來，看著尾隨急切而來的各種自責或指責／操控不可得的挫折情緒，在其中感受自己宛若深淵的悲傷，感受著對他人痛苦卻無從置喙或作為的悲憫著急（有他自身際遇的投射）；因為帶著意識，因此不評斷地感受著情緒，卻不沉溺其中，安靜地陪伴自己咀嚼琢磨。

至於面對眼前人的痛苦，同理同在的陪伴，還有帶著淚光的祝禱，明白每個生命自有機緣與出路，面對當下，實事求是，不強求（對他而言，是放下自我投射的拯救情結）。他感知到，自己如實、柔軟與安靜地對待自己。

12. 關於「撞見童年的傷」的體驗

童年，是人存在的地基。按照中國古人「三歲看八十」的說法，和西方心理學精神分析學派「六歲尤其是三歲之內就已經完整建設好一個人」的研究結果來看，人幾乎是難以超越自己童年制約的，何況其中又有「業力」的牽引呢。

我的讀書會朋友**珞霖**就在養兒中看見了自己童年受傷的印記。

他養了個兩歲出頭的兒子。他說這週在面對孩子的「生氣」時竟然破功了。因為先生這週工作天天加班，孩子又逢感冒並不太好睡，也容易鬧情緒，這樣也不行，那樣也不行。就在某一次餵藥的過程中，搞得他理智線也斷了，只好用粗暴的方式強行灌藥（平常好說歹說，孩子是可以自己慢慢喝藥）。

因為這一次孩子鬧情緒反覆無常過久了，他一股腦想要快點解決「灌藥」這件事情，早已忽略孩子對吃藥的抗拒；加上這幾天連續下來，他也沒有好好照顧自己的身心，惱怒之下，只希望快點餵完藥。

不過就在這惱怒之後，他的心裡並不好受。理性回來後，知道自己應該更有耐心地安撫孩子，但卻情緒化地用粗暴的方式面對孩子，那種理性與感性的交戰真不好受。

> 突然，在我閉眼懊悔的瞬間，難受地看見自己跟我老媽罵我們小時候是一個模樣啊！原來我那看似溫和的外表之下，還有著我兒時吸收母親情緒化的一片天，現在卻被我的孩子激發出來啊！難怪在某一瞬間，我有一種在演我媽的感覺，然後孩子彷彿是兒時的我之錯覺。

他看見內心受傷的孩子需要客體分離的空間；而自己得更有意識地先照顧好自己，才有心有力面對孩子的教養。畢竟，育兒的路上，總會在與孩子互動的情緒中，持續撞見自己童年的傷，而這正好是「天使」捎來的生命禮物。

13. 關於「海邊與童年相遇」的體驗

同樣是撞見童年的傷，我的讀書會朋友樂樂遇見的是另一番風景。他說，這兩週陰雨綿綿，又濕又冷。朋友傳來《魂斷藍橋》主題曲，超級美音合聲。這個季節聽著這麼迷人的旋律與合聲，竟不知不覺地把情緒晃盪到了谷底。

他於是開車走淡金公路往金山方向，一路上迎面而來的是東北季風與忽大忽小的雨幕，真正見識了淒風苦雨。車子開到石門的婚紗廣場，雨勢稍歇，他下車看海。

海面上的浪因東北季風的助力顯得異常洶湧，一波比一波高，一波接一波強，看到大自然力量的原始與強大，震懾之餘雖有些許膽怯，但海天一色的遼闊、浪波曲線的優美、後浪追逐前浪而迸出的雪白浪花，始終是我百看不厭的景色。

就在我打算轉身離去時，感覺一股不捨與無奈，有一點撕裂的痛。我迎著吹拂而來的風做了深呼吸，身體的感受是心痛。剎那間我看到十歲的我：望著海邊、惆悵的表情、不忍離去的身影。

我十歲那一年，跟著父母舉家從淡水海邊搬遷到羅東鄉下，遠離熟悉同伴遠離海岸邊。在當時懵懂的年歲，毫無心理準備的情況下，搬家恐怕類似連根拔起。原來那份無奈惆悵一直跟隨我到現在，變成我潛意識裡的憂鬱孤單因素，並時不時的要我回來「重溫舊夢」。

此時，我有些明白我享受做為旁觀者的緣由，同時相對的，我也會拉開我與他人的距離，形成人際關係的疏離。

樂樂體驗的表相是他對海浪海景的迷戀，潛意識裡卻藏著生命史中深遠曲折的過去與影響。

在風雨中，在情緒的低落時，能收此禮物，不枉了保存在細胞裡的壓抑情緒，以及學習中知道的明亮與黑暗是一體兩面，快樂和憂傷綁在一起，懂得和情緒低落時的自己好好相處，甚至享受其中，也因此而得以穿越。

14. 關於「情緒與身體關係」的體驗

身心是一體的，疾病是人的本質，症狀是心理意識的外顯，卻常態性的被忽略。這種分裂會造成二元對立帶來的傷害。我的讀書會朋友**采知**體驗了情緒與身體的關係。

在他的知識裡，早就知道情緒與疾病的關係，可事件當時完全無法體會負面情緒與身體的連結。直到前夫提出離婚的那幾天晚上，只要躺上床就開始感到心臟痛。他說：

當離婚協議無法達成共識，前夫每天狂飆五字經及逼我匯款，在這樣的恐懼及壓力下數個月後，每天早上一起床就是胃痛；後來加上胸部疼痛，女性生殖系統也出問題。而當我把錢匯給前夫兩天後，痛了整個月的胸部立刻不痛，胃舒服很多，生殖系統也不像之前讓人覺得很怪。離婚後兩個月則出現「味覺失調」情況，失去甜味及鹹味覺，只對酸味有感。

經過這一段路程，**采知**終於讓知識進入生命，體會到情緒與身體的關係；之後只要身體不舒服，就會審視發生了什麼事？同時只要有情緒，也會感受看看情緒在身體的哪個地方？這是往身心合一的路上走的足跡，是個好消息。

15. 關於「破除執念，穿越情傷」的體驗

人受生物需要繁衍的遺傳基因驅動，天生就有情欲需求。正是這個情欲才能創造新的生命，於是戀情就有了致命的吸引力。也因為如此，一旦這股驅力受阻（如失戀），會阻斷生命之流，產生極大極深的傷害。這種所謂的情傷影響非常深遠，穿越過去能得新生，穿越不了就會困一生，嚴重的還會活不下去。

這裡說一則我的讀書會朋友**小偉**穿越情傷的體驗。

他說，他的人生有一段非常重要的轉折點，是在二十五年前結束的一段七年戀情。那段經歷在當時給了他很大的變化：痛苦、失落、轉職、壓抑、惕勵。二十五來，他每每談到這一段，總是以一個受害者的角度來陳述這一個經歷，也充滿了「一定要做給她看」的念頭。

那是三十二年前，他在大學排球場遇見正在打球的「她」——穿著咖啡色的上衣深色的褲子，和其他同學應穿著的運動服反差非常大，他深深的被她吸引。他剛好拿著相機，猛拍著她的照片；過了幾天照片洗出來了，就藉故拿給她來給自己創造機會，就這樣開始了他們的戀情。

他會去課堂上找她，她也會來足球場等他。他偷偷的送花到她家門口，也偷偷的溜進她的房間。在學生時代是他們相處得最愉快的時候。

畢業後他在北部當兵，她也等了他快兩年。退伍之後他回到家中工作，在家裡幫忙跑業務，他們就這樣開始了南北分離的階段。但是這時候他父親的公司處於破產的狀態，自己也沒有什麼收入，晚上還必須在補習班教書來賺取自己的生活費。

南北的分離使他們減少了見面的機會，加上她比他早投入職場，而他目前投入的職場卻是一個看不到未來的狀態，生活也非常的拮据。一年之後他覺得自己無法幫助父親的公司扭轉乾坤，而他自己也做

得心灰意冷毫無成就，她便建議他到台北找工作。這時候她所待的公司剛好有一份業務的工作職缺，他們就因在同一家公司工作，也結束了南北分離的狀況。

在台北工作將近兩年多，也許他就像個打工仔，沒有存下什麼錢；雖然工作上面得到賞識而快速的升遷，但生活上面仍然相當的拮据。就在一次盲腸炎住院的時候，她拒絕來醫院照顧，讓他開始發現們的關係有了變化。

他出院之後急忙去公司找她，卻遠遠的看到她上了另外一部車；這時候他終於明白了她最近的冷淡。他忍不住問她，最後她告訴了他一個事實，她說「你從來不愛你自己」，「我看不到你的未來」，她想投向另外一個比較有未來的選擇。

這段戀情的結束讓我陷入極大的痛苦。我為了要讓自己接受這樣的事實，把自己關在房間並告訴自己，直到接受這個事實才可以離開房間。就這樣我關了三天。三天後我接受了這樣子的現實；我接受了自己是一個沒有未來的人；我接受原來我過去從來不愛我自己。我必須努力做出一番可能，來證明我的價值。

從這一刻開始，我對感情失去了真誠投入，我也不願意再為任何人付出過多。一心一意投入工作，開始了我二十五年的生存奮鬥史。走過離職、出國、創業等為自己證明的歲月。

在二十五年後某個特別的一天，他無意間夢見她突然來找他，說「好久不見」。醒來之後他低頭坐在床緣，清晨夢醒，半黑的空間，突然腦際播放著一段段有她的記憶。然後一肚子狐疑：二十五年沒見了，他也很少會去想起她，此刻，那好久好久以前分手的女孩為何又來到他夢中？

於是他上網從ＦＢ搜尋她的蹤跡。再次看到她的照片時，整個心頓時紛擾了起來，再度被帶回到二十五年前的狀態，並搜尋七年所有的畫面。他深深的陷落。……

過了這一段回憶的時刻，緊接著而來的是令人窒息沉悶不愉快的感覺。他掉落回到當時分手的痛苦情緒當中。

記憶中她帶給他很大的心理壓力，他總是努力的扮演她所期待的樣子，努力的想要符合她的期待，努力的想給她最好的呵護。那種再度回到了二十五年前從她身上傳遞過來的無奈、壓力、不舒服的感覺，跟現在是一樣的，好重好重。這讓他白天在工作的時候心情顯得沉重。沒意料到這已經是二十五年前的事了，居然還會這麼深刻的留在心裡。

在一段沉悶的心情之後，他突然問了自己一句話「我的不快樂是什麼」？問了這一句話之後，接下來這一刻他突然發現——

原來我們一點都不適合。我們不是同一個世界的人。為了維繫我們之間的關係，其實我是心力憔悴的；甚至我們的宗教信仰是不一樣的。可是當時情感是盲目的，我努力成就我們在一起的可能性，到最後我丟掉了自己，把我自己變成了一個受害者。

為何我當時不是這麼想，過了二十五年我才發現，我居然被一個執著的念頭困住了二十五年。其實當時應該可以是美好的結局，因為我們不適合；如果我當年接受了這個分手的決定，以一個理性的念頭來看待我們的結局，那我就不會被這樣受害的情緒困住了最苦的頭三年，以及接下來封閉的二十二年。

這一刻神奇的事情發生了，當我內在來到了這一刻突發的了悟，過往那種因為她選擇另外一個人結婚，而她說我對她而言是一個看不到未來的人，這樣的失落沉重的情緒，那樣被否定的不甘，突然之間就消失了。我不再感覺到心裡的沉重，甚至努力的想要去找過往心裡沉重的感覺，它卻找不到了。

這一切突然的轉變，發生得如此的快速——就在那二、三秒一瞬間，我的世界改變。轉變而來的念頭是——我們早該分手了，本來就不適合，結束是好事一件，我不用再背負一個想要逆轉所有期待的壓力，我不再需要證明我的價值。

他背負了二十五年被否定、被遺棄的念頭以及由此而生的壓力，看見了他被這個情傷緊緊綁住了二十五年。看見了自己這麼多年的努力原來是為了證明，為了證明自己不像她所說的是一個沒有未來的人。所以他扛著無形的壓力，分分秒秒的惕勵，沒有一刻願意鬆懈下來，連帶的也造成他多年肩頸痠痛的痛苦。

因為一場夢而解開了他多年的困惑，也解開了他多年的枷鎖，多年的肩頸痠痛也不見了。突然醒來轉念的那一瞬間卻只有二、三秒，這就是體驗的力量和意義。

隔幾天當我再看到小偉的時候，他的身體不再沉重，那張臉就像花開一般的笑意盈盈，還帶著從內在透出來的鬆與柔，生命從此迎向一個新境界。

16. 關於『貓啟』——從服務貓看見自己熱愛生命本質」的體驗

從不知道到知道，從知道到體驗，都有一個過程。我的讀書會朋友苒然說，他很困惑：知道了、看見了、明白了，還能做什麼？他知道要用感性跟理性所創造的資料不斷的產生「新」的體驗。知道體驗要有力量，得練習做不一樣的選擇和不一樣的行動，才能跨出舊有系統。但不斷的練習，卻常常進一步退好幾步，不曉得哪裡出了問題。

他困惑於能為自己做什麼？困惑於知道該做什麼，但為何而做？是為了想做自己而做，可這是理性腦的聲音，只是讓他明白有一個做自己的選項出現了。

困惑接連而來，他問自己：為什麼要做自己？發現是因為不想痛苦，也希望有第二個出路。這讓他看見自己飄飄浮浮不踏實的原因，底層還是想解決問題，不知道自己是在做什麼。

帶著這些困惑，累積了好一陣子，日常依舊盡心盡力的做好每件事，好像沒什麼不同，又好像不同。

這天來到一個客戶家，電梯門一開，就聽到家長母親的叫聲。拖著行李箱靠近，看見家長母親緊張喊著「完了，貓咪躲起來了」！我聽見自己輕聲穩定的開口：「阿姨，沒關係。打擾嘍，我先脫鞋進來嘍。我先將行李箱放玄關旁，把門先關起嘍！」邊行動邊聽著阿姨解釋著，告訴他慢慢來不急；同時詢問好浴室位置，我會先整理空間並下工具，如果貓貓還沒出來，我會過去幫忙。

這是一隻非常緊張的貓咪，能縮就縮，能躲就躲，任何能抓能爬的，就攀就竄。拿著剛剛多跟阿姨要的大浴巾，慢慢接近牠，並輕聲溫和的告訴牠我要做什麼。我知道牠隨時會不小心抓傷我，我必須先剪牠指甲，接著一路任何動作都會先跟牠說話，舉凡我要開蓮蓬頭、兑水、抱牠，都先告知牠；也和牠說我明白牠會緊張，牠慢慢來沒關係阿姨會陪著牠。

到吹毛的時候能感受到牠的恐懼，我並沒有因此關掉機器，而是空下雙手，輕輕緩緩的撫摸並看著牠。不知道過了多久，感受到牠身子沒那麼僵硬，變柔軟了。低下頭的牠終於不但抬起頭，甚至跟我對上眼睛的那瞬間，這陣子被問的問題一切都有答案了。「你為什麼會做這個選擇？」狠狠的敲上我的胸口，是生命！吸引我的是生命的本身！

當下含著淚的我，忍不住隔著口罩親了貓咪幾口，這一刻感受到滿滿的愛在身上。

他第一次看見自己為何而來，無論三十多年生命賜給他什麼苦難（可回參第一章第一節的故事），他捨不得放棄，他熱愛自己的生命，珍惜自己的生命。他根本沒有不愛自己這件事情，這就是他為何來到讀書會，他不是想解決生命課題、而是為了尋回自己、了解自己、豐富自己而來。

他有生以來潛意識裡認為不愛自己，需要他人來愛，以致拚命討好，讓這些信念操控著他，才會總是繞了一圈又一圈還走不出來。這次的「貓啟」，狠狠擊破了過去以來深信的信念，清楚了不愛自己是個美麗的誤會，他終於不再漂泊了。

17. 關於「歸屬於自己」的體驗

接續上則案例，再看看我的讀書會朋友**紫蘇**關於「歸屬於自己」的體驗。

紫蘇因為家庭背景的關係，常常覺得自己沒有歸屬感。既不屬於原生家庭，也不屬於領養家庭，有時候也不覺得自己屬於結婚之後的家庭。曾經和先生發生爭執時負氣出門，那種沒有依靠的感覺更甚，因為他發現沒有地方可以去。

有一回，他在讀書會課堂上聽到謝錦說，歸屬感是要歸於自己、屬於自己時，當下被電到而豁然開朗。突然看見過去的自己是多麼矛盾，力氣都放在那些有的沒的：

以前的我會過度解讀，沒錯，我就是要堅強，凡事不要麻煩別人，我自己搞定。但現在看來反而有些矯情逞強，某種程度是把人往外推，阻斷和人的連結，然後又想要有歸屬於誰的歸屬感。

現在明白歸屬當然是要歸屬於自己，不然要歸屬於誰呢？想依靠誰就只是把力量交給誰；歸屬感歸屬於自己時，不管什麼狀況，安全感都自給自足。

聽慧的紫蘇，一句話就能打開腦門。他看到歸屬感，無明時就往外找依靠，有意識時就知要歸於自己，要屬於自己。當叫醒自己、做回自己，如己所是時，就是圓滿自足的狀態，何勞外求？

18. 關於「意識」的體驗

歸屬於自己，與自己合一，那我是誰呢？我的讀書會朋友**小呂**說，他在重讀《一個新世界》的時候，無欲無求，也挺平順的，卻意外獲得了一個前所未有的新體驗，那就是「意識」的臨在。

我不知道怎麼具體形容所謂「意識」這件事，但我深刻地體驗到當我在閱讀時，有另外一個我在我後面看待我做這件事。頓時之間我就明白身體是生命的載體這件事，是種超級奇妙的感受。

如果真的要形容的話，我會覺得它是無形，但很純粹的白亮，是一團的感覺。

小呂領悟到的是，自己過去時刻都創造出一個很疏離和二元的世界。而二元就是對立，對立就是衝突與對抗。這樣，他的所思所想和所做，都不是從心出發，而是變成功能失調的小我產物罷了！

他過去一直不斷的問自己到底是誰，然後不停的去找答案。現在，他發現所找的那些答案，都只是小我的幻相。不停的找答案，就是不斷的餵養小我，並讓它操控自己的人生。

可現在他體驗到，自己的真實身分並不是跟在「我的」後面那些形容與評價，而是他自己本身。而「我到底是誰」，答案就是「我自己」；這個真實身分是圓滿無缺的，「我」就是光，不用去執著證明。

當他經驗到「意識」的體驗後，回到生活、工作上，都能感受到「意識」，覺得自己變得清明，平安且輕鬆。是一種「意識」帶著他前行的穩定感，對任何事不再有不舒服的感受，只關注在當下，是一種前所未有的自在感！

19. 關於「敲碎心牆流出愛」的體驗

體驗到意識，那種高覺狀態究竟如何呢？這裡說一個我的年輕朋友**明娟**在一個機緣下去參加十天「內觀」課程的震撼體驗。

明娟和我相識於輔大「中國古典小說」課堂。相識前的他經歷過太多次性騷擾和嚴重的校園霸凌，跟人有強烈的疏離感。他感受到絕望般的痛苦。

當時的他只想要逃離痛苦，變得非常的麻木；感覺不到愛，只有無盡的寂寞。他希望自己完美，而且討人喜歡。但是現實並非如此，所以他時時反省自己，希望自己可以改變，好符合社會的標準。但這樣做的下場就是他根本不知道自己要變成什麼樣子，而且一點都不快樂。

他內心深處知道自己需要改變，但是不得其門而入。直到大三那年踏入了我的課堂。他說我的課為他在靈性覺醒道路上，打下了厚實的基礎。他學會了什麼是體驗，什麼是勇敢，什麼是嚴謹。該如何穿透事物的表象，看見自己的本質與內在的光芒。也學會如何開會、做講綱、當主席；練習如何獨立思考、表達自己、站出立場。

明娟離開校園後，移民去澳洲。在生存的挑戰過程中，把自己打破再重組，每天都死掉一點點，再重生一點點，在三昧真火的考驗下，終於脫胎換骨。他最終成為慈悲大愛化身的的護理師。

他說，病人就是他人生的導師。病人用身體的病苦和生命的死亡，來教導他什麼是同理心，如何去安慰別人；病人訓練他成為有耐心的人、溫和又堅決的人。當他回頭再看謝錦當年的教導，無一不是真。

最近，他去參與了一場內觀課程，結果震碎了他的心牆，直見自性，愛源源不絕的流出，從此生命產生「質變」，有了截然不同的風景。這則體驗我不適合涉入插話，請聽他說。

這十天的禁語和打坐讓我體會到了我的「心猿意馬」。意念就如同萬馬奔騰一樣，毫無道理跟邏輯的在過去與未來間遊走。過去的事件會隨意的浮現在腦海中，然後腦袋跟情緒就會跟著一起重溫那個記憶。然後再跟著編織新的情境，這個時候就不斷地產生新的妄念。分分秒秒，我們都不斷地在意識中造作新的業障。這些念頭不斷的阻止我們端坐在這個當下。

剛開始的兩天渾身痠痛，妄念因為疼痛而更加狂亂。愈是狂亂就愈難坐得住；會不斷的變換姿勢，會在時間還沒有結束前就張開眼睛，想要知道時間。

妄念就是我們的止痛藥，我們可以藉由妄想來逃避眼前的苦難。

在這兩天，因為不能說話，也不能有眼神接觸，而無法跟其他人溝通。我在排隊夾菜的時候，因為後方學員離的太近而心生不滿。在這個當下，我清楚的知道了，人是無法被其他人冒犯的。我們只能被自己的要求挾持。

我清楚的知道後方的學員完全沒有冒犯我的意思，但我因為自己不喜歡而感到不悅。我的情緒和意念，完全由我來決定，我再也無法去怪罪其他人，要他們為我的情緒負責。

到了第三天，我們從觀息法更深入到全身觀照。有意識的來回掃過全身，觀照所有升起的感受。

我們的意識跟呼吸和身體在一起，如果意識隨著意念跑掉，我們只要在覺察到時候，再把意識帶回來就可以了。

第四天我生理期第一天，我從來沒有那麼痛過。我全身都在冒冷汗，我可以感覺到血從子宮剝落的過程。我那天上午根本坐不住，只好去躺著休息。不過那天下午，我居然經歷了第一次非常舒服且完整的打坐。非常輕鬆的坐完一小時。

在這之後，我的意念漸漸不再影響我的意識。我可以不再反應。再經過幾天之後，連念頭妄想都不再升起。就好像活水只是流動，沒有攪亂任何東西。

我那時候因為午餐很好吃，想要去夾第二次，但是身體說不需要。所以我站起來又坐回去，我問身體需要嗎？身體說不用。

從那天起，我的食欲就下降了。我不再過度進食，而且很能適應身體有一點微微飢餓的感受。當食欲下降，再配合上打坐，我的睡眠時間變短，精神也變得更好。

打坐來到第七天，心理狀態又有了反覆。再倒數三天就可以從這裡出去了，心又不平靜了。這個時候的全身觀照法，又更深入了。

我看見自己有多難搞。那些過去的累積，又不斷地出現了。以前想要逃避掩蓋的事情，很快速的浮現。無人可訴說，只能在打坐時，跟身體一起去面對，肌肉的記憶被重新喚起。幸好我不必跟任何人交流，我可以很專注的在不起反應上。

這個時候的我，感受到前所未有的清淨。起床就是起床，乾脆俐落。要做什麼就做什麼，沒有任何的情緒和雜念。不悲不喜的平靜心，所有的一切都慢下來。行住坐臥都是，我毫不擔心會冒犯他人，一切都在時間之內，以我的節奏進行。

第十天的早上，我們就解除禁語了。我那時候坐在大廳裡，聽著所有人都在高聲的喊叫著（說話）。我抗拒離開大廳，也抗拒開口，因為我不希望失去這份清淨。我深深體會到語言的無力與侷限，我深怕我無法如實的訴說自己。不過課程的設計就是如此，他們要學員在一個安全的環境下，重新開口說話。

我艱難的走出去，看著別人的眼睛，就會直接看進別人的靈魂。我的也是，他們可以直接看見我的靈魂。

我跟著一位也不想開口的學員，一起走到山丘的草地上，面對著高山。我無法克制的淚流滿面，我像是重新誕生了一樣。我看得見山的雄偉，樹葉的斑斕，藍天的廣闊，風的流動。我看見了生命的力量。自然一直都在，是我沒有感受到。

這十天我把我內心的牆狠狠的敲碎了。那個我原本用來保護自己的牆，很有用也很阻礙的牆，沒了。

我終於重新想起了我來這個世界上的理由。我想要感受到愛，並且把愛傳出去。我意識到我有多渴求被愛，我有多害怕被別人討厭。這些恐懼和害怕，讓我築起心牆。也把我跟內在源源不絕的愛隔絕開來。

我站在陽光底下，低頭看著自己的心，像是看見愛源源不絕的流出，跟自然結合在一起。我體驗到什麼是不抱期待的去愛。不求回報的，因為我不再需要被滿足什麼。我轉頭滿臉淚痕，緩慢的跟那位學員述說我剛剛體悟。多麼奇妙啊。多麼美妙啊。

第十天結束了，但第十一天的早晨打掃完才能離開。我們一樣是起床打坐了。然後用過早餐後開始打掃。我在掃地。來回的掃著大廳，不斷的有人拖著行李經過，地又髒了。地本來就會髒，但我已經不再因此起煩惱。

出關後的隔天我就回去上班了，我花了將近兩個月才回復講話的頻率。每天早晚打坐的習慣也只維持了兩個月，這兩個月的時間，讓我徹底感受到清淨心的強大。兩個月後，在飲食一點點的改變下，影響了整個狀態，所以我也慢慢失去了高醒覺的狀態。不過，我已經不再是以前的樣子了。內在有一個完整的改變。

明媚的體驗真切生動又令人感動，高覺狀態所有言說都是多餘的，禁語吧！請看下一則。

20. 關於「心無罣礙」的體驗

人被情所迷，被意所困，意亂情迷就滑入地獄（痛苦的地方）。大家也都知道要止念離情，才能出離苦海，得到救贖，可事實上卻難以做到。

大家熟悉《金剛經》的核心要義：「應無所住而生其心」，可現實卻是有所住——黏著而導致念念相續，無法分割。惠能心法說：「於念離念」（見敦煌本《壇經》），現實是念頭怎麼扯都扯不開、停不下。所有無所住和離念的道理只有在一呼一吸之間的細節實踐才能落實，我的讀書會朋友**蓉兒**從一個細節演繹了這個教導：

和我媽媽過完母親節，看著大家傳著母親節的祝福。

我問我自己會等待兒子們給我捎個訊息嗎？我的答案是不會。以前我會，現在我完全不會。一瞬間，一個念頭升起，我要不要提醒他們？一看到這念頭，吸了一口氣，這念頭就沒了。他們要不要表達或如何表達，真的不是我的事。

無論跟那一種關係，我能把握的是當下能交流的機會，其它都是浮雲，甚至即使交流完，就結束了，無牽無掛。

蓉兒一念升起，呼氣即了；當下交流，過如浮雲，無牽無掛，此悟境也。

覺醒生愛的路是往內走的，外求不可得。

體驗都屬於個人的，唯有走對路，在實踐中才會發生。

知識要進入生命，必須穿過全世界最長的隧道——脖子才能到達。

願者為之，勇者行之，行者得之。

第四章 重關漫道又一程——心路

人的前半生是為了忘記自己是誰而活的，後半生則是尋回自己的內在英雄之旅。
只要走對路、持續敲，門就會開；只要持續走，就會跟自己相遇，這一路都有風景。
往內看自己的路，是拓荒式的開天闢地；見了自己，天地洞開。

序曲

生命是有限、短暫、無常甚至荒謬的；而且生命來到這個世界時就陷落在二元裡了。人做為生物性的自然存在，第一要務就是生存——活下去。生存動用的是感性跟理性去尋找資源，但也因此墮入到無明的情障、理障裡了，這就是忘記自己是誰的遭遇。

但人在有思想、意志之外，是有靈性的，知道生命是一個獨立完整、獨一無二、無可替代，而且有意義的世界。能感受苦，可以學習，可以體驗，能意識到不能沉溺或滿足於物質的世界，也能認識到理性所建構的世界不足以讓人安身立命，所以要追尋人生在世的目的和意義，這就會走上尋回自己的內在英雄旅程。

在這一趟單程票的旅程，因生命的獨一無二，展現出來的姿勢、步伐、速度、進程都是唯一的，而且是不可重複的。在無明、迷惑與困頓成為共同的命運時，個人獨特的生命風景，也只是這個共同命運中的同質異形的產品。

這是一趟由無知到有知，由無明到清明，由迷惘漂泊到「回家」的旅程，走過的是生命的足跡，創造的是生命的風景。過程中經歷無明、甦醒、啟程、考驗、穿越等階段是自然之義。

先看一則我的讀書會朋友**昭蘇**「**從找觀自在菩薩像到遇見觀自在**」的故事：

在我心苦的時候，也有人叫我念《般若波羅蜜多心經》來解脫。念著念著就愈想了解這部經到底在說什麼。

看了聽了好多解說，根本看不懂也聽不懂，僅第一句「觀自在菩薩」就把我繞得團團轉。甚至若有機會到佛寺廟或博物館，我就會試著找找看有沒有觀自在菩薩像。我實在太想找到祂，看看能否跟祂相應，給我靈感解惑。

皇天不負苦心人，雖然沒找到佛像，但我竟然在寫謝錦的《做自己是最深刻的反叛》這本書的閱讀筆記時看到上面寫著：

「如果不明白『觀自在』就是審視、觀照自己存在的狀態，是去認識自己，而只想請菩薩救苦救難，祂是聽不到的；這時你就明白為什麼菩薩老是很慈祥地看著你而不說話了，因為你不會跟自己說話，祂要說什麼呢？」

我如獲至寶，感到驚喜。更體驗到眾裡尋祂千百度，那「人」卻在燈火闌珊處，我確信我找到門徑跟方法了，至此我不再到處找觀自在菩薩像了。

當時我已經開始撕我身上的「標籤」，透過我的事、別人的事、老天的事來練習將標籤還給他人，同時練習審視、觀照自己存在的狀態。自此寫「四所」（所見、所感、所思、所悟）功課的感受時不再煎熬，反而是練習，至此心中常常湧出感恩。

接下來我需要練習的是勇氣，我在讀書會裡害怕被「問」——被質疑，不敢也不知如何說「正確」的話。在課堂裡常有自卑和害怕的恐懼導致有畏縮的行為，但回家後寫閱讀筆記卻是喜悅的。

我在這樣的矛盾衝突中關關難過關關過，終於在讀寫托勒的《一個新世界》時看到「痛苦之身」。讓我看到我的痛苦之身是集滿了別人的觀點，而我沒有達到那些觀點產生的痛苦，我處在集滿苦的身軀裡，邊寫邊流淚覺得這作者太了解我了。

緊接著是在同書「破繭而出，重獲自由」章節裡我找到解藥似的，不是可憐自己的流淚而是直接大哭；看幾行就得停下來哭，邊哭邊看，進度緩慢。這幾場的大哭，終於把我的「武士鐵盔甲」哭落了。

突然想起《心經》裡的「苦集滅道」，原來我正用讀寫筆記在化解我身上的苦，走上我自己生命的軌道，頓時感動起來又流淚了。這次的淚型跟之前的不同，是感激是感動的眼淚。

盔甲褪除之後，我似乎體驗到謝錦每次迎新時都必然提到的「圓滿意識」，身心皆輕盈了，我終於回家，成為自己了。

這些不是文字而已，是謝錦讀書會的門徑跟方法，對我來說就是「般若波羅蜜多」。在這裡我不僅得到了探索生命的祕法，也嘗到了我自己生命中的苦和蜜，我會繼續在此軌道中前行。

雖然小我的風雨仍會襲來，但我心中有圓滿意識風和日麗的天晴，現在我懂得要接受大自然給的一切苦，練習不迎不拒每道生命的課題，練習看見事實，認清實相，接受事實，破小我的把戲，盡量處在生命覺醒中。

昭蘇的故事是簡約版的心路，放在這裡當引子。本章下面的篇幅我要讓出來，給這一類走在生命覺醒的學愛之路上的讀書會朋友，由他們分享動人的生命故事。因為他們是本章的敘述主體，排版時就不用引文字體了。

一、穿越理性構建的牢籠，全方位重建關係

第一章到第三章陸續都提到理性既助力「生存」，又阻礙「回家」，這裡不再重複。本節說的是**大偉**被腦袋（理性）所困到穿越並創造生命新風景的故事。

大偉是我的讀書會朋友，已進「初老」之年。他說自己是個斷奶很晚，帶怯懦性格的機會主義者；內在渴求改變的火種從沒有熄滅。

其實他的資質很好，人很聰明，學識很高，能力很強，也很有文采；為人則個性溫和，甚是幽默。

他在讀書會走過十多個年頭，用了十五年的時間才穿越腦袋給他的制約。下面就是他穿越的過程和之後的生命風景。

1. 走在理性的路上

在讀書會十七年的歷程，因著自己對「謝錦讀書會」理解的「過程」，所學到的內容約略分為四個時期。

- **第一個五年：知識博弈**

帶著自己對「讀書會」的定義與先理解，把讀書會當做操練、增長知識的場域。

縱使課程說明開宗明義的闡述是有關自己「生命覺醒」的旅途，昧於自己的「理性主導」，自動把課程轉換成「延伸知識」的工具，並且拿自己已有或相應閱覽的相關知識去做理性的辯證。

譬如，當時聽到謝錦在課堂講述文學鑑賞在文明發展的歷史軸線上，如何從「作者中心論」推移到「作品中心論」，最終發展到「讀者中心論」時，心中震撼不已，如獲至寶。於是把在課堂上獲取及累積知識的過程當做是自己「覺醒成長」的里程碑。

這個時期心中還沒能意識到，讀書會有個核心——關於自己生命的看見與轉換。

• 第二個五年：影武者的虛擬戰爭

隨著對「生命成長」相關知識的累積與操作模式的熟悉，讀書會成了「虛擬的生命戰場」。之所以稱呼為「虛擬」，是因為自己是以「虛擬」的角色參與，「我」其實不在其中。「戰場」是用熟悉的讀書會模式（關心、發問、釐清、追究、提醒、偶爾給點建議之類）來檢核對手（名為同學）。像是操控電玩的影武者，愈大的衝突引發愈多的操作，所有的「殺戮」都在「虛擬（衝突、受傷的是虛擬角色的我）」的戰場。「我」可以輕易從「戰役」脫身，必要時毀局亦可。

在課堂討論中團體激盪衝撞的「虛擬戰場」裡，自我帶著驕衿心態專注在得分、取勝、超越對手，並自以為是的解讀為「成長」的驗證歷程。

這個時期有關生命成長的課題只在別人身上，自己還不在覺醒的軌道上。

• 第三個五年：逐步褪去盔甲的街頭鬥士

隨著對讀書會核心精神的靠近，功課也逐漸從別人身上回到自己。街頭（日常生活的場域）成為修行場所，每週「課程落實生活實戰分享」成為功課的入口。一開始是帶著盔甲衝撞生命的真相，次第才瞭解「體驗」要透過血肉之軀的真實感受（傷、痛、哀、苦、惱……），才會產生與自己生命連結的「意義」。於是身上的護甲層次第褪落，不設防的在生命衝擊現場感受、體驗。

這時期「主體的我」逐漸浮現，看見生命「二元」的真相彷彿浪潮一波波不停息的席捲而來。「二元」是主體間對立衝突的宿命，抑或是本質為一，主、客可以互換的鏡像關係？功課接踵而至，愈演愈烈、愈戰愈勇。

• 第四個五年的開始：一個新世界

進入覺察開始的功課後，推動著自己在覺醒的路途趨向覺知、開悟。

這個階段的我才真心理解了「謝錦讀書會」的精義。過去在讀書會所學習到的知識、方法、操作模式被一個更高的視角、更廣的視野取代，縱然歷史巨大不期激盪的洪流、生命節理繁複交織的長河，也清晰可見。

這個時期的我，身處轟隆不已的戰場卻不再戰鬥。當自己不再戰鬥、不再用力時，彷彿置身在一個無聲的戰場，一幕幕的烽火只是從眼底閃過，感受得到熾熱的烈火卻不會受傷。

隱約知道新世界通往一個「恆久非二元覺知狀態」的境界，那個境界不能靠用功、用力成就，只存在「自己」和「開悟」裡。

2. 醒過來的契機是什麼？

面對問題，不想再逃避。

在讀書會所練習的覺察——聽見、看到、感覺到自己，逐漸開啓了生活中的體驗與覺知。

體驗與覺知的發展必然衝擊到自己生命與生活內容的真相。每日辛勤的工作為的是什麼？工作之餘勤跑的交際應酬又是為了什麼？為了孩子、家庭才辛勤工作，是真相嗎？還是為了逃避什麼才合理化出來的藉口？無邊無際的應酬是為了增廣自己的社會歷練，還是隱藏著交換恩惠的社會化動機？

這些問題再衍生出了自己和原生家庭、夫妻、親子、朋友等等諸多矛盾與衝突，以及伴隨而生的焦慮與壓力。逃避只是不斷地強化自己的抗壓性，卻隱含著炸鍋的危機，身心的疲累與情緒的不安定性已然發出訊號。

然而選擇面對就必須改變，當清楚認知到改變只是不再自我欺騙，只是找回自己的主體，為自己做選擇時，改變就在選擇的當下發生了。

3. 醒過來之後的變化——一種輕鬆具可塑性的生命樣貌

A. 在原生家庭裡的變化

在原生家庭裡，從一個心裡事事依賴（雖然已年過五十）的兒子、弟弟變為能夠關心承擔責任的成人。關係從一全然的關愛轉化成信賴與尊重。

曾經以為願意為他人付出便是「愛」。於是自小就依賴著父母的付出（傳統文化下對獨子期待的栽培），以及三個姊姊順應著父母的心意不遺餘力的照顧。

記得小時候慣用哭鬧耍賴索求，雖然索求多半未果，久而久之哭鬧卻轉化成帶有自憐情緒的懦弱與遇事退縮的性格。在父母、姊姊們不懈供輸的「愛」裡，這種尋求撫慰的「奶瓶情結」並未隨著年齡變化、智識成長而消失。

印象最深刻的例證是：當兵時已二十九歲，身處外島遇上麻煩，心中瞬間跳出的是如何找「家裡」

透過關係幫忙解決問題，卻沒曾想過「自己」應如何面對、解決自身的問題。

「依賴」（我的角色）與「被需要」（家庭的角色）的運作摸式再次協助我渡過困境，在昂然七尺術業有專的軀幹下，抱著「奶瓶」的內在自我依然無法長大。

「依賴」與「被需要」的關係使得我在原生家庭永遠有個長不大的人格，一直有個尊卑聽從的心理關係。

經過讀書會的覺醒過程，我一方面理解到原生家庭因為我而創造了他們「被需要」的角色，以致於他們也不自覺的在我的人生中依著角色給我下指導棋。我的「依賴」也造就了自我矮化方便別人照顧的習性。

母親的過世，我和妻子第一時間主動的承擔了某些處理（在過往多半就是聽姊姊們安排），事後聽見父親略顯得意的和朋友分享我們夫妻的參與過程，我感受到我的改變成了父親的欣慰。

過年時我和妻子出面邀約家族聚餐，和姊姊們輕鬆的團聚，在互動裡我領悟到，唯有我主動取消「依賴」，家庭（父親、姊姊）的角色才能從「被需要」的恐懼中脫身。

迎向我的是在原生家庭中可被信賴託付的成人角色，起心動念之間，偶爾還看見那束之高閣的「奶瓶」，不覺莞爾。

B. 重拾夫妻關係的初心與關係升華

夫妻間冷肅緊張的關係也在嬉鬧間重新拾回感情的「初心」，互信相倚追求共同未來。

我的愛情故事是從全然的浪漫開始的。家庭的寵愛，使得我從未對生活需求承擔過責任，只需要製造浪漫追求自己想「得到」的愛情。在那個時間點（二十二歲），這樣形式的單純加上學生身分、校園生活，如願得到了追求的對象。

但隨著結婚、就業（八年後），現實面使得我們發生了第一個分歧——在心裡的某處我仍然軟弱、依賴，尋求家庭的庇蔭，但妻子明顯地已然跨入自己承擔生活、生命的階段。這時我的「無明」帶來滿滿的挫敗感，卻「不得不」接受彼此的歧異。

再接下來是孩子的出生、我事業的開展，妻子所噴發出的母性（對相繼而來三個孩子的親力親為），正好成了我逃避到工作領域尋求成就感的藉口。一個埋首家庭耕耘，一個在外打拚供給，看似相輔相成，共同生活下卻有了第二個歧異——家庭的事我無緣置喙（礙於他的強勢，我其實也不想承擔），我的工作他也從不過問（多年之後我才知道他是出於全然的信賴）。時間、空間逐漸拉開了彼此的距離，但因各有所務，倒也相安無事。

再來隨著我工作的展進，參與了社團（扶輪社），在社團活動裡，我努力「學習」、「成長」，想憑藉「社會化」的成就感擺脫自己懦弱、依賴的內在空虛。這個社團時期花費了大量的時間與精力，也就排擠了還剩下的夫妻與家庭關係。第三個歧異在婚姻生活中爆裂開來——「我們」要的是怎樣的生活，如何的人生。

過去這些年，前面的兩個歧異顯然已使得我們兩人在同個車站搭上了相反方向的列車，列車愈走愈遠，再下去連彼此呼喊的聲音都不會再聽見。生活開始進入兩個對立方向的衝突與拉扯。

直到一天，火山爆發的熔岩似乎即將毀滅那個從浪漫走過到今天的軌跡時，我們兩人同時驚覺到，我們的心裡從來沒有放棄過對方，我們願意回到「初心」，重新感受曾經真實的自己。

當我不再逃避真正願意面對問題時，關於自己的種種歷歷目前。看見我成長過程中無明的初始，無知的掙扎，險些犧牲掉生命中最寶貴的「自己」。不自覺的李宗盛的歌聲浮現耳畔：「還未見著不朽，就把自己先搞丟。越過山丘，才發現無人在等候！」

C. 撿回並重建失落的親子關係

憾於錯過參與孩子的成長，現在更珍惜親子間的互動，因而有彼此深度的連結。

婚後八年間先後有了三個孩子，但是我喜歡往外跑的「童心」依舊。孩子全權賴給妻子照顧（取利他強大的母性本能），自己以工作、應酬為理由活在滿足自己的世界。

孩子陸續出國讀書、寄宿，親子間互動的機會更少。孩子們曾在放假回國相聚時怯怯的說道：「同學間流行這種說法，他們這些小留學生都是被父母丟到寄宿學校就不管他們了。」當下我和妻子都笑道：「怎麼可能！我們辛苦工作送你們出國讀書，無非是要培養你們在外獨立的能力，增廣見識、培養國際觀。」我們說的頭頭是道，卻沒有面對孩子所提出的問題——「他們的感受」。

二〇一一年我們飛到倫敦參加老大高中畢業典禮，對我而言就是一次疲累的旅行（沒有參與的連結感）。見了孩子，就是一些關心的話，幾無他言。

典禮當天孩子應邀做鋼琴演出，整個過程我渾身緊繃，擔心他的演出是否到位，結束後還數落了他幾句，認為他沒有認真練習準備，孩子只是訕訕然並未回應。

多年後當我醒過來，這些往事場景每每像針刺般的痛在心裡。孩子最需要愛時我沒有在現場；他們發出求救訊息時，我卻用了自己冠冕堂皇的理由搪塞回去。童年的我「尚意識不到什麼是愛的匱乏，卻只是個徘徊在街燈下不想回家的小孩」，竟複製在自己孩子的身上。

我在孩子「表演彈琴」的時刻心裡忐忑的竟然只是他的表現會給我帶來怎樣的榮辱感，完全感受不到孩子這些年在陌生環境裡可能遭遇的困境與苦楚。

孩子需要陪伴的日子畢竟過去了，我一方面去瞭解他們目前的處境，另外也主動創造全家聚會場合，聽他們敍說在外的生活經歷，我們夫妻也分享這些年我們的想法和目前的狀況。拜疫情之賜，我們和三個孩子愉悅的渡過了一年半時光。當他們再次離家，我清楚的看見他們帶著滿意的自信，那是一種信念與力量，來自於家庭的支持與連結。

接下來幾個月間，孩子們主動（有些迫不及待）的告訴我們他們的現況，我們也適切的回應了我們的關心與支持。

我可以感受到孩子們理解了父母這些年的做法（雖然我們彼此都確認了這並不完美），我們也追尋到孩子成長過程中我們不在身邊的點點滴滴。一種互諒與互信的連動關係逐漸在我們共同擁有的家庭中滋長。

D. 走出「以惠市惠」的人際關係模式

不再以「市惠」的方式從事人際來往，反而自在輕鬆俱足於心。

從小就喜愛依賴別人，自然懂得要適時示弱或順從以「交換」他人的「施惠於我」。羨慕有錢人家的孩子，有辦法從「給予」的過程買到友誼，其實內心反映出自己「想要得到別人分配的好處，並以為這個分配的過程可以建構自己想要的人際關係」。

這個時期偶爾會偷拿些父母的錢，用以在朋友間表現慷慨大方。成人之後，長出些自尊，示弱與順從自然被巧妙包裝成「義氣」式的大方，把施小惠當成收買人心的手段。為長輩跑跑腿，朋友的事總熱心的東拉西扯去幫忙，朋友相聚不自量力的搶著付帳以示大方，走到哪裡都想當「好人」。

日復一日像滚雪球般的，把自己的生活搞得複雜忙碌。不但排擠了夫妻、親子間相處的時間，更是把「自我」淹沒在「以惠易惠」式的友誼期待裡，情緒（歡喜、失落）跟著期待的「報酬」起伏不定。

當醒過來看清自己背後的動機以及懦弱不切實際的幻想（當個別人口中的好人）後，毅然斬斷過去「以惠市惠」的習性，重新審視「友誼」、「人際」與「自我」的關係，身上若鋼絲百般纏繞的人際捆綁鏗鏘斷裂。從此心裡不再有「好人」的聲音催促自己「這樣做人家一定會喜歡」。

E. 生命新風景

醒過來之後，彷彿瘦身一般頓覺輕爽，所有的問題都樂於坦然以對，生命彷彿成了一場華麗的大戲，生活則是一幕幕驚喜的探索。走在路上不時自覺的會提醒自己挺起胸來，因為自己是多麼的幸運，可以生活在覺知所帶來的愉悅中！

二、好久不見！茫茫大海中的魚，終於看見回家的路

小偉是我的讀書會朋友，剛過知命之年。他是個企業負責人，世界觀卻不同於一般企業經營者。他關注的重心在人，卻可以把產品做到世界頂級的位置，造福有緣人，就知道此中有真意。

好奇是他的ＤＮＡ，行動勇氣是他最大的資產，冒險是他最常做的選擇。好奇、勇氣、冒險是他回應生命不安與野性的祕方，是他不停的探索世界的動力，往內走、往外走都如此。所以他的志業一直在發展，他的覺醒功課一直在進行。

小偉也是穿越理性制約的典型，他把穿越心路說得更具體，可以跟**大偉**的故事對參。

1. 四十三歲的「困境」與「迷惘」

困境：我完成了我的家族共業，但我也不見了。我人生面對的最大困境就是回去接下父親交給大哥工廠的那八年。

三十三歲時老哥的一通電話，讓我做出了選擇，人生徹底改變。這是我創業之後的第二年，我又回到家族的工廠，開始承擔起復興家業及龐大的負債，一個我原本沒有預料到的人生歷程就此展開。每週一次半夜三點的南北夜車，成為了我這八年來每週唯一的休息。

我摸索著該如何還清四千五百萬的負債。那段日子扛起南北兩間公司很辛苦，一個自己創立的公司，另一個是家族的希望。而家族的困境變成自己的困境，雖然所有未知的事物都帶來了新的學習機會，但當放掉自己，隨著時間愈來愈長，一種無名的痛苦也不斷地在加深當中。

現在回想起來走出選擇永遠是二元的；人生就在取跟捨之間，而取、捨它們是並存的。在做出選擇的那一刻，永遠都不知道我會將自己丟掉來換取另一個我要的東西，從此墮入沒有靈魂的空虛。然而人生的每一個過程都是有意義的，每一段的意義堆疊成現在的自己，困境帶給我人生難得的歷練，也順道夾帶著自我的迷失。

困境時的探索：那一段困境的時候我最常做的事情就是去書店找書看。在書架上在內容中我總是尋尋覓覓的想要找到我要的**答案**；找答案、認定答案成為了我看書最主要的目的。

在那一段日子裡面我並沒有做任何對自己的探索，想到什麼就去做什麼，不停的嘗試各種可能性，這個部分從現在看來，那個原來的自己一直存在著，當我失去自己的時候，不由自主的我會回到我生命的召喚：「好奇。」

這段時間的探索是無意識的，每個時刻困境的探索都讓我感到孤單，因為無意識所以探索變成漫無目的的漂流著，只是帶著好奇的本性。

迷惘：受困很久的魚，沒有因為回到大海，而找到回家的路，在迷失的海裡不知道自己身處何方。

我人生最大的迷惑發生在我解決了家族的債務，回到自己的公司努力經營品牌二、三年後。這時候已經距離我創業有十二年左右了，身體狀況愈來愈差。我逐漸的失去了自己，我變得非常的不快樂；我找不到原因，更找不到我該怎麼往前走。

這樣的迷惑讓我深深地覺得存在這個世界上真是一件痛苦的事情，我像是迷失在大海當中遇到了暴風雨，在海上漂流找不到任何可以靠岸的地方。工作雖然日復一日的做著，但是卻愈來愈不喜歡自己當時的樣子，我也不知道該向誰請求幫忙，直到了我遇到謝錦帶的讀書會。

迷惘時的探索：在困境當中，在迷惑當下，自己陷入無意識的情況下，迷惘成為了每天的日常。在那個迷惑的時候，唯一真的有去探索的事情，就是決定自己去報名單車環島，因為我不知道能夠做什麼，但是這是唯一可以讓我離開原來環境的機會。而在未來會去參加讀書會，也都是基於要為自己創造一個新的環境機會。我想這是我唯一所做有意識的探索。

其他的時候基本上都是深陷在迷惑中痛苦。在這個有意識的探索中也帶著一個很重要的東西叫做「勇氣」，面對一個迷惘的自己，沒有方向的生活，勇氣是我唯一剩下的資產。這也是為什麼我那麼喜歡《牧羊少年奇幻之旅》這本書，其中一段話總是深烙在自己心中：

> 當我真心在追尋著我的夢想時，每一天都是繽紛的，因為我知道每一個小時都是在實現夢想的一部分。當我真實地在追尋著夢想時，一路上我都會發現從未想像過的東西。如果當初我沒有勇氣去嘗試看來幾乎不可能的事，如今我就還只是個牧羊人而已。

2. 有意識是改變的起點

走到了二〇一四年，我陷入困境感到極度痛苦的人生，找不到一個可以讓自己改變的契機；在茫茫大海中沒有任何方向，甚至感到孤獨與絕望。此時，一個讀書會邀約的訊息像是大海中突然漂來一個不知名的浮木，依靠它可以漂向何方，這在茫茫大海中卻是我當下唯一可以抓住的東西。

懷著忐忑不安的心情提出申請，深怕別人不會收我這個學生。我不止對自己感到迷惘，甚至對自己沒有信心，深怕別人拒我遠之。但我的意識告訴我如果我不做任何改變去接受一個未知的可能，我仍會在我自己的痛苦中掙扎。

現在回想起來，我非常感謝自己有意識知道自己需要改變，開啟自己的好奇心，去努力為自己做點什麼。

在讀書會的初期，我用盡腦力想要去尋找我要的答案。我用理性的大腦在生存面奮鬥了幾十年。我相信大腦的功能，我擁抱著理性，卻失去了感性。對我最辛苦的一件事就是我沒有感覺，我無法感受周遭的事物。對於所有看到聽到的全部進入腦中去思辨它的對與錯、好與壞，卻無法產生感受，所以在讀寫筆記功課中，最辛苦的就是「感覺是什麼」？

開始學習放下腦袋用心去感受聽到的看到的，這樣的學習我整整花了兩年多的時間才開始在自己身上慢慢長出「感受」。

3. 初期焦點在外，腦袋好吵

加入讀書會的初期有二、三年的時間，我帶著厚厚的盔甲和一些牢不可破的價值信念，時常徘徊在二元的是非對錯當中。那是一個心理掙扎衝擊的階段，我大部分接受訊息的時候，沒有辦法有效的培養自己的覺知，非常容易陷入焦點在外，總覺得別人有很大的問題，卻看不見自己的樣子。

一段時間讀了很多的書，但是書本所說的還沒有辦法讓自己有深刻的體會，吸收進來的訊息也都只是把它當作一個腦袋的活動。這段時間是跟自己腦子搏鬥的漫長日子。

在這段期間最常告訴自己的就是「停下來」，瘋狂的轉動腦袋不會帶給自己找到答案的機會。說得更精準一點，是沒有答案；說得更透徹一點，是根本不需要答案。

當我學會停下來後，慢慢的發現，自己的心開始不會那樣的躁動，腦袋也開始變慢，甚至斷出空白。那一點點的空白讓自己感覺到我的心有一點點呼吸的空間。腦袋好吵，它真的好吵。

4. 外面沒有人的轉折

開始學會了感受之後，有一段非常長的時間一直無法接受我所遇到的外在事件為何和別人一點關係也沒有。明明一個銅板不會響，明明人活在關係當中，我的不舒服、生氣、沮喪、煩惱、痛苦、悲傷就是因為外部的人存在才引起我的所有情緒，為何這一切都跟別人沒有關係？我無法理解更不能接受。

隨著謝錦的指導，慢慢的開啟了自己的覺知，也慢慢的看清楚自己的樣子，終於理解到自己所看到的世界都是自己創造出來的。我的腦袋不停的對應外部我所收到的訊息來編織一個我想像的世界，我以為這就是我看到的。

更有意思的是，原來自己對訊息的解讀與收選，都反射著自己的樣貌。終於理解外面沒有人，所有的一切情緒、念頭都是自己創造出來的，和別人一點關係也沒有。所有這個世界所印入我眼中及傳入我耳中的訊息都是中性的，是我自己為所有的畫面和訊息貼上了標籤。

當我理解這一切都跟我自己有關，便開始學會真正的能夠停下來，理解別人理解自己，終於有機會可以站在第三者的角色，成為一個觀察者觀察自己和別人。

這樣子的轉變反而讓自己的心變得更鬆了，比較不會陷在二元的對立當中。過去的痛苦之身開始有了變化，不再是那麼沉重了；雖然有時還是會回到自己原來的樣子，但是那個時間變得愈來愈短了。

5. 找到自己，接受別人的世界

最大的轉捩點是在發現了自己人生的目的與使命，這是對自己很重要的一課。理解到自己存在的意義是什麼，才更清楚的體會到自己和別人一樣都是獨立存在的個體，有自己的世界，所以也開始學會了「那是屬於他的樣貌」，而且他沒有對跟錯，我需要做的就是接受他的存在。謝錦說：「人生是沒有意義的，如果有意義，也是自己賦予的。」

這最大的轉捩點發生在生命覺醒的路上第七年，一段給我最深刻體驗的「三階段課程」的第二階段課程。

在課程中有一次我在台上被問到：「我的人生目的與使命是什麼？」一時我在台上居然回答不出來。我從來不知道我會回答不出來。我整整站在臺上三十分鐘，從一開始像寫作文般訴說自己的人生使命與目的。經歷不斷的被問同樣的問題，到最後自己開始懷疑自己，原來我不知道自己的人生目的和使命是什麼。

想了兩天，也想想自己的生命召喚（實驗與創造），如果我的人生是沒有目的的，那我每天活著的意義是什麼，我的人生使命又是什麼？也許就是因為長時間來我沒有非常明確的人生目的，也構成了我活得不夠有熱情與快樂，我真的該好好的想想，我人生的目的和使命是什麼？

莊子說：「我本不願生，忽然生在世，我本不願死，忽然死期至。」也記得孫中山先生說：「人生以服務為目的。」人生是沒有意義的，如果有是我賦予它的。

我的人生目的是什麼？從小我努力讀書，考高中考大學，我也不為父母做，我只為我自己做；出了社會我開始努力工作，為家族做點事，也為自己的價值做點事。走到現在，我人生的目的是什麼，回想起來，我沒有一刻知道我人生的意義是什麼？或是我想賦予它什麼意義？

回顧過往，在不同階段，我有我很明確的努力目標，但它們卻無法真正明確的指出一個清楚的方向，成為我從現在走向未來的人生目的。

我的人生目的是我自己的，不為任何人，也不因任何人事而設定，它是我想成就我人生的意義而產生的目的。

活著，就是為了吃與呼吸，但這卻無法在心靈中展現自己人生意義。我不想去「想」我的人生目的是什麼，我必須去體驗我內心深處，什麼會帶給我力量與熱情，如果我用想的只會走向崎嶇的道路，而走不向我內心的路。

當下我沒有急著找出我的人生目的及使命是什麼？容許自己給自己一點時間去發現我的人生目的是什麼，去驗證一下「我人生的目的」是否真實。如果接下來的是我人生的下半場，我期盼我是有意識的走在我人生的道路上，我的家人、我親愛的朋友也會因為有我的存在而更富足。

我人生的目的是什麼？沒有早該問，只是它時間剛好該被問了。所有的一切都是有意義的，都是最好的安排。如果我問我自己：「我該做什麼呢？」那就是我不知道我是誰。我若真能夠知道我是誰，我就會曉得我該走什麼路。

「我要的是什麼？」這與我人生的目的是否相同？而我發現原來「我要的是什麼」，那個我要的東西其實是在現在人生中發現我「缺了什麼」或是說我「渴望什麼」，這與我人生的目的是兩件事。

在之後的第四天，我有個機會送一位朋友回家。一路上他問了我很多他的問題，和他現在遇到的困難。在結束了和他的對話之後，突然從他的人生文本中，在自己的腦中閃過了一句話「精采人生、創造價值」；這一刻我突然理解了自己的人生目的及使命。謝謝這一段和朋友的談話過程，當下我發現了兩句在我心裡跳出來關於我人生的目的與使命：

「過一個精采的人生」、「創造價值」。

原來，我的人生目的是：「創造價值，過一個精采人生。」

而我人生的使命是：「運用我創造的價值，帶給我愛的人感動與身心靈的富足。」

6. 好久不見，原來你還在，你知道我很想念你嗎？

找到自己是一件非常令人開心的事。當我愈清楚我自己是誰，我就更能夠接受這個世界上的所有與我不同的人。當我不再陷入二元的對立當中，我的生命變得更輕、更透亮。

「做自己是最深刻的反叛」，這樣的反叛需要勇氣，而勇氣來自於自己對自己生命的好奇。

三、與深刻入髓的操控「離婚」，找回自己

看完穿越理性制約的故事，再來看穿越情障的故事。

這裡講的是**晴空**從親密關係——兩次婚姻的斷裂中長出自己的故事。

晴空是我的讀書會朋友，剛過「一枝花」的年紀。他的自畫像是這樣的：一個時時留意自我覺察；隨時練習對自己誠實與寬容；隨時嘗試著理解他人；在乎自己，對自己感興趣，一直走在自由自主的道

路上，活在生命的召喚所帶來的小煩惱和通透後的喜悅中的人。

晴空聰慧、敏感、直白、能幹、細心、貼心、暖心，是中國文化下的男人都容易動心的窈窕淑女。但在親密關係的課題上，他經歷兩段至少各有十年的關係，並且都在最後關頭結婚之後又很快的就離婚了。

究竟發生了什麼事？他遭遇了什麼？他醒悟了什麼？下面就來聽聽他描述的「與深刻入髓的操控離婚，找回自己」的生命探索故事。

婚姻，對於我來說，是一個重大的決定。在我的人生之中，共經歷了兩段婚姻，都以離婚作結。這歷練換來的，是尋得自己。

我的婚姻對象，都來自於長久交往的對象。

猶記得在青少女時期，對戀愛懵懵懂懂，有幾個暗戀的對象，但都沒有發展成一段親密關係。記憶中自小到大暗戀過的人，大約有三、四個，都是班上的第一名，或是非常聰明優秀的孩子。我雖觀察到自己有這傾向，但不明所以，反正喜歡優秀的人也不壞，於是既沒有懷疑自己的初心，也沒有覺察到隱含的意義。

1. 第一段關係：親密關係初探

十八歲上大學的時候，我成功「逃家」外宿，脫離嚴厲的母親的管轄，才初次交上了男友。

第一次離家求學的我，初次呼吸新鮮空氣，我莫名開心，決定把「大學四學分」（學業、社團、戀愛、打工）修好修滿，盡情享受這段日子。

於是才大一，就跟一個大四的社團學長交往。對方告白時，我答應交往的考量點，只是因為這個人「看起來可靠」，就進入了一段沒有愛情做為起頭的親密關係。

男友是一個風趣而信實的人，身材高大、體重頗重，性格開朗，有一票好朋友。他有隱隱的大男人主義，男女觀念很傳統，但因為對高度控制欲的我很容忍，態度也很溫柔，容得下我對他要求東要求西，罵不回口，很少生氣，因此也沒有對我造成太大困擾。

我一直以為，交往了應該就會有戀愛的感覺吧，但身心是誠實的，即使是初次與人交往，但我從頭到尾都沒有所謂戀愛的感覺出現。相反的，男友似乎非常愛我，從交往初期就很想跟我結婚。

我雖覺得這段關係不是我渴望的，但因為害怕孤單，所以即使已經覺得兩人相處味同嚼蠟，交往十二年，中間提了五次分手，卻也沒真正分開，每每因為自己的軟弱，單身的時候猶如窒息，於是又再回到關係中。

不過，回到關係中的我，依然是不快樂的。在這段關係裡，我明白了自己對於關係有多依賴，即使我已經感覺很糟很糟，依然離不開。於是，我在關係裡愈來愈不快樂，看什麼都不滿意。

我討厭因為軟弱、怕孤單而離不開的自己，又覺得伴侶懶惰、沒心思經營關係，答應什麼都做不到。沒有愛的關係再加上對伴侶的嚴重失望，這段關係其實已經全然失去意義。

後來，再加上研究所重考等等打擊，我在感受不到任何支持下，覺得自己一無是處，陷入沉沉的憂鬱。

在重考的那段日子，我除了上補習班的課外，日夜顛倒。晚上不睡覺，清晨睡下去後就不想起床。腦袋裡的思緒捲入深不見底的黑藍色漩渦，纏結圍繞，所有冒出來的思考都是灰暗的。

這段日子堪稱我人生以來的最低谷。我雖知道自己偏執，卻也沒動力走出來。我哭著要求男友安慰我，但男友看到我的狀況就想逃（現在易地而處，我看了也會很想跟那時的我分手）。後來，某天在與朋友對話時，驀然發現自己仍有看見世界美好的能力，才從此處開始，慢慢恢復自信。

考上研究所之後，憂鬱的狀況改善許多。研究生生活的高壓與忙碌，讓我擱置了在關係中的不滿，我和男友的相處又回到某種平衡點。

三年後，研究所畢業，我開始充滿新鮮感的上班人生。我一邊當自己研究所指導教授的專任助理，一邊讀書，準備國考或出國進修等考試。雖說是準備考試、也繼續補習，但其實我對未來的人生究竟要做什麼，完全沒想法，無論是要繼續升學，還是要考一個薪水高些、也穩定的公職。

當時的我缺乏主見，也沒有安全感，做什麼都下不了決心。看身邊的朋友做什麼，我就人云亦云，結果導致無論是考公職或是準備出國，最終都無疾而終。至於親密關係，雖然味同嚼蠟，但也因為沒有新的緣分光臨，我又發自心底恐懼孤單，於是繼續得過且過。

直到二十九歲終於來敲門。

其實，二十五歲後的我，心中就隱隱地浮現中年危機。二十九歲要來報到了，更是令人十分驚恐。還記得很久以前流行一個日劇《三十拉警報》，因此我也盲信，要是三十歲時還沒進入婚姻，以後想結也沒得結了。這種傳統觀念纏身、以為三十歲沒結婚就是敗犬的莫名恐懼，讓我雖然極不情願，卻也不得不許下婚期。終於，在三十歲那一年，所有的流程都走完了，在雙十節那一天，我懷著極為複雜的心情步入禮堂。

婚禮結束，演完了一整天的笑臉人，當天稍晚的經歷，令我印象深刻。那時，送完所有賓客，坐車到他家的時候，才進了門沒多久，我就感到一陣窒息。我有一個鮮明的感覺：「我會死在這裡。」明明是在十二年的交往歷程中，來過無數次的他家，有著和藹又非常照顧我的他爸爸、好相處的他弟弟，我還住過這裡。但此時此刻，我驚恐莫名，進門如同下葬。我無法繼續停留一刻，留下一句「跟你爸說，我要回娘家整理自己的東西再搬過來」，就匆匆地回自己家了。

由於這是個不情願的結婚，在籌備的過程當中，我就曾跟前男友說，弄完這一切，我們就分手吧。前男友聽完後總是無語，我並不知道他的想法，也不關心。婚禮辦完後，我到達情緒頂點，明白的表達已經完全不愛他的事實，跟他約了下週就去戶政事務所辦離婚登記。幸好前男友也不掙扎，我們和平的換回配偶欄空白的身分證，自此，總算真正分手。

這次分手，猶如取回墓穴裡的身軀，我從驚嚇莫名到猶存餘悸。

但，從火坑裡逃開的我，只是基於求生本能，而非悟性。因此，即使這一段關係結束得轟轟烈烈，我卻學習有限。離開關係孤身一人的恐懼，讓我迅速地逃入下一段關係。

2. 第二段關係：獨立訓練

由於在先前的人生經驗裡，除了前男友外，無人跟我告白。於是這次我主動表白，跟小我五歲的學弟交往。

學弟與我是在研究所的學校相識，我研究所一年級時他大一，是一個社交退縮，但很聰明、電腦很強的孩子。剛開始交往的時候，正值他憂鬱症纏身休學期間。我那時已經研究所畢業，在指導教授所在的大學工作，時值計畫缺學術網站的程式人員，於是問了他，他也願意，我們便成了偶爾見面的同事。

身為計畫的聯繫人，我們常互通訊息，一來一往的聊天還算投緣。學弟沒有心機，我問什麼他答什麼，漸漸地聊到後來就交往了。

我們交往了十年，然後又登記結婚一年。期間，我陪伴他走過憂鬱症纏身的日子，把休學延宕的學業補完。大學畢業後，陪著他申請研究所。研究所四年讀完，陪伴他投履歷、找工作，以工程師的身分正式就職。然後，在第一家公司要瓦解時，陪伴他找了第二份半公家的工作，繼續任職。最後，再看著他再換了第三份更高薪、也更輕鬆的工作，這份工作一直持續至今。

學弟是一個耿直、脆弱、很守著條條框框規矩的A型人。雖然聰明、長的也很可愛，但是是個情緒支持需求度高、生活沒什麼目標、沒有真正感興趣的喜好、也很需要人陪伴的人。在剛開始交往的新鮮感過去之後，我開始覺得「累」。

我是一個經不起吵，遇到事情就很急著「解決問題」的人。做為他的伴侶和室友，我每天遇到他抱怨無聊或是其他生活瑣事的時候，就會努力的建議他、鼓勵他、輔助他做些什麼，例如運動、例如讀書、例如認真的玩個遊戲、例如想想還有什麼程式可以寫一寫。花費了長久的時間，伴侶在我的「拉拔」下，生活的秩序和行程，大抵上是由我建立，我若沒堅持，就不會實行。

不過，在「他力」安排生活下的他，三不五時就會發表對生活某些事情的不滿意。A型性格的他，碎念和抱怨起來的持久度相當驚人。他的記性也很好，翻起舊帳來可以明確到哪一天。O型性格的我，沒有隔夜仇，也沒什麼隔夜的記憶，於是，每每賠不是到天荒地老，如此，他若還是憤恨難平，我也只好受罪。這樣久了，我變得非常害怕在生活上「犯錯」，在他身邊總是小心翼翼不要製造話柄，生活得頗有壓力。

此外，相對於參加謝錦讀書會的我，他對於靈性成長或是讀書並沒有興趣，覺得賺錢都不容易了哪來時間搞這個。也因此，我在讀書會或是生活修行中的所學，並沒有創造我倆的同調（不過，在我的堅持下，他沒妨礙我要進行的事情也是不簡單）。

在他的身邊，我常有一股精力被抽乾的感受，但不明所以。我需要每天很積極的自我療癒和修行，不然就很容易陷入情緒中。維持生活的情緒平衡不易，帶動我倆的生活到一個積極的階段又實在太過勞累，因此我與他的生活只好處在一個不上不下的境地，雖然有進行一些貌似健康的行程（例如爬山與運動），但大多數的時候，我經常在觀察、照顧、維護和賠不是。

這樣的生活從交往一直持續到婚後。雖然在決定結婚時，我也是下定決心接受婚姻的試煉，但其實相處中的壓力和勞累幾乎沒變，我依然覺得自己時時在練習獨立，並且比起婚前，又因為伴侶和婆家的期待，隱隱承擔著更大的任務和壓力。

在去年（二〇二二）一個契機下，我的同事恰巧聊到他已單身一年多的事情。我才突然被點醒：自己現在的生活，真的是自己想要的嗎？

檢視一下我在婚姻裡（或親密關係裡）的模樣，其實就是一個帶小孩的媽媽。生活裡的行程、餐食的選擇、怎麼住、住哪裡等等，幾乎都是我決定。伴侶對我相當依賴，與其說是共同生活，我們比較類似「共生關係」。

另外，即使已經小心翼翼，但維繫關係的和平還是讓我很累。一有什麼事情發生，伴侶的氣憤與抱怨永遠難以平復，即使已經事先告訴伴侶，你可以不照我的意見做，只要照自己的心意做就可以了，依然沒用。所謂的溝通一向很困難，一起成長更是夢。

經過二到三個月的沉澱，我決定取回自己單身的人生。

我在去年（二〇二二）十月初，向伴侶提出離婚的想法。不出所料，伴侶的反應激烈決絕，在往後的幾個月，陸續演出了各種威脅的瘋狂戲碼。幾經大呼小叫、自殺要脅、夜半搥牆、哀哭悲鳴。

這當中，我們也一起跟我爸媽面談、也各自跟自己的朋友們聊聊，雖然難以啟齒（大多時候，我其實不曉得如何開啟這勁爆的話題，也不知道怎麼聊），但也逐漸釐清我與伴侶之間的關係：我與伴侶之間沒有「愛」，只有共生與依賴。

我在伴侶的身邊，雖然自覺清醒，但其實無明。我以為伴侶關係就是拿來修煉的，所以我沒辦法在伴侶身邊感覺平靜，是因為我修為不夠。伴侶只是表現出他自己，他沒有問題。但其實「攜手並進」並不是這回事，如果伴侶並沒有意願與我並肩同行（而這是我的核心需求），那麼或許在更早的時候就應該分手了。

與高度依賴我的伴侶談分手，是壯烈的。伴侶的僵持、謾罵、情緒爆炸發言、夜半威嚇、生死相逼，種種戲碼輪番上演。伴侶無法接受我的決定，認為我背叛誓言，謊話連篇。

直到我突破盲點，指出成家、養小孩是他的人生目的，那麼我們便來談談，如何協助他辦到這件事。此後，才逐漸舒緩他緊繃高張的情緒，總算可以從無盡的檢討過去，到談論未來了。幾經拉扯和後續零星的爆點下，我們終於在今年（二〇二三）二月中，和平的走進戶政事務所，一起恢復單身。

3. 重新啟程

相對於第一段我因不敢面對單身，所以拖延甚久的親密關係，第二段親密關係的拖延，則是迷於「自己修練不夠，所以才會在親密關係中感覺痛苦」的想法，一直想要逆著自己的性子，成為某種完人。但幸運的是，在讀書會的訓練下，我有幸看清楚此時此刻我在哪，此情此景我是誰，我孤獨圓滿，不是缺憾孤單，所以即使決定分離，我也可以信心充滿的前行。

回首過去，雖無遺憾，但真的花了不少時間。從十八歲到四十二歲的此時，我花費二十年以上的青春，歷經二位陪我走上覺醒之路的對手，打了幾場刻入心底的太極。

在第一段關係中，我懵懂無知，內在空虛，遵循本能，帶著我對母親的強烈對抗走出家門，逃入親密關係。

第一段關係的對手是個從小父母離異的單親家庭孩子，從很年輕的時候就渴望組建家庭。他似乎在我身上嗅到了我承襲自母親的「管家婆」特質，那是他幼年時對於「家」的感覺，於是幾乎是在交往初期就急於向我承諾。

我尋求關係穩定的潛意識，自然而然的讓我在關係中直白的展現操控，直到我發現要的愈多、失望愈多，才發現好像哪裡不對，原本討好我的男友漸漸對我的要求（甚至是要緊的、關係重大的約定事項）拖延耽懶，我便陷入痛苦，也讓原本就很低的自我價值感更加單薄。在沒有自信一個人生活的狀態下，分不了手，更加憂鬱。最後，終於到了覺得自己性命將盡、窒息的那一刻，才終於從關係中逃走，但又火速的遁入下一段關係中。

在第二段關係啟程時，我當然還是懵然無知的。雖然從「死裡逃生」，但我不知自己為何將死，只知道自己還想活。

第二段關係是我主動告白來的，「主客易位」，換我謙卑。我從被照顧者，變成照顧者，努力調適自己，開始學習自給自足，還要照顧他人，以為自己有進步，卻在無形之中要求自己變成了全知全能的「媽媽」角色。

在關係裡，我負責、聰慧、能幹，有解決問題的能力，有規畫生活的決斷力，有周密考量的細緻度，有情緒諮商的治療能力，還有時時展現上述能力的持續力。

一開始，交往初期的新鮮感猶如剛點燃的火箭，動力飽滿的推動上述所有功能，不知疲勞的日日如一。但在新鮮感消亡後，後續的日子就是真修練了。

幸運的是，我在交往的第三年，就因緣際會的加入讀書會，自此開始認識自己是誰、自己在做什麼、自己究竟要什麼的覺醒之旅。

我學到，關係是拿來修煉的，這段關係也是我要的，但疲憊從何而來？我給自己的解釋是：對方非常誠實的展現他自己，我適應不良，是我修為不夠，不是對方的問題。

於是我努力覺察、做很多事讓自己恢復情緒平衡，無論是冥想、運動、瑜伽、上課、寫作業、讀書，都有嘗試，但回到與伴侶的日常之中，就又會感覺到壓力襲來。年復一年，我感覺到自己的覺知和修煉都有進境，唯獨與伴侶的相處，依然原地踏步。

直到被點醒的那一刻之前，我都不知道，自己所謂的修煉，其實缺了一角。

在關係裡磨練自己更平滑圓融是可以的，在關係中覺察自己的情緒變化是可以的，增長自己的智識與能力也是沒問題的，但是不放下自己在親密關係中當個「全知全能的媽媽」這件事，以上的這些努力，都將徒勞無功。

我的伴侶在我的照顧之下，他對於關係的滿意或不滿，都來自於我連自己都沒發現的「操控」。為了日子平順，我努力的聰慧貼心，讓對方重度依賴我，沒有我會想死（正如同我們談分手時的壯烈舉措），這其實是深刻入髓的操控。

我以為的努力，其實是取代掉對方在關係中的功能，表面上讓對方活得更自在、更輕鬆，實際上是剝奪他為自己的情緒、生活功能負責的空間。

我無意識的施展了母親對待父親的方式，對方只要抱怨一下，就立刻回應，無形中把對方寵成一個小孩。雖然比起母親，我覺得自己已經是很平等的對待對方了，至少不會越俎代庖的像是母親會幫父親準備好生活的一切，比較多是燒腦勞心，千叮萬囑。

但其實本質不變。

在對方的身邊，我練習多年的獨立自主，已經儲備了足夠的自信可以單身面對生活。但「操控」這件事的隱微程度，真的是暗如細水，以穩定關係之名、以修煉之名、以自我成長之名、以同理之名，貫串我全部的親密關係。二十多年來，轉換各種風貌，常伴左右。這個離婚，終於讓我跟操控面對面，放下操控的對象，繼續學習著走向獨立的未來。

能跟承襲自母親的操控「離婚」，是我想都想不到的決定與際遇。衷心感謝讀書會的訓練，與那個總是願意改變、學習，看似脆弱，實則百折不撓的自己。

晴空的探索之旅，靜流時暗濤洶湧，風起時驚濤裂岸。受苦二十多年，終於穿透情的迷霧，還己真身，見到「晴空」，走向未來。

我常說：父母是人一生最大的命運。家族業力實在太驚人了。晴空親娘附身的故事活生生的展現了這個風景。突破親娘附身的業力，走向新的人生，就是他為自己出征的覺醒旅程帶來的新局。他還繼續往前走。

四、孝子從出走到「回家」的旅程

晴空的故事已透露出父母對自己的影響力，接著這個線索，來看一下**禾心**從出走到「回家」的生命故事。

禾心是我的讀書會朋友。他非常聰明，性情溫和，熱情、勇敢有愛心；對生命正面、積極，喜歡與人溝通和互動；對世界保持開放態度、有彈性，能接受不同意見與想法。

最特別的是：他心性單純，少有雜質，是我見過的男性中難得見到的充滿靈氣、清澈、乾淨的人。

前傳——傳統倫理籠罩下的孝子

我出生於一個台灣中部非常傳統的農家（大家族）。父母都小學肄業，除了務農（種稻，蔬菜，水果），父親主業是泥水工。

父親除了工作之外，跟小孩的互動不多。我受惠於他的是堅毅、誠實、溫和、情緒穩定不遷怒等特質。母親與父親不同，他有愛、很敏感、負面情緒多、極度沒有自信、沒有原則。從小就有意無意要求我要孝順（順從），凡事要聽話，長大以後不可以忘了父母恩。

我從小的印象，母親只要有不如意的地方，就會生氣。我很小的時候，母親曾跟父親一起做泥水工，小學以後就當家庭主婦、農事、做手工。因此，我跟母親的相處最密，互動最多，他的觀念、言行舉止，對我的影響也最大。

為了應對母親的情緒化，我從小就練就了很會察言觀色的本事。所以只要母親臉色改變，我的心也會跟著糾結。

這一直到去了美國讀書之後，有了空間的隔絕，加上有太太在旁邊提醒，才漸漸瞭解母親不穩定的情緒，沒有安全感，以及悲觀、負面的人生觀，才知道母親對我的影響有多大。

因為求學一路順遂，陷入不自知的無明狀態。國中、高中成績優異，讀書一帆風順，目標清楚，就是升學。但是考上大學之後，人生頓失方向。工作？再升學？大學四年過得很不踏實。

原因是一直生活在傳統倫理生活中，被安排習慣了，聽父母話、照著社會期待的規畫走，就是一路升學考好學校，但是最後呢？所以不清楚人生的目的是什麼？不知道自己要什麼，大學也就過得渾渾噩齷。後來因為太太要出國念書，也跟著準備，最後成行，沒想到這成了我人生最大的轉捩點。

後傳第一程——體驗自由與解鎖心門

去美國念書是一九九四年，這件事讓我有機會可以用空間來隔絕傳統倫理社會的影響，第一次體會到「自由」的空氣。事後我才發覺，這種自由是來自於隔絕於社會文化的壓力。

記得當年第一次出國的景象，當天我媽去送機，看到我捨不得我離開而哭的樣子，讓我進關之後竟然用跑的去登機，我當下心情雀躍，感覺到無比的自由，才看到自己過去被傳統壓力的束縛有多大。

到了紐約機場，踏出機門聞到的空氣味道，我這一輩子都不會忘記，那是自由沒有束縛的空氣（空間）。當然，這種束縛是外在的，但是空間隔絕了外在，最深層的內在還在那兒。

一九九七之前，親密關係是無明的，因為我不講心裡的話，只接收訊息，所以比較多是單方面的溝通，或是根本沒有溝通。直到有一天與太太有了溝通的衝突，累積多年的無明，最後面臨分手。當下我才發現我被自以為是的東西綁得好辛苦，我背了太多「應該」與「束縛」，背得好累。一頓痛哭，我才開始說心裡的話，心門才解了鎖。

一九九八年我媽來美國看我，有一天看到他皺了眉頭，我的心竟然跟著揪了一下，才猛然發覺我受他的影響有多大。

二〇〇〇年父母到美國參加我的畢業典禮。有一天出遊，讓我第一次對於母親的負面言行感到不愉快，然後出言指責直到讓他哭。最奇妙的是，我生平第一次覺得他無理取鬧，而我理直氣壯。他大概第一次受到很大的震撼，所以生氣了兩天不跟我說話。

這次讓母親哭的經驗，讓我重新看自己跟母親的關係。感覺以前是我小他大，釋放了我的一些潛藏很久的傳統孝子壓力，也讓我有機會看到過去「愚孝」與「盲從」的樣子，更讓我從此能與父母「平行」。且從那之後，我可以用不同角度去看我跟母親的關係。

不過，一直到回台灣之後，更密集的互動，更多的不舒服，讓我更進一步去看到母親排山倒海的負面情緒與人生觀，體認到我不能再讓這些負面的東西左右。

母親在我很小的時候，因為奶奶不喜歡他，常處在低落的情緒中，甚至於曾經離家出走過。我國中時候，常常看到父母因為不同意見爭吵，很多時候，我都覺得是母親情緒管理或缺乏安全感的問題。我覺得自己有受到這些事件的影響，變得敏感，害怕別人不愛我，害怕面對衝突。

我意識到，我得學會把母親的命運還給他，學會關心他而不是擔心他，愛他但不是孝順他。

當初到美國讀書，發現讀書、研究變得很有趣，所以一直讀到博士，而且找到了人生的方向，還修正了我消極的人生觀。二〇〇一年從美國回台灣，順勢在大學教書與做研究，發現與學生互動太有趣了，讓我如魚得水，我從中得到很多感動，自我成長與成就感。

現在的研究內容與老化有關，從中看到生老病死，特別是「老」對人的影響（對自己與對旁人）。想到「人生出來就注定是悲劇」這句話，老只是個過程，現代醫學無法真正做什麼，但是如何面對卻是很重要的課題，而這也是讓我想探索生命存在的意義的因緣之一。

後傳第二程——探索

二〇〇三年加入謝錦帶的讀書會。回台灣在大學任教之後，一開始因為教學需要，在太太的建議下於二〇〇三年加入讀書會。原本是要去學如何帶學生的，結果發現，這是個人生的試煉所，精確的說是自己生命的探索場。

原來，生命可以自己掌握，原來我可以不用看人臉色，只要誠實面對自己，也可以過得自在。原來，我跟別人很不一樣。我可以不用為了回答別人的問題，而勉強自己擠出答案。原來，我後面一直形影不離的跟了一大堆的人，特別是「古人」(背後靈)。慢慢的請走了身後一些人，變得清爽，沒有負擔，生命也變得有趣，風景有了顏色。而且，才發現教學是這麼有趣，與學生互動，教學相長，其實我才是學生。在學生身上，我看到更多自己生命中的不同面，原來生命都是一樣的，也都不一樣。

所以在讀書會中，我看到了許多自己不自覺的加諸於自己的枷鎖，也看到了自己生命的可能性，不管喜怒哀樂，都要自己去面對，別人是無法替代的。

參加讀書會之後，多了覺察的能力，再加上太太在旁邊提醒，比較清楚母親對我情緒勒索的情況，可以慢慢釐清事情的來龍去脈，能夠覺察到母親的負面言行，然後不隨之起舞。

後傳第三程——轉變

但是，我真正做自己了嗎？真正自在了嗎？我回到「家」了嗎？

二〇〇八年兒子出生，岳母被診斷出失智症，我開始接觸腦神經退化疾病的研究。兒子出生，因為太太的緣故(老二哲學，所以我當時還是缺乏主體性)，我退出了讀書會。

也因為有了小孩，讓我跟太太之間的問題進入另一個層面，是以前沒有小孩教養時看不到的；但是這個不只是教養問題，而是自己內在的問題。所以親密關係面臨全面崩解，最後到二〇一四年兩人幾乎要走不下去了，但這也促使我再度走進讀書會。

岳母被診斷出失智症，我同時變成照護者與研究者，從岳母日益退化的身心，讓我看到人生的動態變化，後來我看到那就是無常。我很感謝岳母給我的禮物，除了研究上的，還有人生的看見，隨時隨地努力活出自己的樣子！

二〇一四年跟太太走到了離婚邊緣，我自己身心到了撞牆的狀態。當時我知道我還要這個關係，但是我自己無法走下去，心裡面浮上來的就是我需要幫助。也剛好在這個不久前，跟謝錦聚餐，知道有一班讀書會要重新開始。人生不是偶然，我拿到最後一張門票。

就在我打電話給謝錦之後，我就開始轉變。這件事對我的影響最大，除了挽救我的親密關係，也讓我從此開始覺醒，能量提昇，開始認識自己，跟自己在一起，並且隨時練習覺察與活在當下，也讓我看到，隨時保持安定自在就是回家的最大收穫，這是一輩子的事情。

後傳第四程——修煉與精進

行走人生江湖，要內外功兼具，才能安定自在，隨遇而安。我在讀書會，就是學了如何修煉內外功。親密關係的困頓是我會再進讀書會的契機。我知道，人類的本性讓我們逃避痛苦，但痛苦是免不了的。

進讀書會之後，透過覺察，才慢慢發現痛苦是來自於慣性，也就是基於「生存」理由，過去所累積的對人生的種種觀點，例如害怕別人不愛我，所以要討好別人，要做好人，可以犧牲自己。

但是，知道還不夠，最重要的是能看到慣性，因為慣性根深柢固、快如閃電，在沒有意識覺察的狀態，一切言行是直接被慣性帶著走。我看到，原來過去自己的痛苦都來自於慣性。

自從進讀書會之後，就一直練習覺察的功夫，一開始要感覺到痛苦，才知道被慣性帶走了；但是慢慢的可以覺察到慣性的出現；久了，覺察功夫變強，有時候會跑得比慣性快，痛苦的時候就變少了。

除了覺察，我在讀書會也學會了不抗拒、接受，因為慣性是無法消滅的，但是我發現可以讓意識空間變大，變寬，變廣，可能性就變多了。

就像我跟太太的關係，自從進讀書會之後，因為看到了自己的狀態，過去自己跟自己的分離，以致於也無法跟別人在一起。雖然跟太太之間的關係大大改善，但是衝突還是不時的出現。有了覺察，痛苦的時間就縮短了，或變小了，發現自己的視野更寬了，我也比較能從太太的角度去看問題，不會一直覺得我是對的而他是錯的。這樣好像是放過自己，其實也是放過別人吧！

我在讀書會也學到：「生命是獨立完整、獨一無二、無可取代，且是有意義的世界。」以前的我，沒有自我，沒有自信，只有討好別人，自己都不重要，這一部分主要是來自於家庭影響。

但是在有了覺察功夫之後，慢慢減輕慣性的影響，也同時看到我是自己生命的主人，因為我是這個世界唯一的我，何必去找外面的標準來界定自己，所以就可以很快的回到自己，比較能隨時跟自己在一起，常處在安定自在，而不是像以前那樣惶惶不安、想要尋求外界認同的不穩定。

旅程新風景

● 母子關係：

前面提到讓母親哭的經驗，讓我重新看自己跟母親的關係，讓我從此能與父母「平行」。且從那之後，我可以用不同角度和位置去看我跟母親的關係。

我意識到，我得學會把母親的命運還給他，學會關心他而不是擔心他，愛他但不是孝順他。也因此，當我帶著意識去跟他相處，我們母子的關係也跟著改變。以下是個例子，說明我跟我媽的互動改變，他也跟著改變，看到有新的東西進到他的生命裡面，前後判若兩人。

之前疫情期間，有一次打電話回老家給我媽，祝他母親節快樂。我跟他說因為疫情，所以暫時先不回去。他說：「謝謝啦，疫情這樣還是不要回來得好，不然搭車回家的過程，都有風險。沒回來沒有關係，你們要好好照顧自己，外出要注意安全。」我回：「謝謝你的關心，我們都有注意。」然後跟他說：「你們也要注意，有任何症狀要趕快處理。」他說：「當然，我們都有準備治療新冠的中藥，我知道我把自己照顧好，你們就比較簡單，否則我如果生病了，你們也要跑來跑去，也要擔心，所以我把自己照顧好，對你們也好。」

我很驚訝我媽會說出這樣的話。我回他：「我要給你按一百個讚，你說得太好了，我們每個人都把自己照顧好，這是最重要的，謝謝你了解。」他回：「沒有問題啊，自己身體當然要把自己照顧好啊，但是如果這樣大家都比較舒服，那就簡單了。」

我媽是那種會說自己生病不要緊，只要別人健康就好，或是說自己是全世界最歹命的人，沒想到今天會說出「如果自己保持健康對我們也好」這樣的話，慢慢感覺到他有一點一滴的增加有意識的生活與思考，很有意思。

但是其實更重要的是，我現在也是有意識的沒有任何期待，就是如實當下的去跟他互動，我做自己，也有意識做到讓他自己做自己。

- **親密關係：**

前面提到，親密關係從無明到第一次參加讀書會之後，有了一些覺察功夫，但是，後來因為教養問題，造成嚴重的衝突與彼此間的距離愈來愈大。

二〇一四年第二次進讀書會之後，看到原來彼此間的距離，我至少要負一半的責任，自從開始覺醒之後，親密關係大大改善，開始流動了，在身心靈三方面都是。

緒，我可以去面對他的情緒，不用退縮；我可以有情緒，可以直接說我的想法，做我自己。對於他的情緒，我可以決定要不要收，這樣子讓我覺得彼此的距離拉近很多。

是的，我跟太太之間還有一點距離，我看到很多時候，太太有他自己的功課（以前遇到衝突，我都是先自責，覺得都是我的問題），這一部分我無法直接做什麼，但是我可以用「愛之旅」，讓太太看到自己的課題，這是關於親密關係我要去做的事情。以下的例子，可以說明我們之間的互動，因為有覺察之後的改變。

有天早上，太太提到若做事情沒有按照他預期的樣子進行，就會很生氣，例如特別會生氣前面使用東西的人「怎麼不是按照他自己預期的方式放好」。但是現在他看到了自己這樣的狀態，就會叫停一下，發現生氣的情緒就減少了。我說這是很棒的看見，「是什麼引發你的看見？」他說看到自己有情緒，不舒服，現在比較有意識，所以才能看到自己的情緒。

他又說，以前我都會問他「為什麼要生氣，或這有什麼好生氣的」，在他聽起來就是在質疑他的生氣，覺得他的生氣是不對的，是在批評他的情緒。我聽了很驚訝，我說：「我覺得生氣會影響身體健康，所以我才覺得可以去看生氣的背後是什麼，是否有不同的方式去看事情」。他回我：「這些都不是問題，但是當你說這些話時，我感受到你透露出來批評我生氣是錯誤的，我覺得被指責了。」他又說，就像他現在可以接受事情沒做好，所以我也可以接納他的生氣情緒。

我突然被敲到了，對齁，我看到自己是在「用擔心的角度」來看他的生氣情緒，所以透露出來的就是指責與壓力，一點也不接受他的情緒，造成他的二度情緒，然後這二度情緒又返回來到我身上，就沒完沒了了。

我自己看到在跟太太互動的過程中的擔心慣性，在很多地方依舊存在，很挑戰。我也看到造成關係緊張與不舒服，很多時候就是擔心慣性在擾動的結果。親密關係中，這樣的互動是以前看不到的，但是覺醒之後，有意識的能覺察到細微的慣性，且能直接面對，就不容易累積情緒與誤解，溝通自然就順多了。

• 親子關係：

我跟兒子的關係是動態的。他小時候，我是父親與玩偶，每天晚上會幫他按摩，會跟他聊天，聊他在學校發生的事，也聊我一天所看到的東西。很多時候，他會主動來找我分享他發現的東西。

後來他上了國中之後，比較多一點是朋友的關係。在他繁重的升學壓力之下，我也開始透過讀書會學習到的，如何練習做到尊重、不期待、不評估判斷、不越界，以及讓他自己發現他自己。這個過程需要覺察，特別是如何做到沒有期待的互動，真的很挑戰。

有一次我覺察到越界。當時我不在家，太太聯絡我說家裡書房的燈泡不亮了，兒子拿著梯子上去想要把燈罩拆下來換燈泡，但是怎麼拆燈罩都拆不下來，所以傳照片問我要怎麼拆。

這個時候我看到心裡面的一個想法，竟然是「等我回去再換吧！」看到這個念頭，我愣了一下，心裡飄過一個顧慮「兒子站在梯子上有點危險」。但是馬上看到自己的顧慮，趕緊深呼吸了一下，沒讓顧慮控制，然後我請太太跟兒子說可以怎麼拆，過了十分鐘，太太回我說兒子已經把燈泡換好了！當天晚上回到家，我先嘉許兒子願意嘗試的精神，即使遇到困難還是會想辦法解決。

在這件事情上，我看到過去越界與擔心的慣性差點跑出來，阻礙他體驗，還好透過不斷的練習覺察，及時叫停、放手，所以他可以體驗自己依照自己的動力，去完成一件事。

有一天晚上吃完飯，兒子念英文讀本，念完了想喝水，就把讀本隨手放在餐桌上。因為他放的位置是倒水放杯子的地方，常會因為水濺出來就濕濕的。看他放了讀本，我脫口而出，「你就這樣放，也沒看桌子有沒有水！」他回我：「沒濕啊！」

我一說完，馬上就看到自己的「指導」慣性，趕緊深呼吸叫停，就先沒再說什麼。因為在讀書會學到覺察慣性，所以我可以問他「桌上有水嗎？」（確認）而不是指導，其他的就不用說什麼了。看到自己的指導慣性很強，得更有意識去覺察，這樣才能跟兒子好好相處，好好對話。這個慣性是我很大的功課。

在讀書會這幾年下來，一直不斷學習各種功夫，雖然學無止盡，但是慢慢的發現自己能量變強了，熱忱變高了，身體變輕鬆了。

旅程未了，我還在路上。

五、壓不死的玫瑰——倫理重壓下的覺迷心路

這裡要說的是**阿黛**在倫理重壓下覺迷的故事。

阿黛是我的讀書會朋友，已及耳順之年。他熱情卻不隨和，處世正直以對；腦袋甚佳，知難而進，學習不輟，韌性甚足。面對生命，是一個有好奇心，認真嚴肅以對的人。

如果禾心的故事已顯示孝順會阻路，而愛會引路重建親子關係，但讀起來卻有若清風拂面，那阿黛受到的倫理制約就有泰山壓頂般的窒息感，要穿越是要有點能耐的。下面說的就是他穿越黑暗、尋回自己、重建關係的歷程。

1. 回溯，看懂家族業力：「父母，是人一生最大的命運。」

如今回憶起來，十五歲國中畢業，我就以北上參加高中聯考為由逃家；為了逃離有祖父母、父母、叔嬸、姑姑、眾房弟妹等二十多人同住，一個農業文明形成的大家庭。

關於我與大家庭

逃的心底裡，對家裡總是爭吵擾嚷，積壓了許多憤怒，以及源於大人們忙著生計，漠視拒絕小孩心聲的孤單。年少的我，以為逃走了，外面總有同學朋友的溫暖，或許能撫慰我的失落不安。

但一路逃在外，讀書工作到三十五歲時，極度憂鬱的某一天，突然被自己內心迸出：「我不能快樂！」這樣的聲音驚嚇後發覺，原來，「快樂」對我而言，是有條件的奢侈品，除非大家（家人們）都快樂了，否則我也不應該擁有。

以傳統「孝悌仁愛」的倫理觀念「檢討」自己時，時刻充滿對家人不負責任的愧疚感；儘管身體逃離在外，內心卻懷揣著憂慮內咎，活得沉重不安，彷彿只有如此自困，才能夠對離家的背叛之行，有點兒贖罪或效忠著家族似的。

家族血緣倫理的教養，體現在大家庭「敬老尊長」、「男主外女主內」的傳統觀念；其中，「男尊女卑」的位階排序更是不可逾越挑戰。記憶最深刻的是，家裡所有女眷，只有恪遵順從配合家中男人的義務，沒有發言表達意見的權力，這是天經地義的「禮教」。

這樣的家規，可以從吃飯的次第：祖父母與父叔坐上餐桌，小孩夾了菜到客廳吃，姑嫂媳婦們最後吃大夥剩下的「菜尾」，順便收拾餐桌。連洗衣服，母親都將父親、弟弟的衣物分開洗，讓我感受到身為女性的卑微，必須在男人面前低低的，如今回憶當時的心情是憤怒又疑惑的。

大家庭裡極度彰顯「父權權威」，讓我對男性既仰望又懼怕，質疑自己：難道一輩子都會是「委屈的小媳婦」嗎？然而，年少懵懂的內心有再多困惑不滿，大家庭裡的孩子，哪能有聲音呢？如果有，也被視為「無理取鬧」。

因為「人微言輕」，因為得不到理解，因為大家族裡權力與資源分配的明爭暗鬥，讓家裡老是充滿爭吵煙硝；父親與兄弟們對事業經營方式的爭吵，到夫妻的、婆媳的、妯娌的、親子之間的各式委屈不平，咆哮吼叫的喧囂，成為家常的空氣。我渴望「家」給予的平靜與和諧，遙不可得。

心裡不快樂了，就在空間上與原生家庭保持距離，逃到外面讀書工作，轉移「家庭即工廠（公司）」這類公私領域難分造成個人的不自在，逃避大家族人際喧嚷帶給我的緊張音頻。

關於我和父親

直到二〇一〇年，父親驟然離世造成的「家難」，逼使身為長女的我無可遁逃，必得做出選擇：面對或遺棄逃亡；對於生長在傳統倫理的家族文化裡的我，即使再不情願，也「沒膽」選擇繼續逃亡，於是下定決心，承諾自己面對今生不知其然的命運。

父親生前固執地堅持：「留事業給子女，勝過金錢財產。」即使我們拚命拒斥，質疑著他的「遺產」，但一家人的共業啊，他為事業拚搏，全家人哪有不跟著活在水深火熱的沒錢追錢的日子裡？

父親執拗以曾經成功的方式繼續複製，家族的勸說石沉大海，即使親子間火爆衝撞，不過表達了苦海裡的難堪，全家人依然繞著父親這顆恆星運轉。為龐大債務而苦的時日，即使不回家，為家操心憂愁的苦悶，是我心裡始終揹著的大行李，壓得喘不過氣來也不敢放下，深怕背負「不孝不忠」的倫理罪名。回憶當時，痛的覺受很遙遠，只感覺「苦杯滿溢」。

即使與父親共苦時充滿怨懟，但相較與母親的關係，我深愛著這位固執老男人。他留下的龐大家債與家難，我願意依靠著父愛，發願重修這門「家人相處學」，承擔起家族共業的苦。剛開始以為是回報他的養育之恩，但走著走著，益發明白起來，父親必得以這樣的方式（負債、驟逝）才能讓這個離心離德的家，學習著重建。

雖然身為五個兄弟姊妹的「長姊」，但長年忙著舔舐自己童年創傷而逃家，我與弟妹們的情感極為疏離。遭遇了父親留下的「事業」是：「共同承擔債務」，因此手足之間即使再劇烈爭執衝突，也被迫著一起面對家難，要不彼此扶持，要不各自承擔一輩子償還的債務。

我選擇面對，意味著自己「應該」、「必須」承擔家難。但我把自己搞到憂鬱恐慌的模樣，最後由二妹跳出來一肩挑起，而我從此倍受「無能、不負責任」的愧疚感折磨。

面對家的生存威脅之外，五個手足之間性情各異卻又複製父母「情緒化」的傳承，彼此難以理解溝通，又是親情帶來的另一層「苦」。

關於我跟母親

但我萬萬沒想到「眾苦」之重，就屬面對母親。

進了「謝錦文學與生命覺醒讀書會」面對自己，做認識自己的功課，發覺母女關係的糾葛難度超乎意想意料之外。

剝洋蔥地往內探才看明白，原來我心裡老早對母親心冷情絕，漠視著自己童年的內在創傷。因為父親離世，形成了我負責對內、二妹對外的默契之後，承接照顧寡母並與之相處的責任。但這樣的母女關係是基於倫理血緣的責任使然，對母親過往的怨恨始終難以消化，因此責任變成無奈的負擔，母女相處自然也成了親情關係裡的「苦」。但這一回發願好好面對我的家族業障功課，再苦也不落跑。

關於母親對我的影響，得從我是大家族第一個出生的孩子說起。雖然得到家中長輩們的珍愛，但在母親的口中，卻屢屢被他視同笑話般地標籤著：「出生就長得醜，不如妹妹漂亮」、「笨得不會抓癢（閩南俚語）」。又從奶奶談起我在嬰孩時期嚴重夜啼，因此被丟棄在客廳沙發上任由號哭，從抱怨媳婦丟包養育子女責任的版本裡，我因此認定「我是媽媽遺棄的孩子，是奶奶收容了我，媽媽偏愛妹妹長得可愛，嫌棄了長得醜又笨的我。」

在自我認同「醜與笨」的心理標籤裡成長，又連結著被遺棄版本的傷痛陰影，讓我花費大半生年歲，亟欲擺脫內心的低自尊魔咒。同時，在母女關係上，恨他的遺棄、恨他的嫌棄，心裡構築如喜馬拉雅山的高牆疏遠他。

後來才逐漸看懂，自己其實極度渴望母親的認同與肯定。然而一再地從他身上感受失落，絕望傷心之餘，感覺自己孤單無依，成了我內心世界的大框架——一個可憐無依的受害者，帶著這副眼鏡看自己與世界，無時不苦啊。

由於父母的性情都如閩南語裡所形容的「土直」（不加修飾的原始又直接），他們對自己的情緒（尤其是不滿的情緒）毫不隱諱，甚至是強烈彰顯，家中經常充滿大人們情緒噴發的「吼叫式溝通」，心裡充滿父母對我的吼叫聲，養成我壓抑情緒又極度敏感不安的性格。

關於家，是我生命力的枷鎖

我受到家庭氛圍的薰習，壓抑自己的聲音，又憤怒被壓抑，自憐又可憐家人之間彼此衝突所造成的痛苦，活得進退兩難。父母長輩們對孩子的教養方式，都是「不可以，不應該、應該」等權威式、禁令式的規戒，說理邏輯幾乎不曾出現，只要我們聽話順從便是。

家，形塑的我——理性思考能力薄弱，容易服膺於單一的權威標準。雖然情緒感受力強，卻因為害怕權威而壓抑自己的聲音。努力做任何事也無法肯定自己，低落的自我價值感讓我傍徨失措。沒進讀書會之前，我常常感覺生命窒礙難行，生活猶如在汪洋苦海裡泅泳掙扎，活得極為艱難吃力，不知何時能解脫。

排行老大的我，逃了半輩子的家庭親情倫理課題，成了十二年來最重也無可脫逃的功課。讀書會的修煉讓我看懂，父親的強大讓我軟弱與逃避，父後，終於要讓我練習勇敢以對。我對自己發願：回報父親的愛，就是「善解並善了」與家有關的有形無形的業力結果。

如果不是因為父債家難，我永遠沒有機會看懂，血緣倫理與道德信念深植我心，束縛著甚或綁架著我。苦的根源是，我在各式關係裡投射了受害陰影，以及基於拯救自己而投射於別人的拯救情結，因此讓人際關係緊繃，導致彼此受苦而更苦。

這一段心路歷程，時不時讓我感受著「滿紙荒唐言（指的是，家人與世間的文本對話，對我而言，都是各自匱乏與情緒勒索的利刃），全是心酸淚」的苦不堪言。

關於種種無竟深淵的苦，讓我對生命感到絕望，但也因此思索「苦」之於生命的本質究竟是什麼？慶幸，自己蒙昧的靈性仍然發出願力感召，二〇一二年，來到「謝錦讀書會」學習認識自己、生命覺醒的功課，對我要從眾苦之中解脫的心願，指引了行進的門徑方法，點燃黯淡許久的內心燭火。

2. 覺知，返回自身的力量：「做自己，是最深刻的反叛。」

面對「苦」，逃家的前面三十多年，我自覺或不自覺地在哲學、心理學裡尋找答案。經由教學工作接觸心理學與諮商技巧等各式研習，引我從原有的經驗與認知框架裡得到新知，開始認識自己，理解別人也是自成系統的，未必如我以為。

家族治療、敘事理論技巧、TA溝通理論與應用，完形治療、正向心理學……透過各種心理學知識的片段學習，彷彿看到自己與各種關係之間的內在糾葛的癥結。但常常發現自己，停在頭腦層面的「知道與應該」，卻是個「知道，卻做不到」的行動侏儒，很是懊惱無奈。如今才看懂，學習的知識沒有跟自身深切連結，沒有轉身行動，猶如內在的發電機沒有啟動，知識產生不了力量。

靈路的光，啟動身心覺受

讀書會入門功夫談到，覺察自我內在的「聽和看」，這兩個簡單的字，在往自己身上做功課時，才發覺「知識要透過行動體驗，才有力量」。原來過往以為所學的知識都用來求生存（工作所需），或是證明自己能力（我有），看見知識跟自己的關係是「工具性」的。

謝錦在課堂上提供的「知識」，往往讓我覺得新鮮又發楞地咀嚼再三，感受到自己的心智頭腦被一再挑戰、解構、重建；而其中必得以身體行動去感知這些知識觀念，理解與體驗才會發生。

像我這樣方方面面感受人生之苦的性格，聽到「人世間的問題，永遠解決不完，沒有看懂自己是回應世界的主體，被問題帶著跑，才是痛苦的源頭」，就更好奇地渴望學習看懂自己。

初始閱讀謝錦《做自己是最深刻的反叛》一書，對裡面許多的概念極為懵懂，卻對我產生很深的震動，尤其「做自己，是最深的反叛」，我在似懂非懂中深深被吸引，如今明白那是心底裡要轉化自己的召喚。

一路學習認識自己的功課，讓我得以從受害者的被動位置，回到自身誠實以對，勇於接納自己不完美但是完整，願意帶著恐懼往前走。

逐漸體會到，耙梳自己的生命史，是為了理解自己內在世界的系統結構（感性與理性的內在衝突），看懂以慣性反應事件的模式，只會不停製造重複性的痛苦（理解了「輪迴」與自己慣性的關係）。開始練習在生活裡，往內觀看自己的情緒念頭，練習「對情緒不迎不拒，以情緒為覺察自我的入口，看見情緒背後的念頭，以及自己的信念系統」。

我逐漸從讀書會知行合一的修煉中明白，「苦」的本質是「抗拒世間萬事不如己意」，因為這是人性自戀的本質，總是期待於他人與世界的運行能夠符合個人意志，這種被動狀態，形成了自己與外在的二元對立，衝突必然存在，「痛苦（挫折）」也必然源源不絕。

雖然看懂，我也未必能從此「不痛苦」，但比較能有意識地理解，痛苦之境之於我，有我內在兒童因創傷陰影的投射，於是能夠轉身選擇撫育自己，放下期待，支持陪伴自己，從過往記憶的陰影裡走出來。

透過不同情境的事件，來來回回地走，憑藉著讀書會裡有關身心修煉的知識，練習覺察自己，理解自己，看懂了內在的自憐委屈，無非期待於別人而不可得，從而能中性地理解他人言行背後的心態與需求；提醒自己：「功課做在自己身上」，別人都是來支持我做覺醒功課的，因著往內看，體驗了讀書會的知識：「外面沒有別人」、「沒有人能傷害你，除了自己」，明白內在的受害劇本，自己才是導演與演員。

從謝錦談傳統文化的集體信念對個體人生觀根深柢固植入，引領我誠實地耙梳自己的生命史點滴，看懂自己緊揹著家族代代傳承孝悌友愛的倫理觀，極度壓抑著自己內在聲音，雖因痛苦作出身體的叛逃之舉，但深植於我心的傳統文化信念，根本沒有真切的認識理解。因此，逃離，是抗拒與對立，而深入骨髓的家族業力看似無形，其實鑼鼓喧天地透過身心感受著衝突、挫折帶來的痛苦，在生活的方方面面如影隨形。

在讀書會謝錦與同學們的支持下，勇敢誠實地不斷練習，長出力量逐步從「受害者舞台」謝幕，開始有了自發自主的開創力與行動力，體會到：「自己改變，世界就會改變」。

在無數轉折點上，回應選擇的為難時，我終於能夠在零與一百之間、在做自己與他人需求之間，放下二元對立，練習走第三條路：「創造雙贏」。偶爾「受苦受害」的熟悉劇碼會召喚我，但我昏昧迷糊的時間愈來愈短，「苦」之於我的力道，愈來愈微弱。

如今，家難父債的重擔逐漸解除，但遠遠不及父母在我的心靈肌理上的重訓。我彷彿從自戀的仙界下凡人間，逐漸能在人間活出仙氣。讓我不禁讚歎命運的劇本，與神之所在的潛意識深深相連。

3. 轉化，實踐與重建的自在：「玩雙贏。」

謝錦引導認識自己的門徑方法，不僅於開啟自我個體意識的覺知，也長出了重新理解自己成長的家族史、代代傳承而不自知的傳統文化信念的眼力，看懂儒家思想裡「父慈子孝兄友弟恭」的規訓，強調著「入世重情」的關係主義價值觀，讓我的家族乃至學校教育及社會都框限在這套倫理系統當中。隨著學習批判性思維，得以讓我與世界的關係來到「大破之境」，撥開我長久以來的內外衝突的迷障，看見一個新世界，重拾活力。

我看到不一樣的自己。這趟認識自己的旅程，我的視野格局，從生命史的線性時間觀，延展成立體的文化空間。我不僅是一個個體的性格習性，同時也帶著家族的、傳統文化的性格基因。我看見自己身上揹著累世累代的「背後靈」，聽懂了父執輩們的聲音，看懂了家族與社會諸多信念如何養成了我或者華人文化性格的根源。

這份明白，就是謝錦常常提到的：發願面對與學習，自己的眼力會「長高長大」，體驗到的是觀看世間諸相的視野開闊了，心的容量變大，與過往創傷和談、原諒與療癒的機緣就到來。

看到自己的苦源於「關係」，因此課堂裡談到：關係，是世界的本質。關係的本質，是「二」。讓我學習如何從二元對立的「分」，走向同理彼此的「合」。

「學習愛之旅」，愛自己與愛人

梳理我與母親的關係時，看見自己站在「理想母親模樣應該是慈愛溫暖」的期待上，因此痛苦就來自於，「理想母親」與「真實母親」的形象落差太大的失落感。

前往解脫的路上，我藉著「情路，是以自己為主體，從自己出發；愛之旅，是以對方為主體，站在對方的立場理解他」的知識引路，從成人的眼光訪談母親，認識他的成長史，從女性與傳統文化的馴養上去理解母親「這樣一個女人」。

認識了母親性格裡銘記著童年成長的規訓，理解他承襲複製於父母的思想言行而不自知，不自覺地複製了父母對孩子「不打不成器」的嚴厲與威權，我的視角從「子女的眼光」遷移到「生而為人」的平等視角，讓我釋懷了被嚴厲責打辱罵的創傷。

也因此看懂他對婚姻家庭的委屈抱怨，來自傳統性別文化裡的壓迫感，其中也有「做自己而不可得」的苦悶……這些理解，讓同樣身為女性、生長於傳統倫理文化的我，對母親有了共情。

由於有意識地卸除母親身為「母親的角色身分」，我也就放下期待，與隨之而來的指責，走出「他是自私不仁的母親」的失望傷心，解放了深植於心的倫理孝養觀（「天下無不是的父母」、「養育之恩要反哺」——應該要孝順的規訓），面對要照顧老病母親的不甘與不平衡，我有了重新檢視與選擇第三條路的可能性。最欣慰的是，我從倫理上「我應該，但做得很怨懟」，再轉而自責「怨懟父母是自私」的內疚感解脫了。

我與母親的相處，內心不再充滿糾結苦悶，平心靜氣面對這位始終自憐自艾的女性，願意善待他衰老的餘年——「愛他，但未必孝順他」。我體會到，反叛傳統倫理的奧義，母親依然是他自己的模樣，我的看懂與轉化，創造了彼此相安無礙的風景。

父後十二年，「家難」的生命文本透過讀書會的引路，送給我獨立的禮物，送給我「愛家」的能力；我與自己、與家人的關係，都不再只是吼叫謾罵指責的鞭刑式相處。

我因此體會到，人生裡受苦的滋味，就是當下活在地獄裡，要出獄靠的是「自己的覺知」，以覺知的光，照亮（看懂）自己的無明，地獄即天堂。這個概念也從讀書會學習而來，讓我對地獄與受苦有了不同的認識，也有面對的勇氣與內在力量。

二〇一二年十月進讀書會，這個決定與行動，對於我的生命起了清理與轉化的重要作用。我記得自己初始做了一個夢，夢見我與謝錦相約到一個地下樓層的美術館，我在入館的門口玄關上看見，大片牆面上，排列整齊的一包包垃圾！而我必須將垃圾清理出來，才有空間放置我的行李。

感到吃驚與不安時，看著進入美術館的樓梯，成優美S型蜿蜒而下，美術館空間並未以明亮迎接我，黑漆漆一片，覺得真是個詭異的見面場所。我不常做夢，常記不住夢境，但是這個夢境太詭譎，讓我記憶鮮明至今。

以如今的理解來解讀，我發覺潛意識裡的象徵非常驚人，這段十二年的讀書會旅程，就是這個夢境的寫照，我得待在自己的陰影與潛意識裡，透過自己發光，才有機會穿越。

如今的我，那一包包沉重的內在垃圾，變成了我輕盈青春的滋養土肥，行走人間的腳步輕盈起來，朋友都感受到我「變年輕」，來到「身體初老，心態青春」的狀態，對這段不斷認識痛苦的學習旅程，內心裡充滿感謝。這趟還會持續進行的自我英雄之旅——英雄，不是戰勝別人的贏家，而是有力量迎向生命無常、荒謬的挑戰，成為自己人生的創造者。

年少時，逃離家，是因為期待幻滅；如今，我走在回家的路，幻滅依然發生，但是長出接住與復原自己的力量。我明白，自己要回的，是內在完整又孤獨的家。

六、面對生命斷裂處，穿越是唯一的出路

這裡說的是**微笑**穿越倫理迷障，尋回自己，並重建關係的故事。

相較於**阿黛**時間較長、情境鋪陳較詳實而且厚重的故事，微笑的故事則著重在得到天啟後快速展開、轉化的描述。

微笑是我的讀書會朋友，已過知命之年。他五十歲前將自己打造成「理想中的我」，是硬撐出來給人看的；表面堅韌，內裡煎熬，讓自己吃不少苦。

他在重新認識自己的路上，才看見內在本質是純淨、善良、溫和、堅定果敢且不輕易屈服的靈魂。當他認識了謝錦，走進了讀書會，裝上天線，聽到天啟，走上征程，很快就穿越倫理的層層迷障，尋回自己，並重建關係。

他聰慧靈巧，內在純淨；能量具足，神韻外溢；善於學習，十分精進，是很「媚」的姑娘。下面就是他的故事。

1. 人生課題

我在傳統文化的大家族中長大，重男輕女是宿命的開始，很小就體會到家族中的等級尊卑，我所認識的愛是帶有條件的，愛之深責之切，早就化為不同形式的要求和責備。

「三不」原則：女生不可以愛哭、不可以愛生氣、不可以愛計較，建構我最早的信念系統。扛著傳統文化的倫理教條，只要溢出軌道，便收到來自父母語言或非語言的暗示，怎麼那麼笨、搖頭、嘆氣，感覺自己永遠不夠好、沒有價值，我曾這樣看待自己，因自卑而比別人更努力。

因為覺得自己永遠不夠好，我忽視自己的情感需求。學做好人、努力從眾、符合社會框架，框架漸漸內化，一路長大，隨時掂量舉止是否適當，別人是否喜歡，習慣由別人眼中評價自己。而需要別人來證明自己，正是內心不安的源頭，便養成了對完美的胃口，開始無法停止的比較、計較與自責。

成長歲月中，快速學會如何生存，「聽話」成了最直接、最有效而且不用負責任的工具。享受好處的同時也把自己交出去，離自己愈來愈遠。總有很多理由拖延不去面對，只管享受物質的短暫快樂，原來這些都是要付出代價的。

2. 一場突如其來的暴風雨開啟探詢

老天爺不打算讓我一生無明終老，給了我重重一擊。四十九歲那年，我遭遇了人生難以承受的跌落，聽見診斷罹病的那一刻像個夢境，卻不知什麼時候醒來。突如其來的翻車，摔得面目全非，不明白安全駕駛為何會翻車。生命被迫按下暫停鍵，帶著自責看自己，內外在的雜音讓我驚慌不知所措。好不容易起身卻呆站在路口，不知道如何選擇，但我相信學習能引領自己看見光找到方向。

生病像個鬧鐘把我叫醒，感受生命的急迫感，終於願意勇敢面對。機緣來自自己要什麼，才有機緣來到謝錦讀書會，為自己出征，一趟勇敢面對與心智鍛鍊的重要旅程，且學、且走、且修。

走過風雨看見光。老天爺總是疼愛我的。這一擊不是為了將我打倒，而是透過痛來叫醒我，給我剛剛好的挫折，讓我有「回家」的機會。當我苦惱之際讓我認識謝錦，開啟我人生的探詢。「覺」成了我日常必需品，張開眼睛終於能看見。一件一件的看到，深入整個系統，找到源頭，看到如何結網，看到情緒的印記、創傷的印痕，沒完沒了折磨著自己的靈魂。

類似的情節，重播的哀傷，加上生病的驚恐，這一切原來是靈魂的呼喊，始終相信學習可以找到一條「回家」的路，開始我生命覺醒之旅，沿路風景從認識自己開始，以及迎面而來的關係。

3. 靈性的體驗，是救贖的開始——破關見路啟程

婚後多年，我一直對婆婆的嘆氣，總是莫名感到全身上下不舒服，就是聽著刺耳，甚至有高張的情緒。

那次我外出回家，一進門聽見婆婆又在嘆氣。就在被勾起的同時，突然一瞬間的停格，內在一亮，跳出的畫面卻是媽媽。身體外層起雞皮疙瘩反應，內在一股暖暖熱熱的流動，雖然哭著、笑著，但我明白怎麼回事了，那過程感覺很美妙。

原來這麼多年讓我焦慮、煩躁的嘆氣聲音，是媽媽發出來的，內建在我的生命系統裡；是我從小到大未達媽媽要求或期望時，媽媽無奈搖頭的嘆息聲。當我對自己感到失望的同時，卻不知不覺將情緒壓到潛意識裡；生活中相安無事，卻在冰山最底層隱隱作怪。

就這樣一次次被勾起，感覺煩躁、焦慮。持續升溫的情緒讓我抓狂，不停往外找解決方法或答案，卻不懂、也不會往內看發生了什麼事，任由它作怪。

這是我第一次最深刻且最重要的體驗，它讓我感動大哭，淚光中又帶著一種明白，它打通一條隧道，帶領我回到生命史，從根源上找出路，學習保持覺知，從行為、語言、情緒、念頭為入口。

這次重要的體驗，才知道問題的根源在原生家庭。特別是與媽媽的關係浮出檯面，清楚感覺到這是我做生命功課的主軸線，一條出路擺在眼前，穿越才是唯一的出路。我開始落實在生活中覺察，勇敢誠實面對，書寫著自己的看見。

生命因真切看見而生的震動，是解放的樞紐。之後婆婆的嘆息聲，對我不再有殺傷力，它逐漸變小

甚至不再聽見。許久後我才明白，嘆息聲不是不見，而是我已經將對外目光轉回關注在自己身上，不隨之起舞；現在對我來說，就是一個單純且中性的聲音。既然這樣，我以為的婆媳關係並不是真的，這個轉念在我心裡發酵。

疫情三年，婆婆失智加重，常因小事就開始飆罵。因「罵」，內在情緒再次被勾起。此時我已經學會往內看，一次次練習，我從厭煩、抗拒，到願意聽婆婆訴苦，居然願意去安慰與鼓勵婆婆，曾經以為婆婆不愛我的雜音也鮮少出現。放下過不去的坎，才有機會站到婆婆的位置，移位創造另一個空間。一個聲音上來，讓我如此辛苦的不是婆婆，而是我自己，責任在我身上。說穿了是對自己的付出有期待，對自己的付出放不下，而困住了自己，是自己的盔甲帶來的痛苦，跟婆婆無關。

剎那間有如解放心中的大象，眼淚直奔出來。這麼多年的婆媳關係，別人對我的建議或安慰，只能緩解疼痛，真正促使我改變的，是一次次的覺察。我的慣性就像數千斤重的大象，別人很難撼動，只有真心為自己要的出征才有可能性。我不禁開始好奇，婆媳是一種什麼樣的緣分。過往如跑馬燈一幕幕，內心感到珍惜，似乎回到新婦時的初心，在這場婆媳的緣分裡做我所願、所能的事。

直到今年主動與婆婆和解。記得有天午後聽到婆婆在房間自言自語的哭起來，我走進房間看見婆婆躺在床上。我問：是不是做惡夢啦？婆婆開口說了些話，突然哽咽的說：「微笑，對不起。」接著又說了一串我不太清楚的話，但那句，叫我名字說著：「對不起」，我聽得很清楚。

因解放心中的大象後，才能收下婆婆那句對不起，感受到真誠的道歉。當我說出和解時，很驚喜也伴隨著莫名的感動。那句真誠的「對不起」是我不曾想過的，沒有期待卻意外地圓滿。即便下一秒婆婆就忘記我是誰，或行為不受控制，能看懂那是他的情緒，有他自己的故事，與我是好是壞無關。當我選擇面對，一路且做、且修的走到寬恕，就放過自己了，才有機會走到和解並選擇放下。

放下後重建婆媳關係，卻成了婆婆傾吐的對象，近日與婆婆互動時，婆婆雙手緊握我的手第一次叫我「寶貝」，讓我很驚訝，不知何時在他心中從「外人」升格為「寶貝」。聽著這句寶貝，感受著自己的內在喜悅，不是那種設定目標努力達標後的短暫快樂，而是對婆婆說的話不去黏上去、不抗拒、不評斷、不想改變他，感到內在世界變大了，有了包容與尊重，自由與喜悅，在覺醒路上不知不覺中我早已成為自己的寶貝。

4. 跟新的自己手牽手

有了第一次靈性體驗後，向內的閘門被開啟。從自己的行為入口，去感覺情緒感受，觀看起心動念，我做了什麼，沒做什麼。覺察練習過程中，常常出現內在嚴厲父母和反抗小孩的聲音，讓我原地打轉，小我趁虛而入，勸說我面對不是件容易好玩的事；但一次次覺察與體驗，擊退了妄念。

我從無意識行為入口，發現自己的越界與掌控。

那一次，在陽明山上的烘培坊買些點心及麵包。當我看著盤中的麵包，細數還有誰的沒買時，唯獨漏了自己。我習慣地將別人優先擺在前面，自己的需求排在最後面。當時覺得這就是愛，習慣滑了過去；但透過謝錦及同學實戰的回饋，及課堂上討論我的文本，看到的是界限與掌控的問題。而我所說的愛到底是誰的需要，與自己的視角差了一百八十度，敲撞開了我對自己更多好奇，我是如何形塑成今天的我。

搞懂越界後走了八個月，有了第一次與自己和解：

我從刻意避開單獨與媽媽在廚房，一路走到穩穩地與他待著。在那狹小的空間裡，決定勇敢的冒險。開口詢問媽媽需要怎麼幫忙，小心翼翼地做著，心裡是害怕的。媽媽的一句：「多做幾次就會了。」這麼平常的一句話，我居然哭了。我看到了當年那個乖巧努力要符合大人期待的小女孩，就在等媽媽一句溫暖鼓勵的話，那些操控與壓迫當下轉為允許與接納，我開始認回自己，接納自己的不完美。

5. 愛與孝順的課題——走過媽媽關

之後與媽媽的關係開始轉動。文學文本對照著自己的人生文本，看懂在人際關係裡自以為的好人，把大家要做的事做完了，沒有留下空間讓人參與，才是造成人際疏離的主因，照出我內心深處的怨情。當我幻想破滅時，真相就出現了，痛苦隨之而來，沒有答案只有真相。

在一次的旅行中，因小朋友要跟我換房間，媽媽沒問過我便替我答應，我當著媽媽的面說：「你怎麼可以替我決定，這是越界。」當下媽媽傻眼，一時說不出話卻指責我愛計較。藉這次的機會向媽媽提出：以後有關我的事都要由我決定，不要替我出聲或轉述，請媽媽尊重我，未經我同意，不能幫我做主答應任何事。

界線這件事，以前太模糊，以為是愛與被愛的表現。現在驟然一刀切下去，自己和媽媽都有衝擊，罪惡感是個關卡。這次的事件我逐漸跨出了媽媽的掌控。有一段時間媽媽透過妹妹了解我的狀況，我直接告訴媽媽想我可以打電話給我，不用透過別人。

廚房曾是我的傷心地。有一次媽媽進廚房，我趕緊出去卻擋了路。媽媽：你在幹嘛？我才醒過來看見自己不敢跟媽媽待在廚房。幾次後決定冒險，自己穩穩地與媽媽待在狹小的廚房裡。兩人一同準備晚餐，做著不達標準的廚藝。過程中性去聽，那些曾經自以為的數落責罵，當下變成我跟媽逗趣的話題。我也在那次穿越權威釋放自己，之後發現緊箍咒不見了。

媽媽還在不斷出考題，脊椎手術那年，讓我思考愛與孝順的課題。之後我學習什麼是愛，並透過「愛之旅」了解媽媽的生命史。在逐漸靠近媽媽的過程中，我不但可以安穩的單獨與他待在廚房，還可以不閃躲媽媽的雙眼，與他眼神交流，內在沒有一絲的害怕。感覺彼此來到對等的位置，對媽媽的話也能提出質疑，溫柔而堅定的站出立場，一步步走到寬恕，還在繼續向前。

6. 和解是最好的療傷良藥——與父親和解

我與父親和解，是我跌倒爬起來學習後收到的大禮，完全沒想到在我七、八歲時，壓在黑盒子並上鎖的這個創傷，會被翻攪出來。

不知何時開始，我相信手上的傷疤，是我不被愛的證明。與父母親的關係，自以為是溫柔的退後，其實是疏離。回看這段記憶，這個機緣來自我決定要面對所創造出來的。在一次對話中，父親主動提了當年誤傷我的事，父親紅著眼顫抖的說：「很痛吧！」誠懇向我道歉，並說出與我和解。我紅了眼，內心無比激動，起身走向父親，擁抱父親，同時哽咽的說：「謝謝你！」一種徹底被愛消融的明白，內在愛的泉源開始流動。

與父親和解後的一年，閱讀《心靈的傷，身體會記住》，才明白自己很容易受到驚嚇。身體反應起雞皮疙瘩，是來自於那次爸爸誤傷我的事，當時驚嚇、腦袋一片空白、全身起雞皮疙瘩，這個驚嚇所反映的身體狀況，被記憶到潛意識裡。長期以來若別人無預警的觸碰我的身體，尤其抓住我的手，我便全身起雞皮疙瘩，從四肢，到後背、到後腦勺，包括先生突然的擁抱。

閱讀同時對應著這段過往，現在的自己對突如其來身體的觸碰，相對受到驚嚇的次數減少，我在人際關係中又跨越了一大步，我可以信任的伸出雙手去擁抱。

7. 在親密關係中成長

進讀書會第五堂課謝錦的一句話，讓我決定面對才有機會發生。他說：「沒有真正面對過、就做決定，叫不負責任。」天啊！嚇得我驚慌失色。

謝錦怎麼知道我心裡盤算計畫著與先生分手的祕密？我連律師都找了，就剩下攤牌了。而這個決定，自己的確沒有經過真正的面對，顯然是一種逃避，不負責任的態度——打破自己的承諾，違背了自己的信念。

原來我真正害怕的是去「面對」。隨著一堆念頭亂竄，情緒也載浮載沉。最厲害的是，總能在課堂上聽進一句話，有著提醒與反思，才能在面對過程中不至於滅頂。

親密關係從這堂課後開始有了機緣。以前不敢說自己，也不知道可以說自己；現在逐漸知道只要敢說，是伸展與釋放自己的過程。

確定自己要什麼樣的關係後，便開始了每週兩人的森林療癒；在大自然中敞開自己，走進對方。關係重建一年後，開始邀請先生進廚房，從碰撞到默契，從分工到合作。令我意外的是，他居然沒抱怨。念頭果然是妄想，我成了最佳編劇，還要他人配合演出。

生命總是不斷的進行著考驗，走在覺醒路上第三年，先生突如其來的小中風。而挫折也是通往下一站的過程，五天急診室的陪伴，一種換位體驗，也讓我改變對過去事件的看法。有機會重看我生病時，照顧我的先生是何種心情；這次我走到他的位置，看的不是他做出來的結果好壞，而是那份用心，我願意相信他盡力了。在日後的生活中，漸漸摸索與創造雙方都可以安心及自在的關係，而非操控與索求的關係。

8. 喚醒沉睡的心靈——親子新境

國中時的兒子曾問我：媽媽，你哪來那麼多的擔心？當時愣了一下，雖然當下滑過去，但這句話我聽進去了。一直到走上生命探詢之路，這句話再次出現而且帶領我向前探索，勇敢進入黑暗的地下室查看，一次次覺察後所透進來的光逐漸照亮我的黑暗王國。

進讀書會迎新時「我錯了」與「我做錯了」的故事，讓我重新思考這件事，兒子也成為我轉變的導師。我看見自己的想法與期待投射在兒子身上，那些所謂的鼓勵，不也是企圖讓兒子忠於自己，滿足我的需要與面子，強加在兒子身上的行為？不也束縛著他的心靈？所以我決定停下來，停下來後內在變得穩定，兒子也變得更穩定、更能溝通。

面對媽媽的過程，讓我反思自己的教養，檢視自己用什麼餵養小孩。看見了便停止、轉換，改變，找回自我的連結，才能跟兒子適當的連結。持續第五年與兒子每晚約十分鐘的對話去靠近他、理解他。也意識到自己的掌控已耽誤到兒子個體化的發展，真誠的道歉，重新訂定雙方都可以接受的規範，遵守彼此承諾，將選擇與負責的主導權還回去，請他遵守承諾為自已負責，而我全然的信任。

我們一同回溯過去的事件，意識到自己受到傳統文化強烈的制約，不斷的說教，無法覺察兒子正以各種美妙的方式展現自己的獨特性，卻不自覺對兒子的表現懷抱著嚴格的期待，以為他好的理由操控著並束縛著他的心靈。

當我鼓起勇氣放下慣用的操控模式，提起愛與覺知，展現我的脆弱，重建親子關係。未來有關兒子的事，若兒子開口詢問才給予我的看法與建議，不直接阻礙兒子去體驗。將過往習慣「提醒」調整為「確認」。鼓勵兒子去面對，結果不影響我們對他的愛，因為我明白真正的愛是無條件的。

9. 擔心不安與恐懼的源頭——走過哥哥關

最近重新翻閱進讀書會後的書寫，閃過父母吵架的畫面。不舒服的情緒，不安的感覺，一個聲音上來，這是討厭哥哥的另一個主要原因；是父母常為了哥哥吵架，所導致的暴風雨。暴風雨中不管我事情做得好不好，都會掃到颱風尾，將情緒轉嫁給我。年幼我無力反抗，卻對哥哥從小的不順從、不聽話充滿敵意，不明白他為何總惹父母生氣，聽話很難嗎？

往內心底層走去，驚見自己最深層的恐懼，居然是父母吵架後感覺自己會被遺棄，原來這才是我最底層的聲音。用這樣暗示自己，「聽話」成為我不被遺棄的保險。內心冒出一個聲音：這是問題的源頭。感覺呼吸變得緩慢沉重，悲傷難過上來，某個影像很快浮現，接著一段記憶，是妹妹縮在角落被打的畫面，我因目睹產生猜想、聯想，提醒自己不乖會被丟掉。

重看這些內在風景，與自我對話，經歷那個不安與不確定的關係狀態，看見自己小心翼翼唯恐媽媽的不悅與情緒波及，重新感受與接納，和自己獨處一會，回到呼吸，讓不舒服的情緒走完，問自己這是真的嗎？

明白日常生活中我所謂感到的不安恐懼，大部分不是真實的恐懼，而是情緒遺毒。這些沉冤可以重新中性的被看見、被理解，被安撫，接受過去成為自己的一部分，看見的光為受傷的記憶帶來解藥，重建新的關係。躲藏的內在小孩才有機會被看見、走出來，不被鎖在過去。

這四年的學習，生命開始注入活水，發現要「慢」比「快」更難，對安全駕駛也會翻車就不足為奇。因為習慣急、習慣超速，車（心）上載滿不安、驚嚇、恐懼、傷心、孤單、憤怒、抱怨、抗拒、壓抑、怨情，掛著太重因「超載」所以翻車，灑落一地的念頭、情緒、過往事件與記憶，一個個撿起，一次次清理，不逃避、不遮住眼睛，相信那是個契機，過往的記憶，與眼前的真相開始產生聯繫。才看懂生活中認同與投射的遊戲，才能在每個困難的時刻安頓自己的身心，做回自己。

七、人間歸來依舊是少年——向生命困境學習的心路

這裡要說的是**斯人**的生命故事。

斯人是我的讀書會朋友，已過知命之年。他心性善良、待人溫和、處世寬容，性情熱切但不易表露，遇事堅毅不避苦，重意義可不拘泥，偶能幽默自我解嘲。

斯人的覺迷心路，筆尖帶著濃濃的詩意，看似雲淡風輕，其實款款深情；看似娓娓道來，其實有千鈞之重。下面就是他的分享。

心路，是一條不易被人們探勘到的道路，它浮印在人們的心靈地圖之上。

每個人都在自己人生旅途上自駕遊，每個人都想見到世界最美麗的風景。

但我常想，不清楚自己的來時路，又怎麼知道自己要去的遠方，最終會不會白跑一趟!?

蘇格拉底有句名言：「未經審視的人生不值得活！」當心路地圖被攤開，儘管人生山窮水盡疑無路，都可以是坐看雲起的人間風景。

1. 生命之光，照亮荊棘之路

裂縫是光照進來的地方，有了光，才能看見，看見世界，看見自己。

我第一次意識到光，是三、四歲的我在稻埕上貪玩睡著後被夕陽光輝照射醒來。眼皮微微顫顫地睜開，夕陽餘暉把四周空氣薰黃，而我一個人倚牆坐著，稻埕是空盪盪的。

再一次意識到光，光線從醫院洗衣坊的天窗灑落下來，那年我三十九歲。

那年的台灣開春後，春雨連綿，一連四個月的陰霾溼冷，我和先生被困在長庚醫院病理大樓十樓的負壓病房治療。

命運並沒有特別地眷顧我們，先生剛起步的事業、我們剛落成的新居及三個稚子的歡樂童年，在生命無常的面前，我們都是祂的手下敗將。

那時的我並不明白，什麼是人生試卷？我又該如何踏上無明與未知所鋪設的未來？但治療的失敗，無力回天的病情，先生生命將盡的真象，一再逼問我該怎麼面對。我既茫然且無助，現實是蒼白且慘淡的。

我在醫院的洗衣坊久別重逢那道光。那是久違數月，一掃料峭春寒的陽光，從高高的天窗灑落我的面前。

我忽然醒了，一個意識浮現眼前：「生命不該這樣的！先生最終的生命不該待在陰冷的醫院裡。」忽然懂了自己該做什麼，我回到病房向辛苦喘息的先生說：「我們回家吧！」他含混不清卻堅定地發出一聲：「好」。救護車在高速公路上飛奔，警笛聲鳴響，孩子和親人都已在家裡等候。氧氣機、止痛藥，愈來愈模糊的意識喘息，一步步逼近的死亡終點，我從未經過的境地，一幕幕在我眼前展開。關於前方，從來沒有地圖，只有未知，這就是生命。

中秋前發病，端午後離世，先生九個月餘的病程，近八個月都待在病房裡。關於我跟先生的相遇，沒有過去，沒有未來，只有當下。

洗衣坊的那道光，照亮了生命該有的價值與尊嚴，也照亮了人生道路的真象是荊棘鋪綴的風景。活下去，好好地去活，是先生用他的生命為我指出的方向。

2. 迎上去，祝福生命中的無常

某種意義上來說，我跟先生似乎交換了死亡。在巨大的宇宙面前，我安靜了下來，我臣服於我的渺小，臣服於只有努力振翅活著，才能不被風給吹跑，就像小時候看到教室走廊外，兩隻逆著風飛的蝴蝶一樣。

二〇〇八年，是世界驟變的一年。全球金融海嘯衝擊我的生存產業，島內的房地產蕭條。我扛著五、六人的小公司，每月仍要支應不菲的開銷，加上剛買房子，一家族都搬進一塊兒，那一年我公司虧損了上百萬元。

此時，之於家庭、工作與個人，算是我人生中最風雨飄搖的時候。而活著從來都不是輕鬆的，知道生死是怎麼一回事後，也就沒有幻想的理由。

公司上，沒有客戶，就去拜訪，去開發；朋友愈多，活路也就愈多；直面困難，愁苦就不存在，只有解決問題的挑戰。

對於家庭而言，我知道沒有快樂的媽媽，就沒有快樂的小孩；我做為一個單親媽媽來說，面對三個稚子，我選擇不讓父親的缺席，成為他們成長的缺憾與陰影；對於自己的角色而言，我告訴自己拋開身為女性的限制，做回一個中性的人，獨立的自己。

這些在我生命中自然浮現的信念，隱隱地陪伴我，度過一個個翻山越嶺的巔籁。我學會了勇敢、不怕與迎上去的勇氣；學會對人性有更成熟的瞭解和寬容，學會祝福生命裡的無常。

3. 死亡，是生命旅程的高潮

小時候，有個體驗，與母親各自騎著腳踏車，遇到一道長長的坡，母親在前牽著車，我在後頭跟著走。我看見母親彎腰的身影，心裡冒出悲哀：若去幫母親推一把，自己的腳踏車則會滑下坡去。原來，即便再親愛的人，也都有各自的命運及承擔。

二〇一四年，父親離世。所幸他並沒有臥榻太久，急診室病床上，吃完老哥買的早餐後睡去，就再也沒有醒來。

在做「生命召喚」功課時，我發現原來父親是世界上第一個看見我的人。我的第一套畫架及一把迷你顯微鏡，是父親對我的反響。

我在病床旁，與父親道別，看著父親的身軀沒入白色的被褥裡，我看見生命的終點前，是一個人踉蹌地跌進死亡裡的。沒有愛情、沒有親情、友情，帶不走任何一項物質。原來人生的最後一哩路，是沒有任何人能陪伴的。

死亡的最高階意義是什麼呢?「未知死，焉知生！」父親的死亡向我展示：我也終將一個人踏進死亡裡的啊！

4. 生命召喚生命，生生不息

生命最初的一個記憶，是我在稻埕的地上，用小石塊畫了一雙眼睛，我興奮地向周圍的玩伴說：「看！我畫的太陽眼睛！」旁邊的小孩們卻訕笑著回我「什麼眼睛呀」!?

我也曾經寂寞地想過：生命的終點要變成一幅畫，靜靜地掛在美術館的牆上，永恆地望著時間。現在的我，則是手握著滑鼠，在螢幕前完成畫面的平面設計師。

如果，有一樣東西，從人生最初陪伴你走到最後，那應該是多麼幸福的事。但大多數的人都在成長的半路，遺忘或遺失了，我也不例外。

人到中年，做著「謝錦文學與生命覺醒讀書會」的「生命召喚」功課，一步步地回頭看，我找到了生命最初的震動，像糖果屋的小孩撿拾麵包屑找到回家的路一樣。

我人生的下半場，透過讀書會生命歷程的回溯，重拾回畫太陽眼睛時的欣喜快樂。因而有了兩年不遠千里往返東海大學美研所的學習；陪我度過中年危機的職業倦怠與茫然，令我不致於乾涸、寂寥、孤單。

「生命召喚」的功課，為我打開一個更深遠的世界，讓我上天下地，求索人類文明長河裡的美麗靈魂。終將發現我並不孤單，我與我所相遇的靈魂，皆踩在同一條河流裡。人生歸途有「召喚」相伴，風景旖旎！

5. 靈魂在家，人間歸來依舊是少年

一個一直為我走在前頭的人。

一個啟蒙我思想的人。

一個我初見他，便令我發贖「明日何以為繼」的人。

一個帶我看更大世界的人。

一個在我眼前變老，而我跟著他學老的人。

我在青年遇見他的盛年，在中年看過他的老年。

他就是謝錦，我生命的教練；我精神的父親；我一生中最高貴的朋友。

打造我生命地貌的，固然有我自己的生命故事。但不能繞過「謝錦老師」這個彎。從第一次上他課的震撼，到多年後經歷挫敗，重回到他所帶領的讀書會裡，他像一條大河，不斷地帶給我沖擊與生命伸展的養分。

從相識之初，我便沒有離開過他和他的影響。他教我以反動的觀點，批判自己如何活在封建社會的文化脈胳裡；檢視自己與他人和世界的關係本質，反思自己想擁有怎樣的人生；他讓我明白每個人都是獨立完整、獨一無二的個體，人是身心靈三合一的完整存在；明白身體是靈魂的載體，身體是要鍛鍊的……

走在讀書會認識自己的路上，已有十三個年頭了，認識謝錦也超過了三十個年頭。人與人之間，若不是至親、愛人、知交、戰友，很難有這麼長又深遠的關係的。

電影裡有句台詞說「世間所有的相遇，都是久別重逢」，這數十年頭的相遇重逢，只為告訴我們離別是必然的。臣服於必然，終將成為人生最後一道習題。

6. 抵達，讓終點有了意義

在練習太魯閣馬拉松路跑時，我領悟到唯有抵達，才能讓終點有了意義。在終點之前，一路上都是自己和自己內心的雜念在賽跑。只有堅持抵達，內心的拉扯才會消止。

人生就是一場馬拉松賽，我們都跑在自己的心路上，在「三階段課程」的訓練上，教練對我說：「生命是活出來的！」我在課程最後收到未來自己寫給自己的信說：「此生此身，去做就對了，創造是通往自由的道路。」我想，心路也是新路。走在自己的風景裡，真美！

八、破繭化蝶的生命樂章

看完斯人似輕實重的文字，本章最後要看的是**曉蕊**飛揚的青春：「破繭化蝶的生命樂章」。

曉蕊是我的讀書會朋友，他說自己是個高成就低自尊、內向、單純、風險趨避者；待人真誠、善良同理；有熱情、勤奮、有行動力、自我要求高；思路清晰、樂於嘗試和學習、熱愛生活和探索世界。他只有二十六歲，進讀書會也只有一年半。在那麼年輕且短暫的歲月裡，能經由覺醒功課，一層一層看見並穿越了束縛自己的繭，蛻變為翩翩飛舞的蝴蝶。在我的人生閱歷中，在我帶讀書會三十八年的歲月中，他是僅見的！

我說什麼都是多餘的，就來看看這隻破繭蝴蝶的舞姿吧。

1. 前奏：踏上生命覺醒之路

A. 歷經不同的挫折，復原但治標不治本

從小到大，我的自我價值感低，總是想滿足他人的期待；二十多年來，大約每過五年，就會遇到難關而挫折崩潰。例如：國小時覺得寫不完假期功課、大學時承接太多社團及課外專案；又如第一份工作擔任顧問，工作忙季時身心超載，無法達成他人與自我要求，而崩潰迷惘。直到幾年前決心離職轉職後，新環境讓我得心應手許多，生活與身心回到平衡。

一次次的崩潰難關，我找到方法應對，但似乎是治標不治本；類似的主題，一次次以不同面貌對我提出挑戰。

B. 探索生涯方向，同時學習方法

為了找到人生的方向，活出有意義的人生旅程，我從高中開始到出社會，持續透過閱讀書籍、適性測驗、請教前輩經驗、與朋友深度對談等方式，更釐清自己的工作觀與人生觀。另一方面，我也有幸體驗並練習靜心冥想、瑜伽、運動、感恩日記等，這些方法讓我有了與身心連結的體驗。

C. 加入讀書會，承諾為自己出征

因緣際會下，一位朋友的關心交流中，發現彼此時常面臨類似的挑戰（想滿足他人期待，忘了好好愛自己）。在他的邀請下，我決定加入謝錦帶領的讀書會，踏上生命覺醒之路。這需投入不少時間心力，讓我對自己、對他人都要溝通說明，然而，短短一年多的時光，我大大地蛻變，前所未有地，更自信、勇敢地「做自己」。

2. 主樂章：覺醒的關卡與突破

最初我以為，讀書會的所學內容，以知識面為主，與我的直接連結關係有限。然而，隨著我漸漸理解生命覺醒的理念，並持續練習覺察，漸漸發現，真的「外面沒有別人，只有自己」；並漸漸鼓起勇氣，更誠實地面對自己，包含深入埋藏心中的所謂「黑暗／負面」信念；我在生活各個面向有了深刻的體悟，更進而採取改變的行動。

過程中的課題，包含與他人的關係——職場溝通、親密關係、與家人和解；最終都連結到與自己、與生命的關係——自我價值、接納感性、接納身體、放下焦慮、臣服而自由。

我看見，多年來我作繭自縛，讓自己帶著重重限制和壓力地活著；我接納，過去和現在的自己；我放下，造成痛苦的信念；我持續練習「做自己」，而更貼近自由與平靜。

A. 職場中練習主動溝通

當我開始練習「覺察」，職場是最直接的修煉場。因我的職務內容特定，經常需要跨部門協作、承辦新任務。偶爾，當我做事不夠嚴謹，不免發生與同仁溝通的落差，幾次面對其他同仁激烈的負面情緒反應，以及對自己很不客氣的態度。

過往的我，容易被感染難過的情緒，並陷入自責。然而我漸漸能練習覺察，看見自己內疚背後的自卑念頭，誤把「我做錯了」連結到「我錯了」；看見自己不喜歡跟他人對話溝通，是因為害怕他人不喜歡我；看見自己逃避拒絕他人，以為逃避就讓事情過去，反而當濫好人……我看見一個個念頭，問自己「這是真的嗎？」，而發現我可以放下它，也放下自己內心的糾結難受。

我發現，當我愈來愈能看見並接納自己的狀態，從「不知不覺」，到「後知後覺」，漸漸能「當知當覺」，在實際應對行動時，我也更能保持鎮定，就事論事，做出最有效的行動。不只更能勇敢跟同仁溝通、釐清誤會；也更能維持界線，避免自己再次陷入工作量超載的情境。我看見自己「難以拒絕」資源和機會的行為模式，並練習即時踩剎車，練習拒絕，有所取捨，甚至主動溝通爭取調整，也幸運地能順利溝通，達到平衡。

B. 親密關係中勇敢拒絕

加入讀書會的契機之一，是當時自己正在第一段感情中，與前男友從熱戀期進入到磨合期；一次一次，在互動方式、相處時間的多寡上發生摩擦，讓我覺得累、挫折、難受。我總是努力配合和溝通，想找出雙方都可接受的平衡，覺得要透過親密關係，加上自我覺醒，好好修煉自己。

然而，透過「課程落實生活實戰分享」和「讀寫筆記」中，謝錦和同學的提點，加上讀書會釐清「愛」

的真義，我漸漸看見，其實我壓抑地委屈自己，滿足他的期待。對照謝錦提點評估適合伴侶的步驟，我試著更勇敢、更誠實地去看，而看見自己與前男友的特質、放在一起的差異、對未來想像的歧異。

有一天跟前男友出遊，再次覺得，聽到他說出口的話語幾乎都是負面的回饋；請他說出今天覺得滿意的部分，竟然什麼都說不出來。我不禁覺得，何苦讓自己投入時間心力，去安排行程、去陪伴這個人，但是共處的時光卻不自在、不開心？終於，我提出，要不要先休息一下？他很想依賴我，很不想要我離開，執意再試試，再觀察幾週。

終於，我看見，自己不敢提出主見、不敢拒絕的背後，是貪戀有伴的狀態、出遊的方便、愛上自己一年多來的付出，讓自己陷入交換的模式。我看見，我們互相「喜歡」，但不見得是「相愛」。我看見，造成我痛苦的並不是他，而是我自己的選擇。

我漸漸看見、接受：我跟他不適合成為長期的親密伴侶；我漸漸做好心理準備，可以從親密關係中走出來了。經過一次次的溝通與嘗試，我決定在關係中別再勉強自己。

儘管會有情緒，悲傷於曾經付出的時間心力，我仍決定鼓起勇氣，啟動分手計畫。幾週的時間內，我試著帶他一起看見彼此的性格差異，以及共同願景的歧異。最後，我寫了一封信，見面晚餐之後，我提出分手。

這次，面對他的期待：「但我還是想要有人陪」，我不是回應「我不能」，而是說出「我沒有意願」。從前的自己很容易心軟，覺得為了符合對方期待、讓他開心，我就配合一點，讓關係更和諧吧；然而這次，我明確地拒絕，不再為了滿足他的期待而勉強自己。這次，我做出選擇，做回自己，也更加自由。

C. 從自卑到自信做自己

自卑情結，是至今貫徹我覺醒道路的重大主題。當我開始練習覺察，很快就發現，我日常中的許多焦慮、害怕、自責，大多都是我的曲解，是源自於自卑。我甚至無法接納他人對我的肯定和讚美，容易陷入「冒牌者症候群」的思想，覺得我永遠不夠好，永遠要更加努力，絕不能鬆懈。

我看見背後的念頭，我把「我做得好／不好」和「我不好／很好」混淆了。其實，每個生命都是獨立而完整的圓，無論如何我都很好，不需要任何外在成就證明。

歷經親密關係的深刻修行、提出分手之後，隨著「讀寫筆記」的進行，加上謝錦的「實戰」提點：「有心有意」用力到不了，「無所用心」的用力才有可能性。一趟旅程中，我望著窗外沉思，突然看見，自己多年來，都在努力「活出別人期待我要活出的樣子；想活出圓滿成功的人生」，而人外有人天外有天，我覺得自己永遠做得不夠好。

我決定，我要真的接納自己，包含那些所謂「不完美、黑暗」的面向，都是我的一部分。我完全地接納、包容這樣的自己，愛這樣的自己。我重新體驗到「做自己的主人」的意義。我決定，對自己的人生，不需要時時刻刻如此認真嚴肅，努力追求圓滿成功，深怕偷懶了浪費了一秒鐘，對誰不能交代，而壓抑地活著。

我要做自己的主人，活出我自己的人生！

D. 接納感性並擁抱內在小孩

當我有了「做自己」的領悟，感到豁然開朗；然而，接著的週日早晨開始，我卻莫名地感到哀傷襲捲而來，持續幾天，有種想哭的感覺，卻毫無來由。

一開始，我透過書寫、找朋友聊聊、找催淚電影，很想盡快擺脫情緒；感謝讀書會同學的關心和提醒，讓我看見我其實是在「抗拒」負面情緒和能量低落的自己。

我練習慢下來，跟情緒在一起，做照顧自己的事，靜心冥想，讓念頭跑著跑著慢下來，接納它，讓他自然地流動……有趣的是，當我願意接納情緒，這前所未有的濃烈憂傷，也就漸漸地淡去了。

更奇妙地，再過幾天，潛意識中的焦慮念頭就浮現出來了，再次響起熟悉的旋律：自我價值低落，害怕孤單寂寞。

雖然我決定要好好「做自己」，不再執著要追趕活出外界所期待的成功人生。然而我害怕，如果我不再當個好女兒、好朋友、好學生、好員工、好同事、好人，當我對他們不再有用了，就不會有人接受我和愛我，我就會失去安全感、我會被拋棄。

再看進去，回到我國小二年級時，原本與我友好的一大群朋友，莫名地突然排擠我，讓我覺得好孤單、好挫折、不解。後來才知道，原來是我忘了答應其中一個人，要送小禮物給他。帶著好奇，我找出小時候的交換日記，回憶起三到六年級，我也在朋友小圈圈中，有時被排擠，有時報復排擠他人，循環往復。

那天，我閉上眼靜心，先卸下武裝，放任自己沉浸在憂傷中，再讓念頭和當年被壓抑的感受浮現，漸漸地奇妙地，浮現出內在的小女孩，那個國小時被排擠而不解而傷心的我。我開始跟他對話，問他好嗎？他說，我不懂為什麼別人討厭我，覺得好孤單，但又不敢跟爸媽說。我也排擠別人，我好壞……

理解他的傷心，牽起他的手跟他說：這一切，不是你的錯。你沒有錯。你很好。我知道你有善良有邪惡，那都是你的一部分。你值得被愛，不需要任何條件。

我緊緊擁抱他，忍不住痛哭。

最後，我們約好，我們都要好好的，之後再找時間見面。張開眼睛，我感覺，累積在心底許久的傷痛，那一股沉重，開始得到釋放。

之後幾天，那股莫名的憂傷，已經消散許多，感受到自己的能量漸漸恢復；只有當我獨處時，偶爾淡淡地泫然欲泣，但我可以慈愛地接納它，讓它流動。

E. 與家人跟自己和解

過往我不認為「原生家庭是（形塑我的生命樣貌）最大的原罪」，我覺得自己很幸運，父母都很開明、無條件地接納和支持我。然而，當我逐漸深入挖掘自卑、壓力的根源，正巧碰上父親對弟弟表現出不滿，讓我突然看見自己在成長歷程中養成的壓力模式；也感謝母親的支持和深深的擁抱，告訴我：真的可以放下了。

那天，我與母親聊到最近父親對弟弟生氣，我承認爸爸真的對我偏心；聊到我從小都很乖、沒什麼脾氣、表現得很好……我決定跟母親說出，我發現自己很習慣壓抑所謂「壞」一面的負面情緒，覺得要扮演好「好女兒」的角色，才可以得到爸媽的照顧，否則就會跟弟弟一樣被罵、得不到好處、甚至害怕無法生存。

我不禁潸然淚下，我說，我看見我在這個模式下，自己給自己很多壓力，要符合父母和外界的期待。母親跟我說，我真的不需要有這樣的壓力。我不需要一定達成什麼樣的好成就，只要健健康康，活出自己的人生，不要學壞就好了。與子女的親近程度，多少有差別，像是爸爸跟我比較親，媽媽跟弟弟比較親（很可能跟性格特質的相近程度有關）；但無論如何，爸媽都是愛我跟弟弟的。

我說，我還覺得自己其實很壞，從小享受來自爸爸比較多的好處，身為既得利益者，明知道弟弟受到不公平的對待，都沒有幫他說話，害弟弟受苦。母親說，這個是父母的角色和責任，不需要由我來擔，我也不需要覺得我很壞。

我擁抱母親，母親更深深地擁抱著我、安撫著我，他溫柔地跟我說，心疼我多年來想這麼多、給自己這麼大的壓力，我真的可以放下了，我已經很棒、很棒了！

我可以讓情緒自然地表達出來，不需要壓抑。我可以給自己喘息，不需要這麼趕忙地為未來做準備。正好父親回來了，在旁邊一邊聽著。我跟他說：爸爸也不要自責喔！爸媽說，他們都不知道，原來這麼多年來，我是這樣想的。

我說，加入讀書會之前，我也不知道原來我是這樣想的！一直以來習慣了這樣的思維和行為模式，不知不覺，而造成自己的痛苦……現在我覺察到了，也漸漸知道，可以放下舊信念了，但還要繼續練習。

真的很幸運，有能力也有機緣，走上覺醒的路，在生命的這個階段，就能有深刻覺察。

真的很感謝，可以生在這個家庭中，無經濟條件的後顧之憂，可以自由追尋自己的夢想。

真的很感恩，父親、母親能夠傾聽我，並且如此無條件地接納我、支持我、愛我。

也真的很謝謝自己，愈來愈誠實地面對自身，並一步一步，鼓起勇氣去行動，跟他人、跟家人說出心底話。

這次，讓自己好好哭一場，好好地說出來，有點疲倦，但似乎也有些什麼被釋放了。

F. 放下神話並接納感性

隨著我試著跟自己、跟父母和解，我開始能更平等地看待父母，更能看見他們的特質、也看見自己受到的影響。呼應著同學「生命召喚」中的分享，我看見過往厭惡母親／女性特質的部分，養成過往「發展理性、壓抑感性」的習慣。

從小，或許是因為我跟父親的特質比較相近（內向、謹慎、踏實、思慮縝密等），加上父親的疼愛和偏心，我跟父親的關係更親密一些。相較之下，我覺得母親比較情緒化、粗枝大葉、思想比較傳統，有時像三姑六婆，話比較多、比較大聲、不懂我的心思。

我看見我比較喜歡父親，比較討厭母親（的這些特質），覺得他嘮叨、太吵、太傻、不夠聰明；當父母想法有衝突、不一致，我通常也比較認同爸爸的做法，覺得爸爸比較好。

不知何時開始，我認為父親是神，他的所作所為都是對的，是一切的標準，無庸置疑；我不只要成為像父親一樣好的人，還要成為他期待成為的，更好更理想的人。

而我的父親是個很「理性」的人，凡事講究邏輯佐證、風險意識高、務實嚴謹、明確有效率；他認為，活出好的人生的定義，就是設定好衡量的指標（不只是金錢、權力，更包含健康、關係等），並且PDCA落實規畫、執行、檢視、調整精進。

面對外人時，父親親切友善、樂於助人，跟大家的關係很好，然而在家庭中，我看到的父親總是沉穩安定的，很少表現出強烈的喜怒哀樂。

我仰望著父親，也從小養成習慣，覺得凡事要目的明確、有效率地完成；而情緒，特別是憤怒、哀傷等「負面」情緒，是沒有用的，是浪費時間，所以我不希望它們出現，一旦真的感到生氣或傷心，我也想要盡快擺脫它們。

不知不覺中，我養成壓抑情緒的習慣。於是，無論是日常生活的小事，甚或被同儕排擠、工作壓力超載……負面情緒並未被接納或釋放，而是累積在身體中，也繼續餵養「痛苦之身」。

如今，我看見我受到父親的深刻影響，但我不需要變得跟父親一樣。加入讀書會一年多以來，漸漸地，我愈來愈能感受到情緒的浪潮波動，包含更放鬆的快樂，還有更強烈的悲傷。很明顯的是，我的哭點變低了，變得更容易感動泛淚，甚至有時莫名地覺得難過（或許是摧毀自己神話的餘波蕩漾），但是我知道，我可以接納自己有情緒，讓它自由地流動，跟自己在一起，保持覺察，再走下一步！

G.身體症狀給我的處方：愛自己

藉由「讀寫筆記」、「多元論壇」的契機，閱讀《疾病的希望》，加上持續練習覺察，我也終於決定誠實面對，近十年來自己身體最大的異常症狀：停經。

從國小高年級開始，我的月經就十分規律，且無生理痛困擾；然而大約從高一下學期開始，月經就不再自然來潮。至婦產科就診，並經超音波檢查，子宮和卵巢都正常無異狀；在醫師建議下，近十年來，我都是每三個月吃一次催經藥，維持季經的狀態。

過往試圖探究病因，推測是因為轉變為高纖飲食／想節食減肥／升學壓力太大，然而進入大學理想科系／出國交換盡情遊歷／不再限制飲食，各種運動和飲食的嘗試之下，卻仍沒有恢復規律月經，至今，不知不覺竟將近十年了。

這年年初至婦產科診所回診，我多做了幾項抽血檢查，包含首次檢驗甲狀腺。結果，竟發現甲狀腺相關指標TSH偏高；醫師建議下，轉診到大醫院的新陳代謝科，再做更詳細的抽血確認。一、二個月內，陸續再抽血、回診，共新增檢驗超過十個指標。

我發現，從檢驗、等待診斷、與醫師討論的過程中，我的心態還是想要「找原因、找解答」。從得知TSH檢驗偏高，就開始上網查詢各種說法，看著症狀描述，對號入座地認為自己很符合甲狀腺低下的情形。

我看見，一方面，我在尋找過去十年來所檢查不出的「原因」，想要有個怪罪的對象、想要有個一勞永逸的治療方法；一方面，我又想著如果早就有此疾病而沒發現，我感到懊悔，耽誤了這麼久的治療……

檢驗結果出爐，醫生說，檢測的指標其實都落在正常範圍：TSH本來就是浮動的指標，而我第二次檢驗就回到正常範圍了；其他眾多指標，除了雌激素偏低之外，都沒什麼異常，應該不是新陳代謝科的問題，建議我還是回去婦產科。

我腦中跳出焦躁的聲音：可是，我就是在婦產科就診十年未果，才來這裡的呀，怎麼還是找不到原因呢！不過，很快地，我心底的聲音提醒我，其實答案一直都在，只是我不想面對我尚未完成的課題。

我看見，停經的症狀背後，是我在意識和潛意識層面，壓抑著陰性特質，並把排卵／生育這件事拒於門外；我（小我）貪圖方便，認為我目前沒有生育的打算，沒有排卵正好；我認為我無法遇見適合的伴侶，我覺得（除了爸爸）我大概無法找到另一個真的愛我的人；甚至連結到自我價值，我還在質疑，我是否真的值得被愛？

最佳佐證就是，初戀的熱戀期的時候，自己自然而然地恢復排卵和月經。我還記得當時的念頭是：原來，我是可能跟適合的伴侶在一起的！愛我的人，在這世界上是存在的；而且他也愛我，加上天時地利人和，也想跟我在一起（證明了我是可以被愛的，不一定要獨自一人的）。

這一段感情，曾經給我希望，卻讓我更加失望；而當時驚喜的念頭，反面的信念，就是我的症狀的源頭。然而，這些信念是真的嗎？

不是的。我可以規律排卵，比短期的方便更重要的，是長期的健康；我可以接納身體的生物傾向，包含對性的尋求、情緒的波動，身為一個自然的、健康的女人。

我翻閱《當下的力量》，理解到人類天生有性別之分，生理層面永遠是不完整的，而會異性相吸地尋求「完整合一」；然而其實這只是「假我」的表象，唯有自己的內在，才是真正通往合一的道路；我在尋求的整體、救贖，其實一直都在我的心中。我本來就值得被愛，「世界上永遠永遠都會有人愛你」，那個人不是別人，而是自己。

繞了一大圈，功課再次回到自己身上。我要「跟自己談戀愛」，並繼續練習從「有心有意」，轉為「無所用心」，我要做自己，以一個健康自然的女人的姿態！

H. 臣服了，就自由了

加入讀書會，一本本的「讀寫筆記」，讓我用新的觀點看待生命，在一次次的「實戰」中，推進我的轉化與蛻變。

我因托勒的《一個新世界》感到深刻觸動，進而在同學推薦下，閱讀作者的第一本著作《當下的力量》，讀到新的理解：小我的種種恐懼，追根究柢，都是來自對死亡的恐懼。

這句話，迴響在我心中，沉澱數日。我彷彿領悟了什麼，看見了我多年來，種種焦慮的背後，確實是對死亡的恐懼；再進一步看，是害怕未知，是害怕失去。

我一直覺得自己無比幸運，二十多年來，我的成長環境、家人親友、生命經驗，都如此精采而美好；我執著地，貪戀地，想要永遠擁有這一切的幸福快樂。所以我害怕外境的變動，讓我失去美好的生活；我害怕生命的終結，讓我失去體驗的機會。

加入讀書會以來，我漸漸理解無常，知道自己可以放下，然而身體和心靈，還未能真正接受。直到近期，更頻繁地靜心冥想、獨自旅行，我漸漸找到那個空隙，愈來愈常接觸、感受、體驗到，存在內在真我的平靜、豐盛、喜悅。

當我從馬祖旅行回來，從丘陵和海洋的自然環抱中，回歸都市的水泥叢林，我一度感到受困而憂鬱，然而，我回顧照片、搜尋壯麗地景攝影、地理圖輯、靜心散步、搭配閱讀《當下的力量》——經過近幾週的沉澱，我突然領悟到，那一片美景，其實一直都在我心中呀！

就像我每天早上做瑜伽時，都會讓腦海中浮現幾個我曾造訪的大自然奇景；無論外境如何改變，我追求的「天堂」，其實一直、一直在我的心中，就在每一個當下。即便生活在水泥叢林中，隨時隨地，只要我靜下心來，深呼吸，我就能看見一個清幽群山間的清澈湖泊，天氣晴朗，我從遠處俯瞰湖面，在微風吹拂下，閃爍著光，輕輕蕩漾……

睡前冥想的我，靜靜端坐著，與內心平靜連結的豐盛的感動，令我淚眼盈眶。

我從《當下的力量》的理解，進一步延伸，驚喜地發現：如果有一天，我不再害怕死亡，那我就無所畏懼了！

而加入讀書會一年多來，我一層一層地解開自己束縛，看見、接納、放下自己的恐懼；透過靜心冥想等練習，漸漸體驗到臣服於當下的豐盛與平靜；透過《疾病的希望》和「多元論壇」等文本，學習放下二元思維，漸漸能理解並接納生命的「無常」，「讓生命活出自己」、「一切都是宇宙最好的安排」，即便疾病或死亡，我都真的、真的不需要害怕。

這新的領悟，像一道新的光芒，把我的世界照得更亮，讓我充滿希望和能量、豁然開朗。

鬧鐘響起，又是新的一天，迎面而來的，又是忙碌的工作與生活。然而我知道，那一片湖泊一直都在，我時時刻刻，都連結著真我的寧靜與喜悅。無論何時何地，我都可以自由自在地做自己，更可以好好享受，宇宙為我安排的人生旅程！

• 小結：突破重重關卡的覺醒蛻變

至今一年多的旅程中，我參與讀書會，透過謝錦的提點，讓我用新的觀點看待自己與生命；有同伴們真心地交流與支持；在每週「課程落實生活實戰分享」功課中，我建立習慣，練習覺察自己的狀態，看見、接納、放下念頭慣性；「讀寫筆記」功課，讓我學習如何一層層突破與真我的障礙，讓我看見自己深入內心被壓抑的舊傷……使我更全面地做生命覺醒的功課。

面對一個個關卡，我一次次地深入黑暗，以覺知之光照亮，而豁然開朗。更奇妙的是，當我以為已經挖掘到最深的心底，總是會驚奇地發現更加深沉糾結的信念，讓我再去看見、接納、放下，再一層層地蛻變！

從外在來看，加入讀書會前後，我的世界改變不大——一樣在此職位工作、一樣跟家人同住、一樣生活在都市、一樣偶爾聚餐／登山／旅遊。然而，短短一年多之內，我的內在世界巨大地轉變，彷彿脫胎換骨一般。曾經被信念和壓力束縛的我，已大大地鬆綁，曾經的痛苦被釋放，肩上的重量變輕盈。我活得更加自在、自適，更能貼近每個當下，都存在我心中的平靜與喜悅。

我一層一層地，放下了束縛自己的繭，蛻變為自信的蝴蝶，在屬於我的生命旅程中，恣意地翩翩飛舞！

3. 尾聲：在覺醒之路上，持續砥礪前行

如今的我，還在覺醒之路上，偶爾仍會不自覺陷入過往習慣的模式中，被小我／思想／情緒帶著走。然而我發現，自己已愈來愈熟練地，能夠察覺自己的思想與情緒等狀態，更願意去深入挖掘、誠實面對自己。我深深地感恩、慶幸，能夠與讀書會的謝錦和夥伴們走在覺醒的道路上。我還要繼續努力為自己出征，讓靈魂回家，讓生命逆風飛翔！

尾聲——翻轉我生命的關鍵體驗

前面的章節，寫的是我對生命覺醒的觀點以及許多讀書會朋友的生命故事，就是沒有說我自己的，沒有說我是怎樣翻轉我的生命，走到生命覺醒的道路上，走到教學新境界，走到今天這個位置，呈現這般風景的。

我走過農業文明、工業文明、後工業文明、信息文明等四大文明階段，只少了最早期的工具文明階段。人生不過數十寒暑，能在一生中經歷人類上萬年的文明史中五個階段的四個，真是個奇遇，也是奇蹟，這是造就我生命的大背景和重要助緣。

我在本書前面說，人的前半生是為了生存忘記自己是誰而活的，後半生則是尋回自己的過程。在我的生命之旅中，前半生為後半生準備的時間很長，五十二歲才來到關鍵的轉折點。

我在本書前面說，父母是人一生最大的命運。我的轉折觸點來自一次關於先父影響的深層次體驗，觸媒則是一個教育訓練課程。

為了回應本書主題，我不打算像寫一般故事一樣說自己的人生都發生了什麼事，就分享這則翻轉我生命的關鍵體驗。

事情是這樣的：一九九九年八月下旬起，我去上了一門「三階段課程」。這個課程開啟了我遺忘已久的靈性，喚醒了我壓抑已久的感性，敲開了我塵封幾十年的生命黑暗王國，讓我看到生命痛苦的根源，讓我脫胎換骨，讓我之後的生命和以前非常的不同。

這次的體驗是深層次的，它給我的啟發到現在都沒有消失，也沒有減弱；它所產生的能量一直持續到二十多年後的現在。

這次的體驗是我人生旅途產生「質變」的里程碑事件，是我前半生跟後半生的分水嶺。這是生命的機緣，我沒錯過，為此銘感。

發生了什麼事？

在課程中，因為我的學術背景跟教學經驗的關係，課程要傳遞的道理我早已知道；操作方式跟我的教學方式同路，很有熟悉感。但「熟悉的地方沒有風景」，我只從課程中印證許多道理，卻還沒有明顯的體驗。

眼看課程第一階段就要結束了，現場是課程講師——這位身材高大，體積至少有我兩倍半大的非裔美籍的黑人講師，在光線微暗的氛圍下，收起課程中凶悍的模樣、凌厲的口吻，用很溫和的態度、溫馨的語氣，分享自己下班後跟先生相處的片段。

他說，他先生常態性的會坐在客廳沙發上看報紙，他則常在先生腳邊的（木頭）地板上像小狗般的翻滾。

我是學文學的，清楚知道形象的抒情表意功能。所以當我聽到他所描述的情景時，第一個反應是覺得太有趣了。想像一下那個畫面：他那麼大隻，又黑乎乎的，在地板上翻滾不是挺逗笑的嗎？哪有那麼大隻頑皮的小狗？

可就在這當頭，我卻像被雷擊一般，腦際炸開一個大裂縫，清晰浮出一張畫面：先父斷氣時那幕場景，接著兩行熱淚奪眶而下。

究竟怎麼了？課程中那麼平淡的現場畫面竟激起如此大的波濤？

那是我四歲多的一個上午時間，一座山中草房，先父病臥在床，其他人都外出幹活了，只有我在家。我聽到先父敲床板叫人的聲音，我跑過去叫一聲爸爸，問「有什麼事嗎」？結果只看到先父兩腳一伸就不動了。這是先父在我有生之年的記憶中留下的唯一畫面。

這個畫面對我而言並不是單張畫面，也不止是一件事，而是活的，牽涉到我的生命系統。我是被講師那段分享觸發，看到了那張畫面跟我的系統的關係。

我從講師夫妻之間相聚且如此和諧自在的關係，忽然看到我身上父子關係的斷裂，以及由此帶來的長期生存困境與恐懼。這時候剎那間才真正明白先父早逝對我的影響：既失愛又陷入飢餓中，等於生理跟心理上都陷入深深的匱乏與恐懼中；而飢餓的恐懼跟愛與被愛的課題，正是我過往身在其中，被緊緊的掐住，而我卻不明所以的兩大根本核心課題。

這次電擊打開了塵封已久的、自己不認識的系統，當場激動不已，淚流不止；之後好一段時間，只要提到這次體驗，依然止不住淚水，可見積壓有多深多久。但淚水已經不是以往受害者的悲傷，而是融化盔甲、洗刷灰塵的眼淚。

這次的體驗是深層次的。課程結束之後，我整個人都變了。這裡先說一下表徵上可見的變化，再回頭說為這次體驗準備的前半生重要「資料」。

我的身體變輕盈。這是卸壓效應，跟以前我走路看起來很沉重很不同。

我的眼神增加新的元素。眼睛是靈魂之窗，我的世界變大、變立體、變多采了。學生說我：「過去如鷹眼，只有銳利，現在多了一份溫柔！」、「光芒變長！」

我的皮膚變得細白。原來靈魂受苦，帶累載體受難，皮膚變黯淡，人也變醜。

我從前掉的頭髮長回來，還長出黑髮。打從二十多歲寫學位論文時白髮滋生急長，之後生活、工作、前途的壓力，三十幾歲到四十多歲又大病一場，折騰了十多年，白頭髮無法轉黑，還持續增加，甚至開始掉髮。壓力釋放後，還我身心自由，連頭髮也來報春。

我的耳朵也「變大」了。以前聽到的，往往是別人嘴巴或腦子說的話，現在能聽到心裡的話，變得會傾聽，也學了體貼，能適時撫慰、引導。

上「三階段課程」之前的我不是這樣的。在外人眼中，我認真、勤奮、儉樸、負責、堅持、可信任，可這些特質在我生命裡卻造成莫大的壓力，我活得挺沉重、辛苦的。

上課之後，我看到生命被恐懼不安操控的具體狀態，才明白，以前的固執，以為是堅持；自以為是，以為是有原則；不高興，常為自己找理由；人、事不如意，總覺得不平、有壓力；身形沉重，一臉淡淡的藍色憂鬱，遮住了我粉紅色的浪漫，還以為是擔負了三千年文化的憂愁，以為是穩重、有氣質。

之所以會如此，是因為這個課程，以白我為體，覺察突破為用，「明心見性」的結果，生命就有無限的能量。當久駐腦中的概念，經過我把它稱為全世界最長的隧道——脖子，進入四肢五骸；當久困圍城的生命能量甦醒過來，想像那是什麼樣的景觀，產生意義和不同的人生，在這裡才會真正發生。從此以後，一直到今天，我的人生，我的教學，我帶讀書會，不再是平面、黑白的；生命有了色彩，變成立體動態的。

凡體驗都是屬於個人的，跟他人無關。我的這個生命體驗需要補上我前半生的重要遭遇，才能明白它的力道跟對我的意義；不然，看起來平淡無奇的小細節，怎會在我身上發生如此巨大的震動？下面我就說一下其中重要的節點。

人生難以穿越的是自己的童年。我的體驗沒有例外，就是奠基在原生家庭中的遭遇，尤其童年時期。我出生在山凹中的茅草房裡。這是還相當原始的山裡頭的獨戶人家，房子屋頂是茅草，房柱是土夯成的，牆壁是用泥土混稻殼混草糊在竹片上砌成的，地板是凹凸不平的硬泥土。

一切都很破落，很原始。我年少的時候，大體上是與自然共呼吸，與草木為伴，與蟲蛇為伍的。我還記得在油燈下夜讀準備聯考時，就有蛇想要從竹窗爬進來。

會在這裡出生、度過年少時光，一方面是先父山林之性的選擇，二方面是此地「風水」甚佳，住家坐落在此，就像坐在高背沙發椅上，安穩又大器。

生在山中，長在山中，與人間煙火相距甚遠，這讓我保留更多的純真與野性，為我的素質打底，直接影響我成為怎樣的人。

我姓謝，全名是「謝錦桂毓」，現在大家叫我一般都省了後兩字，我自報家門也是。若問名字有什麼特別意義，我無法回答。因為取名字的是先父，他早在我不滿五歲來不及問他時就已到天上當審判官了。許多人看名字以為我是女性，甚至還嫁做人婦冠了夫姓，這就跟我不相干了。

我出生時，先父告訴大我十六歲的大姊：「這小子以後搖筆桿吃飯，不用拿鋤頭。」又說：「這小子以後娶妻不用花錢。」

回首一生，這兩則「預言」真是說中了。我結婚只花了七十八元法院公證費；沒到相館拍婚紗照；婚宴也只有兩家家人，沒有驚動師友。另外，我居然真的走上了讀書教學寫書之路，不用再在山裡拿鋤頭煎熬流淚做苦工了。

先父上班期間有收入，曾積攢了約五千元。母親建議買幾分田地以維生，父親不肯，認為借人可助人也可收點利息；結果借出去，有去無回，以致生病時沒錢醫病，晚景淒涼之外，去世時已然負債，連辦喪事都需借錢，連帶導致往後妻子兒女長期陷入生死邊緣掙扎的困境。

先父去世一年後大姊出嫁，再一年多之後，全家唯一的經濟希望——我優秀的大哥，以未滿十九歲高商畢業在即之齡因肝病驟逝。喪夫喪子的連番打擊，加上生存的壓力，母親差點發瘋。

先父臥病在床及亡故後，我就跟著一家人陷入飢餓的威脅，常在生死之間掙扎，時不時餓到前心貼後背、餓到腿軟都不敢說出口。這種狀況持續二十多年，上大學時還遭遇幾次沒有任何後援的斷炊，怎麼活下來的已不復記憶。

很長時間掙扎在生死之間的遭遇，直接形塑了我的性格；既壓迫到我，也成就了我，其中的辛酸故事就不細說了。

有件事需要提一下。前面說，我父兄死於肝病，而我幹了向父兄「輸誠效忠」的事：三十四歲時也患上了肝病，只差排隊往生時沒過去生死關隘而已。

就在發病的當口上，病情十分嚴重，看到指甲都變灰了，直覺完蛋了，而女兒只有一歲多，於是有了「託孤」一幕。我感傷哽咽的跟老婆說：「對不起，以後要辛苦你了。這孩子要重複我當年失父的命運。」

所幸沒死，折騰了十年，人生精華的青壯十年耗在力不從心的困境裡，耽誤了我要做的許多事。古人說，體弱才短，深有所感。

到五十歲前後時，頭髮斑白，掉髮嚴重，頭頂將成地中海；背已微駝，步履沉重，面有憂色；親密關係、親子關係都出現紅燈。多年來的閱讀、探索、請益，都無法脫困。

就在困極苦極難以為繼時，讀書會的同學捎來「三階段課程」的訊息。我去上課了，打開了我的靈性之門，也喚醒了我的感性，從此駕著身心靈三駕馬車，朝著圓滿意識，駛進生命的下半場。

後記——不確定的旅程

《覺愛路／錄》是我「離開學校」（俗稱退休。但我的人生沒有退休這件事）後的第五本書。

這是我的最後一本書嗎？現在不確定。

能做，我還是會做，做到做不動為止；即使能做，要做文學、生命覺醒還是其他方向，現在也不確定。

之所以這樣說，是因為我這部車已經開了七十六年。平時保養都在軌道上，表面看來「硬體」還可以，性能也不差，總「以為」往後還可以安然的繼續開——做許多事，繼續體驗、讀寫。但機器用久了，誰知道什麼時候哪個地方會短路呢？

果不其然，就在公元二〇二三年七月，「軟體」出狀況了，自體免疫疾病居然找上我。我的左眼出現眼肌型肌無力症，無法正常使用。這本書就是靠疲弱的右眼支撐完成的。以後想要讀資料和寫文字也必然大受限制，所以說以後會不會還有產品，就不能確定。

自體免疫疾病找上我時，我答應自己，只用右眼也要把「覺愛路／錄」寫出來；也把自己生命旅程如何結束的方案確定下來。往後的歲月，依然走在照顧自己身心的軌道上，不給自己找麻煩，也不給他人找麻煩；順著諸事隨緣、安時處順之道，到走不動、做不動時，不須勉強，不須留戀，收工為上。

大家若還有關照之意，可透過通訊軟體，到網上追蹤「謝錦 文學與生命覺醒讀書會」的網站和粉專，可以從中獲得瞭解與動態訊息。若有為「生命覺醒」結緣做功課之意的，可把握時間到讀書會來共修。

覺愛路／錄

覺愛路／錄／謝錦桂毓著.
－初版.－臺北市：麥田出版：
英屬蓋曼群島商家庭傳媒股份有限公司
城邦分公司發行，2024.01
ISBN 978-626-310-594-2（平裝）
1.CST: 愛 2.CST: 生命哲學
191.91 112018589

封面設計 李映華
印　　刷 中原造像股份有限公司
初版一刷 2024年1月

定　　價 新台幣480元

I S B N 978-626-310-594-2
e-ISBN 9786263105904（EPUB）
本書如有缺頁、破損、裝訂錯誤，
請寄回更換

作　　者 謝錦桂毓
責任編輯 翁仲琪
國際版權 吳玲緯 楊 靜
行　　銷 闕志勳 吳宇軒 余一霞
業　　務 李再星 陳美燕 李振東
副總編輯 何維民
編輯總監 劉麗真
發 行 人 凃玉雲

出　　版

麥田出版
台北市中山區104民生東路二段141號5樓
電話：(02) 2500-7696　傳真：(02) 2500-1967
網站：http://www.ryefield.com.tw

發　　行

英屬蓋曼群島商家庭傳媒股份有限公司城邦分公司
地址：10483台北市民生東路二段141號11樓
網址：http://www.cite.com.tw
客服專線：(02) 2500-7718; 2500-7719
24小時傳真專線：(02) 2500-1990; 2500-1991
服務時間：週一至週五 09:30-12:00; 13:30-17:00
劃撥帳號：19863813　戶名：書虫股份有限公司
讀者服務信箱：service@readingclub.com.tw

香港發行所

城邦（香港）出版集團有限公司
地址：香港灣仔駱克道193號東超商業中心1樓
電話：+852-2508-6231　傳真：+852-2578-9337
電郵：hkcite@biznetvigator.com

馬新發行所

城邦（馬新）出版集團【Cite(M) Sdn. Bhd. (458372U)】
地址：41, Jalan Radin Anum, Bandar Baru Sri Petaling,
57000 Kuala Lumpur, Malaysia.
電話：+603-9057-8822　傳真：+603-9057-6622
電郵：cite@cite.com.my